# L'EMOTION ET LA RAISON

*L'Afrique face à la justice internationale*

Alioune SALL

# L'EMOTION ET LA RAISON

*L'Afrique face à la justice internationale*

Sénégal
L'Harmattan

**Du même auteur**

*Le contentieux de la violation des droits de l'homme devant la Cour de justice de la CEDEAO,* Dakar, L'Harmattan-Sénégal, 2019.
*La justice de l'intégration. Réflexions sur les institutions judiciaires de la CEDEAO et de l'UEMOA*, Dakar, L'Harmattan-Sénégal, 2018.
*Les relations extérieures de la CEDEAO*, Paris, L'Harmattan, 2016.
*L'affaire Hissène Habré. Aspects judiciaires nationaux et internationaux*, Paris, L'Harmattan, 2013.
*Les mutations de l'intégration des Etats en Afrique de l'Ouest. Une approche institutionnelle,* Paris, L'Harmattan, 2007.


10 VDN, Sicap Amitié 3, Lotissement Cité Police, DAKAR

http://www.harmattansenegal.com
senharmattan@gmail.com
senlibrairie@gmail.com

ISBN : 978-2-343-20228-0
EAN : 9782343202280

# SOMMAIRE

# INTRODUCTION

Le développement de la justice pénale internationale enjambe le millénaire. Cet essor est en effet remarquable entre la dernière décennie du vingtième siècle et la première du vingt et unième siècle. Ce phénomène porte une double promesse : celle de la cristallisation de valeurs éminentes partagées à l'échelle du monde et celle, subséquente, de la nécessité d'en sanctionner les violations. Il révèle tout autant un double défi : celui de l'effectivité de cette répression, si tributaire de la bonne volonté des États, et celui des contradictions et tensions interétatiques susceptibles de naître de la mise en œuvre de cette justice. Car au-delà de cet enjeu central du procès pénal qu'est la stigmatisation judiciaire des comportements individuels, se déroulent des logiques de systèmes, se déploie le jeu des prétentions juridictionnelles concurrentes, tant il est vrai que le droit de punir renvoie à la souveraineté de l'État. La réalisation de la justice pénale internationale dévoile ainsi des rivalités entre des pôles répressifs, qu'il s'agisse de conflits entre États ou entre État (s) et institution (s) internationale (s).

Le fonctionnement des juridictions pénales récemment créées – tribunaux ad-hoc ou Cour pénale internationale – a confirmé cette réalité. Une conflictualité majeure est celle qui s'est fait jour dans les relations entre les États africains et la CPI. Volontiers médiatisée et sans doute outrancièrement politisée, cette opposition mérite une réflexion approfondie, susceptible, au demeurant, de déboucher sur des considérations touchant les rapports que les États africains entretiennent avec la justice internationale en général. Il s'agit pour cela de décrypter les raisons d'une hostilité, d'identifier les causes d'une défiance, bref d'explorer le dispositif argumentaire des critiques africaines. Pour éviter de se confiner à une approche purement descriptive, cette entreprise de recension des griefs doit aussi être un travail d'analyse de ceux-ci, elle doit pouvoir donner lieu à la formulation d'appréciations critiques.

Le parti analytique qui est résolument adopté ici conduira d'abord à mettre en évidence les éléments de tension qui entourent ce débat. Il faut entendre par là non seulement les reproches adressés à la justice pénale internationale, mais l'argument suivant lequel ce sont les carences africaines elles-mêmes qui pourraient justifier les intrusions judiciaires internationales ou étrangères. Ces divers éléments de ceci de commun qu'ils nourrissent les échanges contradictoires, participent de la confrontation polémique. Ils contribuent donc à la montée des tensions, à une dramatisation des enjeux. L'analyste doit bien entendu veiller à ne pas être dupe des positions affichées et des convictions proclamées. Les pratiques des États sont toujours moins lisibles et moins cohérentes que leurs déclarations de principe. Dans le cas présent, il s'avère que la contestation de l'ordre répressif mondial est non seulement moins cohérente qu'on pourrait le penser, mais que les États, lucides et avisés, évitent tout de même de développer des logiques d'escalade susceptibles de déboucher sur des ruptures irrémédiables. Sans pour autant que cela exonère la justice pénale internationale ou disqualifie un débat sur la nécessité de sa réforme, la véhémence des contradictions s'estompe alors quelque peu.

La lexicologie musicale pourrait, en somme, adéquatement rendre compte de ces variations. Elle mettrait en évidence l'alternance d'une crispation et d'une détente, une montée et une baisse d'intensité sonore, un *crescendo* (**Première partie**) et un *decrescendo* (**Deuxième partie**).

# PREMIÈRE PARTIE

## *CRESCENDO*

Trois ordres de considérations nourrissent la confrontation des États africains avec le système de justice internationale incarné par la Cour pénale internationale. Les deux premiers consistent en critiques articulées contre le système par ces États eux-mêmes, cependant que le troisième contribue à alourdir le contentieux dans la mesure où il cherche à justifier l'interventionnisme judiciaire extérieur par les carences des institutions judiciaires locales africaines. L'on verra donc que :

- Le déploiement de la justice pénale internationale révèle un traitement inégalitaire des États (Chap. I)
- La justice internationale s'affranchit des réquisits symboliques du procès pénal (Chap. II)
- La justice pénale internationale pourrait se prévaloir des carences de la justice locale (Chap. III).

# CHAPITRE I

# LE DÉPLOIEMENT DE LA JUSTICE PÉNALE INTERNATIONALE RÉVÈLE UN TRAITEMENT INÉGALITAIRE DES ÉTATS

Le cliché d'une justice internationale synonyme de justice des puissants ou des vainqueurs traverse toute l'histoire de la mise en place d'institutions juridictionnelles internationales. Dans un ordre où le principe de souveraineté des États contrarie, au moins virtuellement, le plein épanouissement de la régulation juridique, toute instance chargée précisément de sanctionner les violations du droit se trouve toujours exposée à la critique de la partialité, et reste perçue comme la mise en forme organique de rapports de domination, comme l'habillage ou la perpétuation d'une réalité profondément inégalitaire. Le juge international, plus sans doute que le juge national, encourt ainsi le reproche de passer pour un faire-valoir.

Le cliché n'en recèle pas moins une part de vérité s'agissant du débat sur le rapport que l'Afrique entretient avec la justice internationale en général, et avec la justice pénale en particulier. Le soupçon de traitement inégalitaire des États se retrouve ici à deux niveaux, donnant quelque pertinence à la critique africaine de la justice pénale. Le système répressif international incarné par la Cour Pénale Internationale (CPI) a en effet ceci de particulier qu'il prend appui, en particulier, sur deux organes précisément caractérisés par leur hégémonie statutaire : le Conseil de sécurité de l'ONU et le Procureur de la Cour. La suprématie du Conseil de sécurité peut être qualifiée d'originelle au sens où cet organe, conçu comme le régulateur exclusif de la paix et de la sécurité internationales, a été doté de pouvoirs considérables.

Quant au Procureur, bénéficiant d'un statut inspiré par celui de ses homologues des tribunaux ad-hoc pour l'ex-Yougoslavie (TPIY) et pour le Rwanda (TPIR), il est auréolé de pouvoirs qui s'incarnent d'abord dans la possibilité de poursuivre *proprio motu* les crimes relevant de la compétence de la Cour. Ce pouvoir de poursuivre spontanément des personnes, certes encadré par l'existence d'une Chambre préliminaire seule habilitée à autoriser le déclenchement effectif des poursuites, constitue en soi une compétence suffisamment redoutable pour mériter qu'on s'y arrête.

A ces données originelles, c'est-à-dire textuelles, se superposent des éléments empiriques, résultant de la pratique des textes, de l'usage que ces deux organes ont fait des pouvoirs que le Statut de Rome leur confère. Il s'avère que cet usage est venu accentuer la toute-puissance des deux institutions, la lecture que celles-ci ont faite des textes confinant par moments à l'« abus » ou au « détournement » de pouvoir. A ce jour donc, la pratique du Conseil de sécurité comme celle du procureur de la CPI tendent à mettre en évidence le déploiement d'une justice des puissants. A cet égard, les critiques articulées par les États africains à l'encontre du système répressif mondial demeurent dans une large mesure fondées (Section 1).

Ce système, au demeurant, ne fonctionne pas en vase clos. Il interagit avec les systèmes pénaux nationaux en ce sens qu'il n'opère que dans la mesure où les justices nationales ont renoncé à se saisir des affaires en cause. C'est le principe de complémentarité, qui est au cœur du Statut de Rome. La justice internationale – celle de la CPI – est complémentaire de la justice nationale – celle des États -. Plus précisément, la complémentarité s'analyse en une subsidiarité : ce n'est que dans la mesure où les États ont explicitement renoncé à exercer leur propre justice, ou manifesté une indolence coupable à exercer celle-ci que la juridiction de la Haye peut s'exercer. L'interaction entre l'international et le national peut vite générer une tension entre les deux, et se muer proprement en conflit, chaque système revendiquant son aptitude à juger l'affaire.

Or, à ce jour, ces contradictions entre la CPI et les États africains ont également révélé, de la part de la première, une volonté de puissance tout aussi discutable que les impulsions hégémoniques du Conseil de sécurité et du Procureur. Mais le schéma décrit ici met en jeu, plus généralement, le rapport à la justice pénale internationale, il dépasse donc la relation avec la seule CPI. Ainsi, il peut se manifester par des tiraillements résultant de l'exercice unilatéral de leur compétence pénale par les États « occidentaux », exercice alors fondé sur le principe de compétence universelle. Cette configuration interétatique bilatérale – entre un État qui poursuit des faits et un autre dont des organes ou des ressortissants sont poursuivis - a également pu, à l'épreuve des faits, donner le sentiment aux États africains que leur souveraineté a été offensée ou ignorée par d'autres États. Leur frustration s'est trouvée aggravée par la vanité de leurs appels à la retenue, lancés tantôt au Conseil de sécurité et au procureur de la CPI, tantôt aux États du Nord eux-mêmes agissant en vertu de leur compétence universelle.

S'est alors produit un phénomène assez curieux – mais cette curiosité n'est qu'apparente - consistant, de la part de ces États, non de tourner le dos à la justice internationale, mais de « convertir » le procès, de transporter le débat en d'autres prétoires et de l'y poser en termes inédits, propres à mettre en exergue leurs droits souverains, c'est-à-dire leur égalité avec leurs homologues contradicteurs. Cette sorte de match – retour a justement lieu devant une juridiction dont les justiciables sont exclusivement des États, la Cour internationale de Justice de la Haye, organe judiciaire principal des Nations Unies. Il s'agit alors d'une péripétie de la procédure judiciaire internationale qui montre à elle seule qu'il faut se départir d'une perception sommaire des choses, consistant à croire que le rapport de l'Afrique à la justice internationale se résume invariablement à l'hostilité et à la défiance (Section 2).

# Section 1

# L'exercice d'une justice des puissants

Collaborateurs de la CPI au sens où ils sont aptes à « actionner » celle-ci, le Conseil de sécurité (§1) et le Procureur (§2) sont au cœur du réquisitoire dressé contre la justice pénale internationale. Ces deux organes sont perçus comme étant les vecteurs d'une justice des puissants.

## §1. Le Conseil de sécurité de l'ONU

Les récriminations adressées à l'organe restreint de l'ONU sont exprimées aussi bien au sujet de son pouvoir de saisir la CPI (A) que de celui de suspendre des poursuites déjà engagées par la Cour (B).

### A. Le pouvoir de susciter les poursuites

Le pouvoir en question est indiqué par l'article 13 du Statut de Rome, qui porte sur les conditions dans lesquelles la Cour est amenée à exercer sa compétence. A côté de la saisine par un État Partie et la saisine par le Procureur, il existe en effet la possibilité, pour le Conseil de sécurité agissant en vertu du Chapitre VII de la Charte, de déférer une situation à la CPI.

Il faut d'abord saisir l'exorbitance d'un tel pouvoir. D'un point de vue historique, c'est le Statut de Rome qui consacre pour la première fois une telle compétence. Le Conseil de sécurité a certes le droit de créer des juridictions internationales, ainsi que l'a montré la mise en place des tribunaux pour l'ex-Yougoslavie et pour le Rwanda, créés par voie de résolution précisément. Mais le droit de saisir une juridiction et de déclencher par là même une procédure judiciaire était jusque-là inconnu du Conseil. Vis-à-vis même de l'organe judiciaire des Nations Unies qu'est la CIJ, le Conseil de sécurité ne peut initier qu'une procédure consultative, tendant à obtenir un avis. La compétence que lui confère le Statut de Rome est d'abord inédite à ce titre.

Elle l'est également en ce que le Statut perpétue dans le champ du droit pénal international un traitement inégalitaire des États. L'institution même du Conseil de sécurité constitue une sorte de reproduction des rapports de force dans la mesure où le Conseil est un directoire des puissants. Résultant d'une discrimination fondée sur la puissance – même si une telle discrimination s'explique ou se justifie -, cet organe est représentatif d'une philosophie condamnée, à terme, à hérisser les États plus faibles.

Trois déclinaisons au moins de ce droit discriminatoire peuvent être citées.

En premier lieu, le Statut de Rome est susceptible de placer les membres du Conseil dans une situation privilégiée : tout en n'étant pas Parties au Statut, ils peuvent néanmoins saisir la CPI au nom de l'organe restreint de l'ONU ; en d'autres termes, ils peuvent utiliser les ressources du système, tout en connaissant pas les contraintes. Leur privilège de saisissants potentiels est tiré de leur seule qualité de membre d'un club de Puissants, leur capacité à influer sur la justice internationale est une manière de rente de leur appartenance au cénacle fermé des décideurs du monde, qualité au demeurant acquise dans un contexte historique précis, sans doute dépassé aujourd'hui. Si le traité de Rome est révolutionnaire parce qu'il crée une juridiction pénale permanente, il convient aussi de garder à l'esprit qu'il reste porteur d'un conservatisme indéniable dans la mesure où il prolonge dans le champ de la justice les principes d'un ordre politique délibérément discriminatoire.

La deuxième déclinaison du traitement inégalitaire des États s'applique plus spécifiquement aux membres permanents du Conseil. Elle est connue : disposant du pouvoir d'empêcher une décision, ils peuvent naturellement s'opposer à ce que le Conseil utilise son pouvoir de saisine contre eux-mêmes, qu'ils soient au reste Parties au Statut de Rome ou non. Une possibilité légale leur est ainsi ouverte de reprendre d'une main ce qu'ils ont donné de l'autre, d'utiliser l'enceinte onusienne pour vider de leur substance les obligations souscrites à Rome, de s'appuyer sur leur appartenance au cercle fermé des cinq Grands pour altérer ou circonvenir leur engagement en faveur de la justice internationale.

Enfin, l'organisation du pouvoir de saisine de la CPI a ceci de particulier qu'un État non partie au Statut (mais membre du Conseil de sécurité) peut demander qu'une situation touchant un autre État, également non Partie au Statut, soit déférée à la Cour. On touche ici une manifestation extrême, à la limite paradoxale, de l'approche institutionnelle qui a présidé à la création de la juridiction. En effet, à côté d'une perspective relationnelle ou interétatique mettant en cause deux États (telle était la vocation originelle de l'article 14 relatif au « renvoi d'une situation par un État »), le Statut recèle une dimension institutionnelle, qui transcende tout face-à-face étatique et qui se recommande d'une sorte d'ordre public international.

D'inspiration solidariste donc, cette dimension institutionnelle s'incarne précisément dans le pouvoir de saisine d'un Conseil de sécurité impérieux, n'ayant en vue que les intérêts de la « communauté internationale ». C'est cette perspective tutélaire, détachée des intérêts étatiques, qui a enfanté l'hypothèse baroque évoquée ici : un ou des États n'ayant jamais manifesté leur adhésion à un système judiciaire se battent pour qu'un autre État, tout aussi étranger audit système, soit néanmoins jugé. Entendons-nous bien : il s'agit ici moins de critiquer le point de vue institutionnel en soi que l'étrangeté d'une configuration dans laquelle un État poursuit l'application de règles auxquelles il n'a jamais formellement consenti. On perçoit bien le risque inhérent à cette approche quelque peu éthérée des choses : quand l'intérêt à agir se fait évanescent, la procédure judiciaire court le risque de n'être qu'un prétexte, le risque d'être l'habillage de contradictions n'entretenant qu'un rapport lointain avec les faits criminels dont il devrait être question. Nous serions donc dans la situation, bizarre, où par le jeu d'un instrument international auquel aucun d'entre eux n'est mêlé, un État voudrait susciter le jugement de faits relevant pour ainsi dire d'un autre État. Pouvait-il exister codification plus éloquente d'un rapport de forces antérieur, ratification plus parlante d'une relation de puissance préexistante ?

Il se trouve que c'est sous cet avatar inquiétant que l'Afrique a fait l'expérience de l'usage des pouvoirs du Conseil de sécurité dans le Statut de Rome. Par les résolutions 1593 du 31 mars 2005 et 1970 du 26 février 2011, le Conseil a déféré au Procureur de la CPI les situations du Darfour et de la Libye, le Soudan et la Jamahriya n'étant pas Parties au Statut de Rome, circonstance propre à accentuer le caractère intrusif de la démarche du Conseil. Mais deux autres données étaient de nature à susciter de la tension avec les États en cause. Alors que jusque-là la juridiction pénale ne s'est essentiellement intéressée qu'à des États du continent, le traitement des deux cas évoqués par le Conseil de sécurité venait mettre immédiatement en cause les plus hauts personnages de l'État, et même les chefs de ces États.

Dans la suite de la résolution 1593, la CPI va émettre deux mandats d'arrêt contre le président soudanais El Béchir (le 4 mars 2009 et le 12 juillet 2010). Quant au président libyen Mouammar Khadafi, il est d'abord visé par la résolution 1970 elle-même, au titre des personnes frappées par l'interdiction de voyager (annexe I de la résolution) avant de faire l'objet d'un mandat d'arrêt de la CPI (mandat lancé le 27 juin 2011). Deux chefs d'État en exercice se trouvaient ainsi visés par des procédures internationales.

Il est clair que le caractère quelque peu spectaculaire de ces poursuites, voire leur brutalité ainsi que la profondeur de la remise en cause des principes qu'elles portent – principe d'immunité notamment, clament en chœur et en refrain les États africains- ont pu donner à l'attitude du juge international les allures d'une bravade, et conférer à l'offense ressentie un cachet d'impudence propre à aggraver le différend. De fait, dans les mois qui suivent ces mises en cause personnelles, les États membres de l'Union africaine n'auront de cesse de vouloir sinon neutraliser la Cour, du moins retarder son action à travers une réitération presque rituelle de la demande de suspension des poursuites, demande dont le Conseil de sécurité reste par définition le destinataire. Leur dépit à l'égard de la Cour va se nourrir de la sorte de fin de non- recevoir opposée à leurs doléances. Pire : de l'espèce d'indifférence manifestée à leur endroit. Cette amertume des États contestataires se ressent jusque dans le ton des résolutions qu'ils adoptent, ainsi que nous le verrons plus loin. Jamais en effet le Conseil ne débattra publiquement et sur le fond des requêtes formulées par l'UA, préférant ne pas entendre ces récriminations. Il est vrai que le débat se posait dans une marge mesure en termes de positions de principe, d'a priori d'ordre politique. Toujours est-il que l'évitement d'un dialogue critique et d'une confrontation des positions a creusé le malentendu, alourdi le contentieux, alimenté les préventions réciproques, surtout celles des États africains à l'encontre de la CPI.

Au-delà des aspects que l'on pourrait qualifier de subjectifs ou de particularistes dans l'hostilité affichée à l'encontre d'une Cour regardée comme la chose du Conseil de sécurité, il existe de sérieux motifs de s'inquiéter de l'interprétation que cet organe a faite de ses prérogatives telles qu'elles résultent du Statut de Rome. Les deux résolutions en cause ne se limitent pas en effet à statuer sur des situations précises, elles glissent vers des considérations adventices et inopinées, recèlent des « corps étrangers » dont la présence devrait inquiéter. L'une de ces bizarreries est la référence au pouvoir de suspension des poursuites. Alors que le Conseil doit se prononcer sur la situation au Darfour, il commence par évoquer son pouvoir de suspension des poursuites déclenchées par la Cour, ainsi que stipulé par l'article 16 du Statut. Il est difficile de saisir les motivations rationnelles d'un tel choix, à supposer qu'elles existent. S'il était permis de conjecturer sur ce point, l'on verrait bien dans cette incise posée comme un postulat une forme d'affirmation de soi qui avoisine la jactance : « ce que je suis en train de faire, n'oubliez pas que je peux ne pas le faire, mieux : je peux le défaire ».

Or à la place de l'affirmation du pouvoir de ne pas faire ou de défaire, on aurait préféré voir le Conseil s'attarder sur son pouvoir de faire, précisément parce qu'il est en train ... de faire. En d'autres termes, il était attendu d'un organe accomplissant un acte positif - et non acte « négatif » ou une abstention - à travers le déférement d'une situation – qu'il s'attarde sur la base légale d'un tel pouvoir, sur le fondement normatif de sa démarche. Bref, il était certainement plus judicieux de citer l'article 13 – b) du Statut plutôt qu'un article 16 dont il n'est pas question au moment où le Conseil délibère[1].

Le pouvoir de suspendre les poursuites n'est le seul corps étranger dans la résolution du Conseil. Comme saisi par une sorte

---

[1] V. GAETA Paola, « Les premiers pas de la CPI », *in* FERNANDEZ J. et PACREAU X., *Statut de Rome de la Cour Pénale Internationale. Commentaire article par article,* Paris, Pédone 2012, p.200.

de malice à rappeler à la CPI les limites et restrictions à sa juridiction, le Conseil de sécurité s'évertue également à définir, dans un simple acte de déférement d'une situation, des catégories de personnes exclues de la juridiction de la Cour. Dans les résolutions 1593 et 1970, il *décide* d'exclure de la juridiction de la CPI des catégories données de personnes, sans que l'on voie très bien ce que ces mises au point viennent faire dans une résolution tendant seulement à déférer une situation au Procureur[2]. Le Conseil ne « souhaite » ni ne « rappelle », il « décide » : nous sommes bien dans le cadre d'une détermination unilatérale et autoritaire du périmètre juridictionnel.

Ce qui caractérise la démarche de l'organe onusien est précisément ce qu'il faut bien appeler son autoritarisme. Les corps étrangers introduits dans les deux actes par lesquels il a exercé son droit de susciter des poursuites brouillent la lecture des résolutions, mais ils ne sont pas le fruit du hasard. Ils ont un dénominateur commun, qui est la restriction ou la limitation de la compétence de la CPI. Cette restriction a tantôt une base textuelle – l'article 16 du Statut, connu d'avance, le seul sujet d'étonnement étant son rappel dans un acte dont la vocation est d'établir positivement les bases d'une compétence – tantôt une base « prétorienne », plus surprenante car résultant d'une interprétation du Conseil lui-même, encore plus déroutante quand elle assenée sur le mode péremptoire, comme on l'a souligné.

Ajoutons, pour finir, que l'ambiance despotique dans laquelle baigne l'usage des pouvoirs du Conseil de sécurité est renforcée par le fait que tout cela est bien sûr arrêté sous le régime de l'article 25 de la Charte, relatif aux « décisions », modalité normative

[2] L'exclusion de la compétence de la CPI est exprimée en termes identiques dans les deux résolutions dont elle constitue au demeurant, dans un cas comme dans l'autre, le §6, la seule différence étant que la résolution 159 évoque *« un Etat contributeur qui n'est pas Partie au statut de Rome »* alors qu'il est question, dans la résolution 1970, de tout *« Etat autre que la Jamahriya arabe libyenne »* ; le champ de l'incompétence juridictionnelle est donc plus vaste dans cette dernière résolution.

contraignante par essence, qui a ainsi la propriété de s'imposer même aux États non membres de l'ONU, parce qu'elle est censée traduire les nécessités impérieuses de la paix et de la sécurité mondiales.

Pouvait-il en être autrement ? Doit-on vraiment s'étonner de telles dérives ? Cette sorte d'excès de pouvoir du Conseil, n'était-elle pas dans l'ordre normal des choses, si l'on s'attarde quelque peu sur les conditions dans lesquelles la CPI a été créée et mise en place ?

Il y a eu de longs débats à Rome, on le sait, lorsqu'il s'est agi de donner au Conseil de sécurité les pouvoirs qui sont les siens. Conférer à un organe si hautement politique des pouvoirs si décisifs dans le cours même de procédures judiciaires a été perçu par maintes délégations comme une manière d'introduire le loup dans la bergerie, et de saper ainsi les progrès de la justice quand l'avènement de la juridiction pénale permanente a été salué par tous. Il est évident, s'agissant des cas soudanais et libyen, que les poursuites engagées contre deux chefs d'État en exercice ont eu lieu dans un contexte politique précis, où les Puissances qui dirigent le Conseil de sécurité avaient déjà une idée bien arrêtée sur l'imputabilité des crimes qu'elles traitaient. Vision forcément manichéenne, avec le désir à peine camouflé de mettre fin aux deux gouvernements en place[3]. Or, sans dédouaner ces derniers, certainement comptables de violations éminentes du droit, il convient de relever que l'option furieusement afflictive adoptée par le Conseil a très vite débouché sur une appréhension dualiste et simpliste des choses : la « communauté internationale » poursuivait des régimes qui incarnaient le mal et l'illégalité, régimes dont tout adversaire était insidieusement statufié en allié de cette communauté, car forcément « bon ».

---

[3] GAETA P., « La concurrence du juge international », *in La souveraineté pénale de l'Etat au XXIème siècle*, SFDI, colloque de Lille, Paris, Pédone 2018, p.155.

La polarisation de l'adversité du Conseil ne servait pas la cause de la justice car elle conduisait à ne voir que les méfaits des uns, et jamais ceux des autres. Certainement mû par des considérations politiques, titulaire au reste d'une compétence principale[4] dont tous admettent qu'elle pourrait n'entretenir qu'un lien ténu avec le principe de légalité, le Conseil de sécurité était, par sa nature même, prédisposé à prendre des libertés avec les exigences d'une justice équilibrée et impartiale.

La pratique immédiatement subséquente a confirmé ces inquiétudes nées d'une analyse théorique. Le fait est qu'en des occurrences précises, les Puissances présentes au Conseil de sécurité se sont délibérément immiscées dans le fonctionnement des organes de la justice internationale, et n'ont eu aucun scrupule à leur indiquer un comportement à adopter. Les ingérences ont volontiers été grossières, achevant de montrer ce que le système pénal international actuel reste encore pénétré de « realpolitik ». Qu'il s'agisse des États-Unis indiquant à la Procureure Carla del Ponte une attitude à tenir dans le traitement du dossier du président serbe Slobodan Milosevic, ou des autres États souhaitant retarder le transfert du même Milosevic au TPIY, de la France demandant au Procureur de la CPI Luis Moreno Ocampo de l'informer de toute action majeure qu'il devait entreprendre ou encore d'une intervention des Pays Bas dans le transfert de Thomas Lubanga à la CPI, l'histoire récente de la justice pénale internationale regorge d'entorses faites à l'indépendance et à l'impartialité des juges[5].

---

[44] Il s'agit du maintien de la paix et de la sécurité internationales.

[5] HARTMANN F., *Paix et châtiment. Les guerres secrètes de la politique et de la justice internationales*, Paris, Flammarion 2007 ; et pour une critique plus systématique BRANCO J., *L'ordre et le monde. Critique de la Cour pénale internationale,* Paris, fayard 2016 ainsi que MABANGA Gh., « Le droit international pénal saisi par la politique : regard critique sur la Cour pénale internationale à l'ère de la justice régionale africaine », *in* MAIA C, AKANDJI KOMBE J-F, HARELIMANA J-B, *L'apport de l'Afrique à la justice pénale internationale,* Paris, L'Harmattan, 2018.

Il convient d'ailleurs, à ce stade, de récuser les oppositions simplificatrices ainsi que la tentation de ne voir dans le différend avec la CPI qu'une sorte de perpétuation biologique du fait colonial. La tension avec la CPI tient sans conteste d'une résistance des faibles devant les forts, elle ne saurait se réduire au vieux schème colonial, pour la raison que les défenseurs de l'existant ne sont plus seulement les anciennes puissances colonisatrices. Les oligarques du système n'ont pas nécessairement été des puissances coloniales, ainsi qu'en témoigne le comportement d'États comme la Chine et la Russie au sein de l'organe onusien. L'échec du Conseil à déférer au Procureur la situation de la Syrie, en proie à une guerre civile au cours de laquelle d'atroces violations des droits de l'homme ont été commises, montre crûment que l'exercice de la justice internationale reste tributaire de considérations politiques. La situation syrienne a surpassé en gravité d'autres, qui ont pourtant donné lieu à un déclenchement des poursuites. Si le cas syrien n'a jamais dépassé le stade des discours et des condamnations purement morales, c'est bien parce que la Chine et la Russie, alliées du régime d'Assad, ne voulaient pas que la CPI se mêle de cette affaire-là. Les données redeviennent alors dramatiquement classiques : d'un côté les rentiers d'un dispositif, tout acquis à sa préservation, de l'autre les fantassins bientôt désabusés du système, qui se rendent compte sur le tard qu'ils pourraient en être les victimes expiatoires.

Il faut, pour finir, et d'un point de vue plus systématique, rappeler que les États africains ont toujours critiqué la dévolution du pouvoir à l'échelle universelle, daubé la philosophie oligarchique qui imprègne profondément celle-ci, et inlassablement requis d'être admis au banquet des décideurs. La « position commune africaine sur la réforme de l'ONU » exprimée en 2005 exprimait déjà en termes très clairs les exigences du continent en matière de répartition des sièges au Conseil et dans la tempête des affaires soudanaise et libyenne, le sommet de Malabo de l'UA a réitéré « la nécessité impérieuse de corriger, avant tout, l'injustice faite au continent », tenu hors des cercles du pouvoir mondial.

Le maniement des dispositions du Statut de Rome qui permettent au Conseil, non plus de susciter des poursuites, mais de les suspendre a également donné lieu à la remise en cause du pouvoir du Conseil de sécurité.

### B. Le pouvoir de suspendre les poursuites

Le Statut de Rome régissant la CPI comporte une disposition assez particulière, qui permet au Conseil de sécurité de suspendre, pour une période de douze mois, toute enquête ou poursuite[6]. Le Conseil n'a donc pas seulement le droit de susciter des poursuites, il a aussi celui de les neutraliser, au moins provisoirement. Cette autre prérogative est discutable à maints égards.

Dans son principe ou dans son esprit même, elle symbolise, elle aussi, le parasitage des procédures judiciaires par des considérations politiques. Certes, il est encore question de « maintien de la paix et de sécurité internationales », notion centrale de la Charte, dont le Conseil de sécurité assume précisément la « responsabilité principale » et dont la suspension des poursuites devant la CPI est toujours censée se recommander. Il n'en reste pas moins qu'il faut réitérer ce qui a été énoncé plus haut : dans l'assomption de sa tâche, le Conseil, qui n'est pas une entité une et indivisible mais un directoire de Puissances soucieuses de la défense de leurs intérêts tantôt convergents tantôt divergents, tient compte de considérations éminemment politiques, et ne s'en cache au demeurant pas. La reconnaissance à son profit du pouvoir de s'immiscer dans des procédures judiciaires et d'en suspendre le cours peut bien, dans ces

---

[6] Article 16 du Statut de Rome : « Aucune enquête ni aucune poursuite ne peuvent être engagées ni menées en vertu du présent Statut pendant les douze mois qui suivent la date à laquelle le Conseil de sécurité a fait une demande en ce sens à la Cour dans une résolution adoptée en vertu du Chapitre VII de la Charte des Nations Unies ; la demande peut être renouvelée par le Conseil dans les mêmes conditions ».

conditions, apparaître comme le déni d'une justice indépendante et impartiale.

Le droit de suspendre les enquêtes poursuites engagées devant la CPI pourrait même passer pour une offense plus grave au principe de neutralité de la justice, plus grave notamment que celui de saisir les instances de poursuite, qu'on a vu plus haut. En effet, alors que la perspective reste en quelque sorte statique dans le droit de susciter des poursuites, l'on se trouve ici dans une configuration dynamique ; l'intrusion dans la procédure judiciaire est d'autant plus voyante et choquante qu'elle a lieu précisément *dans le cours* de celle-ci, la justice est neutralisée sur le vif, mettant clairement en évidence, et au sens presque littéral de l'expression, l'idée que « le politique tient le judiciaire en état ». Un coup d'arrêt porté à une justice en mouvement a quelque chose de saisissant, d'effarant même - plus qu'une atteinte à une justice statique ou au repos - parce qu'il révèle au grand jour une tutelle, parce qu'il constitue en soi le démenti cinglant des beaux principes dont se parent les systèmes judiciaires, nationaux comme internationaux.

Il faut donc comprendre que certains aient conçu sans peine le droit du Conseil de sécurité de provoquer des poursuites, mais se soient offusqués de la dévolution d'un droit de stopper ces mêmes enquêtes ou poursuites, tant il est vrai que dans un cas l'intervention politique est perçue comme un simple risque, une probabilité à exorciser, et dans l'autre, la réalisation même de celle-ci, la survenance forcément spectaculaire de l'événement non désiré. La suspension des poursuites nous glace d'effroi et coupe court à tout commentaire, elle nous rend littéralement sans voix parce qu'elle frappe brutalement d'inanité les principes, disqualifie *ipso facto* tout débat ; elle est le *fait accompli* même, qui est ici voie de fait autant que fait du Prince.

La manière dont le Conseil de sécurité a usé de ce pouvoir n'a guère contribué à rassurer. Très vite, l'esprit de l'article 16 s'est diffusé dans la pratique du Conseil et la restriction de la compétence juridictionnelle est devenue une figure imposée dans les résolutions relatives à l'exercice de la justice internationale. Quelques jours seulement après l'entrée en vigueur du Statut de Rome, et comme pour marquer son territoire, le Conseil de sécurité éprouve la nécessité de retirer toute compétence de la CPI relativement aux ressortissants d'États « contributeurs » et non Parties au Statut, et s'agissant d'opérations « autorisées ou établies » par l'ONU (résolution 1422 du 12 juillet 2002). Moins d'une année après, la restriction juridictionnelle est réitérée (résolution 1487 du 12 juin 2003) et deux mois à peine plus tard, le Conseil applique au cas du Libéria ce qui tend à devenir une clause de style dans toutes les occurrences où la justice internationale est susceptible d'intervenir (résolution 1497 du 1er août 2003 autorisant le déploiement d'une Force multinationale). Il faut noter que dans les deux premiers actes cités, le Conseil ne s'intéresse à aucune situation particulière, l'exclusion de la compétence de la CPI s'apparente à un acte de portée purement déclaratoire, mais une déclaration de la plus haute importance, une pétition de principe afin que nul n'en ignore. Les résolutions 1593 de 2005 et 1970 de 2011 relatives respectivement au Darfour et à la Libye sont venues confirmer l'interprétation expansionniste qui a été celle du Conseil de sécurité.

L'esprit de l'article 16 a donc infesté, gangréné la pratique du Conseil de sécurité. Une logique hégémonique a certainement présidé à la mise en œuvre de celui-ci. Tout s'est passé comme si, sous l'évidente houlette des États-Unis d'Amérique, le Conseil de sécurité tentait de compenser les revers subis par cet État, au cours de négociations durant lesquelles les USA n'ont eu de cesse de prôner une sorte de tutelle organique et permanente du Conseil de sécurité sur la CPI. Non seulement les États-Unis soutiennent la thèse d'un monopole du déclenchement des poursuites par le Conseil, mais, ayant perdu cette bataille-là, s'échinent à refuser toute limitation de la validité temporelle de la suspension des poursuites, telle que prévue par l'article 16 lui-même[7].

Dans l'offensive qu'ils ont menée contre la CPI, les États africains ont également porté le combat sur ce point précis. Il s'est agi pour eux de casser le monopole d'un pouvoir discrétionnaire, en préconisant la translation ou le partage d'un tel pouvoir. La philosophie même de la réforme suggérée n'est pas nouvelle, c'est elle qui a inspiré la « résolution Acheason » de 1950 adoptée par l'Assemblée générale et aux termes de laquelle celle-ci pouvait se substituer au Conseil de sécurité dans l'exercice de la responsabilité du maintien de la paix mondiale dès lors que ce Conseil s'avérait défaillant[8]. Réunis au sein de l'Union africaine, ces États se sont prononcés le 27 juillet 2010 pour un amendement de l'article 16, qui autoriserait l'Assemblée générale *« à assumer les pouvoirs du Conseil de sécurité de renvoyer les cas pour une durée d'un (1) an »* dans l'hypothèse où le Conseil *« n'aurait pas agi dans un délai déterminé »*[9].

Le conflit avec le Conseil de sécurité et la CPI s'est cependant durci à la suite des demandes répétées, toujours rejetées ou ignorées, que les États africains ont formulées lorsque des enquêtes ou poursuites ont été initiées contre les présidents et /ou vice-président en exercice du Soudan, du Kenya et de la Libye. Les requêtes des États africains confinent à la liturgie, tant les sommets de l'organisation panafricaine qui se succèdent tendent à ritualiser l'appel à l'article 16, à exiger le bénéfice d'une disposition présentée comme étant la seule garantie de la paix

---

[7] Pour une vue complète sur l'attitude des États Unis face à la CPI, v. FERNANDEZ J., *La politique juridique extérieure des États Unis à l'égard de la Cour pénale internationale*, Paris, Pedone, 2010.

[8] Résolution 377 (V) « Union pour le maintien de la paix », adoptée par l'Assemblée générale de l'ONU le 3 novembre 1950.

[99] Décision sur la mise en œuvre de la déc. Assembly/AU/DEC.270 (XIV) relative à la 2ème réunion ministérielle sur le Statut de Rome de la CPI ; Doc Assembly/AU/10 (XV), 27 juillet 2010.

dans les contextes en cause. Le maniement de cet article 16 vient toujours poser la très classique problématique de la paix contre la justice. S'agissant par exemple du Soudan, il est précisé que la demande de suspension des poursuites se recommande du « caractère délicat du processus de paix en cours »[10] ou, au sujet du Kenya, de la nécessité d' « appuyer le processus de consolidation de la paix en cours »[11]. On reviendra sur ce débat de fond qui est au cœur de l'argumentaire africain. Pour l'heure, il suffit de relever la dureté de la dissonance, l'âpreté de la mésintelligence entre Conseil de sécurité/CPI d'une part, et les États d'Afrique d'autre part. Les refus successifs opposés aux démarches africaines sonnent comme des fins de non-recevoir, et la frustration née de ce dialogue de sourds n'a pu qu'alourdir le contentieux.

Et de fait, la détérioration des relations est perceptible dans le ton des actes adoptés sous les auspices de l'UA. Les résolutions africaines qui s'empilent suggèrent une montée des périls, dessinent un creusement des divergences, le désaccord s'installe *crescendo.* Aux prières teintées de diplomatie succèdent bientôt des adresses plus franches, les suppliques se muent en philippiques, les adjurations en réquisitoires.

En 2011, et après plusieurs démarches restées sans suite, l'UA assortit sa nouvelle requête d'une recommandation aux États membres « de ne pas coopérer à l'exécution du mandat d'arrêt » qui frappe le président El Béchir. Dans le même temps, l'organisation africaine exprime en quelque sorte son divorce avec le système pénal universel en décidant de doter la Cour africaine

---

[10] Décision sur la demande par le Procureur de la CPI de la mise en accusation du président de la République du Soudan, Assembly/AU/Dec.221(XII), point 3.

[11] Décision sur le rapport sur la mise en œuvre des décisions précédentes du Conseil exécutif et de la Conférence, 16ème session ordin. De la Conférence de l'UA, Assembly/AU/Dec.334(XVI), 30-31 janvier 2011.

de justice et des droits de l'homme de compétences pénales identiques à celles de la CPI[12]. En 2013, l'UA affirme que « le président Uhuru Kenyatta ne comparaîtra pas devant la CPI tant que le Conseil de sécurité et la CPI ne tiendront pas compte, comme il convient, des préoccupations de l'UA et de ses États membres »[13]. Peu de temps après, toujours au sujet du Kenya, l'organisation africaine « exprime sa profonde déception par le fait que la demande du Kenya, appuyée par l'UA, au Conseil de sécurité, de surseoir aux poursuites initiées contre le président et le vice- président de la République du Kenya conformément à l'article 16 du Statut de Rome (…) n'ait pas eu le résultat positif attendu », puis la résolution insiste clairement sur la nécessité « d'éviter le sentiment de manque de considération pour l'ensemble du continent »[14]. En 2015, il est encore question de « l'obstination de la CPI et des prétendus responsables de l'administration de la Cour…, du mépris manifeste du Procureur à l'égard des décisions de la 14ème Assemblée des États Parties » puis du mandat du Comité ministériel chargé d'élaborer « dans un bref délai, une stratégie globale qui prend en compte le retrait collectif de la CPI… »[15].

Dans cette escalade, deux autres actes viennent sceller le malentendu avec la Cour pénale internationale. D'abord le rejet d'une proposition de résolution soumise au vote du Conseil de sécurité le 15 novembre 2013, à la demande de trois États africains (Maroc, Rwanda et Togo), tendant précisément à faire bénéficier aux deux dignitaires kenyans les dispositions de l'article 16 et,

---

[12] Décision de l'UA sur la mise en œuvre des décisions de la Conférence relatives à la CPI, UA, Assembly/AU/Dec.366 (XVII) du 1er juillet 2011.

[13] Décision sur les relations entre l'Afrique et la CPI, Ext Assembly/AU/Dec.1 (octobre 2013).

[14] Décision sur le rapport intérimaire de la Commission relatif à la mise en œuvre des décisions sur la CPI, Doc Assembly/AU/13 (XXII).

[15] Décision sur la CPI, Doc Assembly /AU/Dec.590 (XXVI) et Doc EX.CL/952 (XXVIII)

d'autre part, une décision de l'UA par laquelle la Conférence des chefs d'État et de gouvernement « salue et appuie pleinement les décisions souveraines prises par le Burundi, l'Afrique du Sud et la Gambie, en tant que premiers pays à mettre en œuvre la Stratégie de retrait, et relatives à la notification de leur retrait de la CPI »[16].

L'autre institution perçue comme symbolique d'une justice internationale aux mains des Puissants est le Procureur de la CPI. Maître des poursuites comme dans certains systèmes judiciaires nationaux, le Procureur du Statut de Rome est au cœur de la polémique pour des raisons institutionnelles et conjoncturelles. Les premières tournent autour du principe d'opportunité des poursuites qu'il est appelé à apprécier, dont l'incidence dans le contentieux avec les pays africains sera étudiée plus loin. Quant aux données d'ordre conjoncturel, dont il est question dans l'immédiat, elles se résument en la déception d'une attente, en l'abjuration d'une promesse clairement faite.

## §2. Le Procureur

Détenteur d'un pouvoir certes appréhendé par les États, mais objectivement tributaire de la bonne volonté de ceux-ci, le Procureur avait tout intérêt à manier ses prérogatives avec mesure. De fait, la politique qu'il a menée durant les premières années de la Cour est restée empreinte de tempérance et d'une volonté, certainement avisée, de ne pas contrarier outre mesure les États (A). Cette bonne intelligence avec les États Parties a brusquement été interrompue par un activisme de mauvais aloi, d'autant moins acceptable pour les États africains que non seulement ils semblaient en être les victimes désignées, mais qu'il se traduisant par des réquisitions exorbitantes, touchant de façon

---

[16] UA, Conf. De l'Union, 8ème session ordinaire (30-31 janvier 2017), Décision sur la CPI, Assembly/AU/Dec.622(XXVIII), Doc.EX.CL/1006 (XXX).

spectaculaire et quelque peu outrageante des aspects majeurs de leur souveraineté (B).

### A. La modération escomptée

La justice pénale internationale reste, en dépit de ses progrès, affectée d'une limite constitutionnelle, qui est sa dépendance à l'égard des États. Non seulement le consentement étatique est en son principe même, mais le bon déroulement de ses procédures – enquêtes, instruction, recueil de preuves, d'indices, de témoignages, etc. – requiert un concours étatique. La justice pénale ne se déploie pas sous vide, elle s'exerce sur des territoires étatiques qui ne sont pas des terres sans maîtres, elle a toujours besoin de l'aval d'un Souverain.

Nul mieux qu'un Procureur, qui travaille à l'établissement des charges, n'est sensible à cette contrainte ontologique. Destiné à pratiquer une sorte d'équilibrisme, il doit ménager la chèvre et le chou, concilier les exigences d'une justice dont lui-même est une personnification inédite dans un ordre international essentiellement relativiste et volontariste, et les impératifs du respect de la souveraineté des États. Écartelé entre la splendeur de son rôle de justicier et les contraintes de l'exécution concrète de celui-ci, le Procureur est un diplomate par vocation, la bonne réussite de sa mission requérant une fine science des contextes et des conjonctures. Du maelstrom des circonstances de temps et de lieux, sans oublier la donnée psychologique, il lui appartient d'extraire de l'à-propos, pour satisfaire la caractéristique fondamentale des poursuites qu'il mène : l'opportunité. Ce principe d'opportunité des poursuites s'impose encore plus dans l'ordre international parce qu'il y pèse d'un même poids que le principe de légalité, parce que les facteurs subjectifs y prévalent au même titre que les facteurs objectifs. Le maniement du principe d'opportunité reste donc éminemment tactique.

Le Procureur de la CPI, disions-nous, a semblé parfaitement conscient de ces limites substantielles de son office. Dans le *Document de politique générale relatif à la sélection et à la hiérarchisation des affaires*, la Cour avait elle-même relevé, au titre des éléments à prendre en compte pour engager des enquêtes ou poursuites, la plus ou moins grande disposition de l'État à collaborer avec elle. Plus précisément, il était question de « la coopération internationale et l'entraide judiciaire à l'appui des activités du Bureau » (Bureau du Procureur) ainsi que « les possibilités d'obtenir la comparution des suspects devant la Cour, à la suite de leur arrestation et de leur remise ». Le Bureau du Procureur doit donc « s'assurer qu'il privilégie les affaires pour lesquelles il sera apparemment en mesure de mener efficacement une enquête permettant des poursuites qui devraient se solder par une condamnation »[17].

Tout organe judiciaire qu'il soit, le Procureur se montre ainsi sensible aux éléments d'ordre politique qui entrent dans son appréciation de l'opportunité des poursuites. Sans doute la politique de la CPI tire-t-elle les leçons des impasses dans lesquelles les tribunaux pénaux ad-hoc se sont fourvoyés. Les désaccords de la Procureure du TPIR avec les autorités rwandaises ont été si notoires et si persistants qu'ils ont rendu impossible toute enquête internationale sur les crimes commis par le Front patriotique rwandais parvenu au pouvoir. Dans le cas du TPIY, la Procureure a ouvertement admis sans ses Mémoires publiés en 2009 qu'elle avait été freinée dans son désir d'enquêter sur des méfaits commis par les forces de l'OTAN par le seul fait qu'en se lançant dans une telle entreprise, elle aurait irrémédiablement compromis toute volonté de coopérer avec elle de la part des États membres de l'Organisation[18].

Force est de constater, s'agissant de la CPI elle-même, que les refus de collaborer les plus notoires, qui se sont manifestés

---

[17] *Document de politique générale relatif à la sélection et à la hiérarchisation des affaires*, septembre 2016, §51.

[18] Del Ponte C. et Sudetic C., *Madame Prosecutor/ Confrontations with Humanity's Worst Criminals and the Culture of Impunity. A Memoir,* New York, Other Press, 2009, p.60.

notamment à l'occasion des déplacements du président soudanais El Béchir, n'ont pas donné lieu à des parades efficaces. Les décisions rendues par la CPI elle-même revêtent un aspect quelque peu incantatoire, elles n'ont en tous les cas pas réellement modifié le comportement des États en cause. Bref, une juridiction internationale court le risque de se mettre elle-même à nu, de révéler ses propres carences si elle s'évertuait à ignorer les contraintes objectives d'une collaboration étatique. Or, il est essentiel qu'une autorité judiciaire évite de travailler à son propre discrédit en s'exposant délibérément à un refus d'exécution de ses décisions. La ténuité de l'obligation de coopérer est l'indice le plus éclatant de la déréliction du Procureur. Et si celui-ci s'employait à user des moyens de sanction mis à sa disposition – à travers notamment une saisine du Conseil de sécurité pour certaines juridictions passées ou actuelles et l'Assemblée des États Parties pour la CPI -, il pourrait vite, comme Icare, se brûler les ailes en s'approchant un peu trop de la stratosphère des intérêts politiques des États. Il est ainsi connu qu'en se résolvant à écarter la Procureure Carla Del Ponte au TPIR au profit du Belge Serge Brammertz, le Conseil de sécurité a clairement entendu « sacrifier » la juriste italienne pour préserver un minimum de bonnes relations avec le Rwanda, qui ne pouvait voir d'un bon œil les tentations inquisitoriales de la Procureure[19].

Conscient de telles limites, le Procureur de la CPI s'est d'abord illustré par une tiédeur dans l'exercice de son pouvoir d'ouvrir des enquêtes *proprio motu*. De fait, de 2002 à 2009, l'article 15 du Statut de Rome énonçant un tel pouvoir n'a jamais été mis en œuvre. A partir de l'affaire kenyane, qui donna lieu à la première mise en œuvre de cette disposition, la Cour va marquer une sorte d'inflexion activiste, de zèle répressif très vite désavoué par des États africains derechef visés par des procédures internationales.

---

[19] Peskin V., *International Justice in Rwanda and the Balkans : Virtual Trials and The Struggle for State Cooperation*, Cambridge, Cambridge University Press, 2008, p.207, cité par Gaeta P., op. cit, p.153.

Là encore, on relève une sorte de gradation périlleuse, de synchronisation dramatique entre la gravité des actes judiciaires posés et la virulence des déclarations politiques qui y répondent.

### B. Les errements constatés

Brutalement allait-on dire, en novembre 2009, le Procureur de la CPI met en branle l'article 15 et demande à la Chambre préliminaire de l'autoriser à ouvrir une enquête à la suite des violences post-électorales qui ont eu lieu au Kenya en 2007. L'activisme répressif se confirme par la suite, et rien ne semble arrêter le Procureur. Le système donne l'impression d'être rapidement passé de la léthargie à la surchauffe, d'une espèce de neutralité bienveillante à un dérèglement.

Des citations de comparaître et des mandats d'arrêt sont bientôt requis par le Procureur. Au Soudan, ils visent un ministre d'État chargé des affaires humanitaires et ancien ministre de l'Intérieur – Ahmad Harun- puis le chef de l'État lui-même, Oumar El Béchir. En République Démocratique du Congo, c'est le vice –président du pays Jean –Pierre Bemba qui est visé, avant que d'autres demandes tout aussi spectaculaires ne suivent.

Parallèlement, les réactions de l'Union africaine se font de plus en plus incisives. Dès 2009, et à la suite de la demande d'arrestation du président soudanais, l'organisation continentale fait savoir qu'elle entend proposer « les lignes directrices et le code de conduite pour l'exercice des pouvoirs discrétionnaires du Procureur de la CPI, en particulier le pouvoir du Procureur d'instruire des cas à sa seule discrétion, conformément à l'article 15 du Statut de Rome »[20]. Une année plus tard, les circonlocutions diplomatiques sont abandonnées au profit d'une charge qui est bel et bien une mise en cause *ad-hominem* puisque l'UA « exprime sa préoccupation face à la conduite du Procureur de la CPI M.

---

[20] Rapport de la Commission sur la Réunion des États africains Parties au Statut de Rome, 2009, Assembly/AU/Dec.245 (XIII), Doc Assembly/AU/13 (XIII), point 11.

Moreno Ocampo qui ne cesse de faire des déclarations grossières et condescendantes en ce qui concerne l'affaire du Président Omar Hassan El Bashir du Soudan et dans d'autres affaires en Afrique »[21]. Dans un autre document, l'UA se dit « préoccupée par la manière dont le Procureur de la CPI gère la situation en Libye »[22]. L'une des dernières déclarations des États africains évoque encore « le mépris manifeste du Procureur à l'égard des décisions de la 14ème Assemblée des États parties, relatives à l'appel pendant en application de l'article 68 concernant le Vice – président du Kenya »[23].

Dans le différend qui les oppose à la CPI, les États africains ont donc clairement identifié leurs adversaires : le Conseil de sécurité et le Procureur de la CPI. L'un est accusé de se servir de la Cour comme d'un relais, d'un instrument de perpétuation d'un ordre qu'eux-mêmes – et d'autres – contestent. La CPI devient, dans cette perspective-là, une sorte de cache – misère, l'occultation judiciaire d'un rapport de forces profondément inique, l'instrument du conservatisme alors même que son avènement avait été salué comme l'aube d'une ère nouvelle. L'arbitraire de la puissance du Procureur est tout aussi critiqué, avec ici la nuance d'insolence portée par la personnification de l'institution. En tout état de cause, ce couple reste symbolique d'une justice des forts, symbolique d'un traitement inégalitaire des États. Tout aussi révélateur de ce tiraillement peut être l'affrontement entre la justice nationale et la justice internationale, qui intègre toujours la CPI, mais la dépasse.

---

[21] Décision sur la mise en œuvre de la Déc. Assembly/AU/DEC.270 (XIV) relative à la 2ème réunion ministérielle sur le Statut de Rome de la CPI, 27 juillet 2010.

[22] Décision sur la mise en œuvre des décisions de la Conférence relatives à la CPI, Doc EX.CL/670 (XIX).

[23] Décision sur la CPI, Doc Assembly/AU/Dec.590 (XXVI) et Doc EX.CL/952 (XXVIII).

## Section 2

## Le duel justice internationale contre justice nationale

La crise née du fonctionnement de la CPI reste bien entendu en cause ici. Dans la mesure où cette juridiction est bien « complémentaire » des justices nationales, c'est-à-dire n'intervient qu'à défaut de l'exercice de ces dernières, les deux systèmes judiciaires sont forcément appelés à interagir (§1).

Mais les imbrications ne se limitent pas au seul jeu du principe de complémentarité. Elles se lisent également dans des hypothèses où, s'appuyant sur le principe de la compétence universelle, des systèmes judiciaires d'États du Nord prétendent juger des personnes ressortissant d'États africains notamment, et parfois de hauts dignitaires de ces États (chefs d'État, ministres, etc.). Ce cas de figure est intéressant parce que non seulement il constitue une autre facette du différend en cause, mais il donne lieu à des stratégies de riposte purement judiciaires – et pas seulement politiques, comme dans le cas de la CPI – de la part des États africains, ce qui constitue déjà une première preuve de la relativité du désamour que ces États nourrissent à l'égard de la justice internationale. La stratégie consiste ici à déplacer le théâtre du débat, à porter celui-ci hors des prétoires des États qui prétendent exercer leur juridiction, et à le poser en termes purement interétatiques, devant un juge qui ne connaît précisément que les États : la Cour internationale de justice de la Haye (§2).

## §1. La volonté de puissance de l'institution internationale : l'escamotage de la donnée nationale

Avec la CPI, c'est le principe de la complémentarité qui joue. Évoqué aussi bien dans le Préambule du Statut de Rome qu'à l'article 1er de celui-ci[24], ce principe cardinal ménage la souveraineté de l'État en lui accordant en quelque sorte la priorité dans le traitement des crimes visés par le Statut. Il appartient au premier chef aux justices nationales de juger ces faits, ce n'est que dans l'hypothèse où celles-ci renonceraient ou rechigneraient à le faire que la CPI pourrait s'emparer des cas en cause. Bref, le principe de complémentarité, tout en étant un hommage à la souveraineté de l'État, introduit une sorte de présomption de confiance légitime entre ces États, confiance en la volonté et en la capacité des autorités et de leurs systèmes judiciaires à combattre l'impunité.

À l'épreuve des faits, cet ordonnancement irénique et optimiste ne s'est pas toujours réalisé. L'avènement de la CPI, loin d'être l'opportunité d'une articulation et d'une collaboration harmonieuse entre la justice internationale et la justice nationale, a au contraire donné lieu, s'agissant des États africains, à des tensions nées du sentiment, légitime dans une large mesure, que la justice internationale exerçait une forme d'impérialisme tendant à étouffer l'expression de leur souveraineté judiciaire. Il s'est précisément agi d'éluder cette justice nationale, de faire fi de son existence, de l'escamoter alors qu'elle prétendait s'exercer conformément aux stipulations du traité de Rome. Cet escamotage a pris deux formes : une forme institutionnelle et systématique, se traduisant par l'éviction de toute forme

---

[24] Le Préambule du Statut de Rome stipule que « la Cour pénale internationale dont le présent Statut porte création est complémentaire des juridictions pénales internationales », l'article 1er réitère que « la Cour est complémentaire des juridictions pénales nationales ».

alternative de justice, n'obéissant pas nécessairement aux canons, rites et visées des systèmes classiques (A) et une forme plus localisée, plus circonstancielle, se traduisant par la disqualification des tentatives de règlement ponctuel des affaires à juger (B).

### A. Escamotage des formes alternatives de justice

La forme alternative de justice dont il est question ici est incarnée par les « commissions vérité-réconciliation » dont le foisonnement est une caractéristique majeure de l'histoire politique contemporaine de beaucoup de pays. Une étude faite par Amnesty international révèle qu'entre 1974 et 2007, près de trente - trois commissions de ce type ont vu le jour, dans une trentaine pays[25]. Ces structures sont définies comme étant des « organes officiels, temporaires et non judiciaires, chargés d'établir les faits, qui enquêtent sur un ensemble d'atteintes aux droits de l'homme ou au droit humanitaire généralement commis au cours d'un certain nombre d'années »[26]. Il s'agit donc d'une justice délibérément éloignée du paradigme de la justice pénale classique avec son mode de réparation afflictif et infâmant.

C'est le caractère rétributif de la justice pénale qui se trouve en réalité nié : il n'est pas question de punir un criminel, de lui infliger un châtiment, comme de coutume. A une approche individualiste et utilitariste supposant l'adéquation entre la gravité du fait poursuivi et la sanction infligée – adéquation évidemment problématique lorsqu'il est question d'atrocités commises sur une échelle humainement incommensurable --, est promue une démarche d'inspiration plus communautariste, mettant en avant le rétablissement de la vérité des faits et la nécessité de la reconstitution du lien social. Le face-à-face bourreau – victime, éventuellement médiatisé par un ministère public poursuivant une responsabilité seulement individuelle

---

[25] Amnesty international, *Vérité, justice et réparation. Créer une Commission vérité efficace,*11 juin 2007.

[26] Ibid., p.1.

disparaît au profit d'un exercice collectif d'exorcisme, où l'enjeu principal est la libération de la parole, la verbalisation du passé étant perçue comme le moyen de se libérer des cauchemars de celui-ci. Ni stigmatisation personnelle ni obsession répressive, la justice alternative des commissions vérité est tout simplement une justice sans procès.

L'on perçoit dès lors les termes du débat, relativement à notre problématique : l'exercice d'une telle justice, est-elle assimilable au déploiement d'une justice d'État, d'une justice au sens où l'entend le Statut de Rome, auquel cas sa mise en œuvre pourrait, au nom du principe de complémentarité, neutraliser ou geler toute intervention de la CPI dans les affaires en cours de traitement au plan national (principe de complémentarité, c'est-à-dire de subsidiarité de la CPI) ? On peut le redire en termes plus philosophiques et plus systématiques : la justice pénale internationale, si dominée par des considérations répressives, peut-elle admettre l'existence d'une justice dépouillée de toute vocation punitive, tolère-t-elle l'altérité, conçoit-elle d'autres formes différentes de justice ?

Le débat n'est pas, au demeurant, que purement philosophique. Il revêt une dimension pratique certaine quand on sait que dans la quasi-totalité des pays dont les cas ont été traités par la CPI, cette forme différente de justice existe et qu'elle a même prétendu, à des moments donnés, se saisir des affaires sur lesquelles la juridiction internationale enquêtait ou voulait enquêter[27]. Il faut ajouter à ce stade que la perspective d'une

---

[27] C'est le cas pour la RDC (loi du 30 juillet 2004 portant organisation, attributions et fonctionnement de la Commission vérité et réconciliation), la Côte d'ivoire (ordonnance du 13 juillet 2011 portant création, attributions, organisation et fonctionnement de la Commission dialogue, vérité et réconciliation), le Kenya (Bill du 9 mai 2008 relatif à la Truth, Justice and Reconciliation Commission), du Mali (Ordonnance du 15 janvier 2014 portant création de la Commission vérité, justice et réconciliation , et décret du même jour). La mise en place de telles commissions a pu être préconisée, dans des rapports de l'ONU notamment, c'est la cas du Soudan (Rapport de la Commission

substitution systématique de la justice pénale par les commissions vérité a, au moins pendant un moment, séduit les dirigeants africains. L'idée d'ériger ce modèle en panacée a été caressée par les experts chargés d'établir un rapport sur la situation au Darfour, groupe ayant à sa tête l'ancien président sud-africain Thabo Mbeki. Les conclusions et recommandations de ce Panel dépassent le cas du Darfour et ont clairement une ambition régionale. Il est bien spécifié qu'au-delà du Darfour, il s'est agi de *« made generic recommendations on integrated justice and reconciliation responses for Africa as a whole »*[28].

Débat d'une portée pratique indéniable donc, mais aussi, il faut bien le dire, questionnement d'ordre culturel. Le fait est que l'intervention ou les velléités d'intervention de la juridiction internationale dans des contextes nationaux où était privilégiée la régulation des conflits par des commissions vérité a été vécue comme une forme de diktat, et comme l'affirmation insidieuse de la supériorité qualitative de la justice internationale sur une justice locale si empreinte, dans cette configuration-ci, de considérations culturelles. A l'extrême, le scepticisme sur la justice alternative devient un doute sur la fiabilité du système judiciaire national lui-même, élément d'ordre psychologique que nous retrouverons plus tard, mais dont l'existence, on s'en doute bien, ne peut que corser le malentendu.

Or, il semble que les initiatives endogènes et originales de dépassement des traumatismes consécutives aux violations de masse des droits de l'homme n'aient pas été favorablement accueillies par la CPI notamment. Le scepticisme voire la prévention de la justice pénale internationale a d'abord pris la

---

internationale d'enquête sur le Darfour, adressée au Secrétaire général, S/2005/60, 1er février 2005,§617) ou en République centrafricaine (International Commission of Inquiry on the Central Africa, Republic Final Report, S/2014/928, 6 décembre 2014, p.26).

[28] Centre For the Study of violence and reconciliation, *Africa Trasitional Justice Police Framework: Expert's Consultation Report, Annex: African Union Draft Transitional Justice Policy Framework (ATFJ),* Prétoria, 12-13 mars 2012, pp.4-5.

forme d'une distanciation à l'égard de tels mécanismes, et ce à travers ce qu'on pourrait appeler une théorisation de la spécialisation fonctionnelle des deux formes de justice. Il s'est agi, pour la CPI face aux États d'Afrique, de proclamer que la justice pénale et la justice transitionnelle ne devaient pas être confondues parce qu'elles poursuivent des buts différents, parce qu'elles ont des vocations différentes. Cette affirmation a pu paraître filandreuse ou contorsionnée, elle n'en a pas moins été le moyen par lequel la CPI notamment a trouvé le moyen de faire abstraction des procédures nationales de règlement pour faire prévaloir une approche extrêmement légaliste et pénaliste des choses. Le sentiment d'un impérialisme juridictionnel en est né, et cet escamotage de la justice endogène est venu renforcer le sentiment de défiance des États africains. Mais il ne suffit pas de constater le creusement du dissentiment, il faut mettre en exergue les inconséquences des prétentions de la justice internationale.

La thèse de la spécialisation fonctionnelle des justices paraît d'abord résulter du Statut de Rome lui-même, dont les termes suggèrent une espèce d'obsession afflictive. Le Préambule du texte rappelle la nécessité de lutter contre l'impunité en termes très énergiques. Les crimes visés par la convention internationale « ne sauraient rester impunis » et « leur répression doit être effectivement assurée par des mesures prises dans le cadre national… » ; « il est du devoir de chaque État de soumettre à sa juridiction criminelle les responsables de crimes internationaux ». Ce sont ensuite les organes de la CPI eux-mêmes qui se font l'écho de l'option répressive. Le 21 septembre 2012, le Procureur affirme que la Cour reste « d'abord et surtout une Cour pénale, au mandat défini en ce sens. Il ne s'agit pas d'une commission de vérité et réconciliation et, moins encore, d'un organe de résolution des conflits collectifs »[29]. Dans un document systématisant sa politique, sur le terrain particulier de l'appréciation des « intérêts de la justice »[30], le Procureur réitère sa compréhension de sa mission, qui doit rester très spécifique et très « indépendante ». Sans nommer la justice alternative, il insiste sur l'étroitesse de sa mission et semble laisser au Conseil de sécurité l'appréciation de tout élément relevant du maintien de la paix et de la sécurité internationales, élément pouvant éventuellement interférer dans le cours de la justice[31].

En d'autres termes et relativement au débat qui est le nôtre, le Procureur de la CPI estime n'avoir nullement à intégrer dans son analyse la justice alternative. Non qu'il en nie l'éventuelle pertinence ou incidence dans un contexte judiciaire donné, mais il estime que, relevant par définition de l'extra-judiciaire, sa prise en compte doit incomber à un organe non judiciaire, un organe politique comme le Conseil de sécurité. En résumé, et dans le débat sur son rapport à la justice alternative, la CPI se fait le chantre d'une double théorie de la séparation des fonctions : séparation des fonctions de la justice internationale (poursuite judiciaire des coupables de crimes) et de la justice alternative (restauration de relations et de cohésion sociales) ; puis, dans une perspective rigoureusement interne au Statut de Rome lui-même, séparation des fonctions entre le Procureur (enquêtes judiciaires sur de présumés responsables) et le Conseil de sécurité (appréciation de considérations politiques ou extra-judiciaires, rattachées au maintien de la paix et de la sécurité internationales).

---

[29] CPI, Bureau du Procureur, 2& septembre 2012, note 34.

[30] Article 53 du Statut de Rome, qui fait des « intérêts de la justice » l'un des paramètres d'une demande d'ouverture d'enquête par le Procureur.

[31] *Policy Paper on the Interests of Justice, september 2007,* p.8: « In situations where the ICC is involved, comprehensive solutions addressing humanitarian, security, political, development and justice elements will be necessary. The Office will seek to work constructively with and respect the mandates of those engaged in other areas but will pursue its own judicial mandate independently. The Statute recognizes a role for the UN Security Council to defer ICC action where it considers it necessary for the maintenance of international peace and security. Article 16 provides that….."''

Une rationalité gouverne ces distinctions, un sens profond traverse cette logique répartitive : le culte de la préservation du judiciaire, le refus de la contamination politique, le désir forcené de ne jamais mêler « droit » et « politique ».

L'objectivité commande pourtant de ne pas cantonner l'adoption de cette approche strictement pénaliste aux seuls organes de la CPI. Ceux-ci ont sans doute pu puiser quelques arguments dans des thèses défendues çà-et- là par certaines organisations de défense de droits de l'homme. Insistant sur la légitime nécessité de poursuites les auteurs de crimes graves, ces organisations ont pu, à l'occasion, escamoter quelque peu la justice alternative et insister sur l'approche pénale. Un rapport conjoint de deux organisations rappelle ainsi que « si les fonctions respectives des commissions vérité et des tribunaux sont complémentaires, leurs tâches diffèrent par nature, et elles ne doivent pas être confondues. Les commissions vérité n'ont pas vocation à se substituer à la justice, tant civile ou administrative que pénale. En particulier, les commissions vérité ne peuvent pas se substituer à un processus judiciaire visant à établir la responsabilité pénale individuelle »[32]. Il est même affirmé, avec quelque témérité, que « les appels pour la réconciliation au détriment de la justice (…) ne doivent pas être pris en compte »[33].

Or, il est évident que la thèse pénaliste mérite d'être sérieusement relativisée. Entendons-nous bien toutefois : il ne s'agit nullement de remettre en cause la lutte contre l'impunité et la nécessité subséquente de châtier les coupables de violations éminentes du droit, il est seulement question de marquer une distance vis-à-vis d'une logique rétributiviste et hégémonique, qui fait comme si d'autres approches, relativistes et attentives à ne pas blesser des singularités locales, n'étaient pas concevables, comme

---

[32] Rapport conjoint Amnesty-FIDH, *Soudan du Sud. En quête de justice. Recommandations concernant la création d'un tribunal hybride,* p.10.

[33] Ibid. p 36.

si la conception individualiste du procès pénal ne pouvait pas être dépassée par une appréhension plus sociale, moins intersubjective des choses.

La structure même des infractions dont il est question est le premier élément qui devrait inviter à l'humilité. Un crime de masse, un crime contre l'humanité, un génocide, ne sont pas des crimes ordinaires et ne sauraient sans doute être adéquatement traités par des moyens ordinaires. L'incapacité des systèmes nationaux à y faire face a été soulignée par A. Garapon : « La justice ne pourra jamais atteindre les mêmes dimensions que le crime, du moins pas aussi parfaitement qu'elle peut y prétendre pour les crimes de droit commun (…). Le crime de masse sidère les capacités de la justice humaine. Cela tient à sa nature même, installé qu'il est au cœur du processus politique, c'est-à-dire au cœur des mécanismes censés protéger les citoyens de la violence »[34].

Quantitativement et qualitativement donc, le système de justice classique s'avère incapable de saisir et de traiter le phénomène criminel qui est l'objet de la justice pénale internationale. Dans une telle perspective, les réparations envisagées tiennent d'une sorte de baroud d'honneur et même leur vertu symbolique – ne parlons pas de la vertu restitutrice, inatteignable par définition ici – pose problème. Il semble que les victimes des atrocités elles-mêmes se soient montrées très dubitatives sur la pertinence des réparations arrêtées par les tribunaux de la Haye, mais pouvaient-elles ne pas être pertinentes[35] ?

Ces données déroutent le modèle du procès national. Elles constituent une manière d'invite à explorer d'autres clefs d'analyse, à approcher autrement le phénomène criminel dont il est question. Il ne saurait évidemment être question

---

[34] Garapon A., *Des crimes qu'on ne peut ni punir ni pardonner,* Paris, Odile Jacob, 220, pp.274-275.

[35] Hazan P, *La justice face à la guerre. De Nüremberg à la Haye,* Paris, Stock, 2000, p.247.

d'entreprendre ici ne serait-ce que l'ébauche d'une tâche aussi redoutable. Mais il suffit de dénoncer la prétention de soumettre des réalités aussi monstrueuses, aussi déconcertantes, aux procédures de la justice ordinaire, celle dont la CPI se recommande et dont elle constitue en quelque sorte un grossissement. Les crimes que celle-ci a vocation à juger ont la particularité, dans la plupart des cas, d'avoir subverti des sociétés, traumatisé des collectivités au point parfois d'avoir remis en question leur existence même. Les réponses judiciaires classiques peuvent bien entendu trouver à s'appliquer à de tels contextes, mais il serait incontestablement abusif et dangereux d'ériger ce mode de traitement en « recette ».

L'exemple de l'Afrique du Sud, dont la commission vérité est si souvent citée en modèle, vient nous prouver qu'en la matière, aucune vérité n'est absolue et aucune solution n'est imposable à la hussarde. Cette expérience nationale de justice alternative a ébranlé des dogmes de la procédure judiciaire classique, balayé le préjugé rétributiviste en allant jusqu'à, non menacer ses « justiciables » d'une sanction, mais les gratifier d'un avantage, celui de leur amnistie ; l'enjeu du « procès » n'était donc pas une punition, mais une « récompense ». Cette démarche inédite, promise certes à rester exceptionnelle, est bien la preuve de la souveraineté des sociétés dans la détermination des moyens qu'elles estiment appropriées à surmonter leurs traumatismes, à vaincre leurs démons.

Les institutions judiciaires internationales n'ont évidemment pas vocation à reconstituer des liens sociaux, comme les organes de la justice alternative l'ont, mais elles ne peuvent pas passer le travail de ces organes par pertes et profits, elles ne peuvent pas ignorer – c'est-à-dire mépriser – cette œuvre-là. Non par convenance diplomatique ou par égard conventionnel, mais pour la raison que l'approche judiciaire classique dont elles sont porteuses n'est pas une fin en soi mais tend, comme tout le droit pénal lui-même, à la terminaison des querelles et à la pacification des sociétés. Une justice qui se souvient de sa finalité ultime est nécessairement attentive au travail de pacification entreprise par d'autres instances, nécessairement pénétrée de l'idée qu'elle n'a pas le monopole de la régulation sociale, ni par elle-même (d'autres organes de régulation existent), ni par son mode d'action (des régulations non juridiques existent).

L'escamotage de celle-ci par le Conseil de sécurité et par le Procureur de la CPI n'a au demeurant été ni constante ni cohérente. Au sein même des Nations Unies, la justice alternative a régulièrement été exaltée. Le contraste est donc saisissant entre une organisation qui célèbre chaleureusement les vertus de l'inventivité locale et des institutions judiciaires qui récusent en quelque sorte celle-ci à l'épreuve des faits c'est-à-dire de leurs saisines. L'ONU n'est pas la CPI, pourra-t-on objecter, mais outre que la Cour est « liée » aux Nations Unies (article 2 du Statut de Rome), la présence imposante d'un Conseil de sécurité agissant sur la base de la Charte dans la procédure judiciaire vient mettre en évidence la relation organique qui existe entre les deux. Or, dans sa pratique, l'ONU a plutôt encouragé les processus de justice alternative. Un certain nombre d'études menées à l'intention du Secrétaire général des Nations-Unies, qui en a endossé les conclusions, ont exhorté la communauté internationale à recourir à des commissions vérité ou à quelque chose d'approchant pour garantir un retour à la paix dans les sociétés concernées.

Le document qui systématise la doctrine onusienne en la matière est parlant. Intitulé « Rétablissement de l'état de droit et administration de la justice pendant la période de transition dans les sociétés en proie à un conflit ou sortant d'un conflit »[36], il aborde la question de l'apurement des contentieux nés de la crise en termes clairs, qui méritent d'être rapportés. S'agissant des

[36] Doc S/2004/616, 23 août 2004

commissions vérité, il indique que « ces commissions peuvent être d'un grand secours en aidant les sociétés se relevant d'un conflit à établir les faits en ce qui concerne les violations passées des droits de l'homme, à déterminer les responsabilités, à préserver les éléments de preuve, à identifier les auteurs des exactions et à recommander des mesures de réparation et des réformes institutionnelles. Elles peuvent aussi offrir aux victimes une tribune depuis laquelle celles-ci interpellent directement la nation en exposant leur histoire personnelle et faciliter le débat public sur la manière de refermer les blessures du passé »[37].

La palette des fonctions ainsi assignées aux commissions vérité s'avère large, et il y a lieu de se demander si celle-ci n'épuise pas tout simplement les missions assignées à la justice ordinaire, à l'exception peut-être – mais c'est tout le débat – de la fonction punitive, sanctionnatrice. En tout état de cause, il faut rappeler à ceux qui seraient tentés de voir dans cette déclaration de l'ONU une simple pétition de principe n'ayant aucune conséquence concrète, qu'il est arrivé que les Nations Unies, confrontées à des situations particulières, préconisent le recours aux mécanismes de justice alternative. Examinant par exemple la situation au Burundi, le Conseil de sécurité a recommandé dans la résolution 1606 du 20 juin 2005 la création d'une structure mixte (commission vérité et chambre spéciale) pour traiter le volet judiciaire de la crise.

Il existe cependant au moins deux données qui pourraient affaiblir la thèse d'une possible substitution de la justice pénale classique à la justice alternative, et renforcer donc l'idée d'une séparation étanche de leurs missions respectives.

La première touche la pratique des organes de la justice internationale eux-mêmes, le Conseil de sécurité et le Procureur de la CPI. Aucune de ces deux institutions ne pourrait en effet être

---

[37] Op cit., p. 22.

prise en défaut, aucune d'elles n'a jamais exprimé l'idée que les commissions vérité pourraient, à elles seules et à l'exclusion de la justice ordinaire, endosser le traitement judiciaire des traumatismes collectifs. Sur la question du Darfour par exemple, le recours à une commission vérité a été expressément préconisé par le Conseil, dans la résolution 1593, celle-là même qui défère la situation au Procureur. La concomitance de ces deux démarches est sans doute la preuve, pour le Conseil, que les modes de traitement sont deux parallèles appelés à ne jamais se rencontrer, et qu'il existe donc une séparation rigide des fonctions entre les deux organes. De même, le Procureur de la CPI, traitant de la question devant le même Conseil de sécurité, n'a pas exclu le recours à une justice alternative, mais n'en a jamais tiré une conséquence sur le plan strictement judiciaire, corroborant lui aussi la thèse de la distinction des fonctions[38]. Plus généralement, le recours à la justice alternative n'a jamais opéré comme cause d'irrecevabilité de l'affaire devant la CPI[39].

La seconde donnée est l'expérience tirée de précédents, de cas antérieurs non traités par la CPI. Le processus de résolution des crises y laisse apparaître une synchronisation presque idéale des fonctions des deux justices, chacune ayant non seulement assumé sa fonction en toute indépendance, mais s'étant nourrie des travaux de l'autre. Cette sorte d'appariement serait de nature à prouver qu'une division des tâches est non seulement possible, mais qu'elle est souhaitable. Il semble que les expériences tchadienne et libérienne aient illustré cette conjonction[40].

Ces objections sont sérieuses. On y répondra cependant par deux considérations. L'une d'elles est une précision, si besoin était. Elle consiste à rappeler qu'il n'est certainement pas question

---

[38] V. Rapport au Secrétaire général sur la situation au Soudan, doc S/PV/.5321 (2005), p.3.

[39] Article 17 du Statut de Rome.

[40] V.à ce sujet Guematcha E., « Les commissions vérité : maillon faible de la lutte contre l'impunité en Afrique ? » in Maia C. et autres, op cit., 201-203.

d'ériger la justice alternative en recette, en dogme ayant prétention à s'appliquer à toutes les crises. Une claire démarche relativiste s'impose ici : chaque contexte appelle son traitement particulier, et aucun cas n'est assimilable à un autre. A l'extrême, la mise en place d'un mécanisme de justice sans procès peut même être déconseillée.

De la même manière, l'institution de la justice alternative ne saurait être l'opportunité que saisiraient les grands criminels pour échapper à la punition qu'ils méritent. La justice alternative n'est pas un retour dans un monde onirique, une sorte d'âge d'or lisse ou idyllique, une potion lénifiante censée guérir les sociétés de la douleur de leur passé et effacer de leur mémoire des crimes impardonnables – à l'instar de l'eau du Léthé, parée de vertu amnésiante dans la mythologie grecque -. Elle n'abolit ni même n'atténue l'exigence de lutte contre l'impunité. Préconisant circonspection et relativisme, délicatesse dans le traitement de désastres psychologiques et humilité dans l'accomplissement de la fonction de justice, l'appel lancé ici ne saurait, sous peine de se contredire lui-même, sombrer dans un quelconque dogmatisme. Il faut donc le redire : ce n'est pas le droit pénal qui est contesté, c'est sa prétention absolutiste qui l'est, c'est l'occultation de la donnée culturelle que son expansionnisme entraîne qui est dénoncée, c'est sa dynamique niveleuse et négatrice des spécificités sociales et des *habitus* qui est critiquée. Mais la nécessité de son principe reste indéniable, elle s'incarne dans l'indispensable lutte contre l'impunité.

L'autre considération est une réponse de fond. Elle concerne la consistance même de la justice que l'on veut rendre. La structure du procès pénal classique est, on l'a vu, frappée de caducité dans le jugement des crimes de masse. Ni de face-à-face entre *une* victime et *un* délinquant, ni d'action ou d'intérêts civils à proprement parler, encore moins d'« élément psychologique » renvoyant à des ressorts purement individuels ou subjectifs, ni, évidemment de réparation vraiment satisfaisante : le procès des crimes de masse déroute le droit pénal ordinaire, subvertit ses présupposés. Or, si tant d'éléments sont remis en question, c'est bien peut-être que l'on n'est plus tout simplement dans la même justice.

C'est la consistance même de la justice qui est en cause. En sortant du cadre national pour devenir international, en s'appliquant à des crimes majeurs et non à des crimes ordinaires, le « procès » induit une nouvelle justice, modifie substantiellement – et pas seulement formellement – le paradigme. Il faut donc penser le procès pénal international en termes différents du procès pénal national. Si l'on exclut de ses enjeux tous les paramètres frappés de caducité que l'on vient d'évoquer, il ne reste plus alors qu'une vérité : un tel procès ne tend pas essentiellement à susciter une amende honorable par le biais de la sanction d'un coupable à travers enfermement et condamnation pécuniaire. S'il n'est pas cela, qu'est-il alors ? Probablement une justice qui tend au simple établissement de la vérité, censée jaillir de la relation des faits.

La justice alternative elle-même semble en avoir pris conscience, elle qui s'incarne dans des « commissions vérité », l'itinéraire de vérité devant conduire à la réconciliation, l'autre composante du nom desdites commissions. C'est d'une redécouverte de l'histoire qu'il s'agit, d'une verbalisation du passé. Antoine Garapon a très bien défini les contours de cette justice qu'il qualifie de « narrative » : « Établir la vérité des faits, les qualifier de manière juste et les imputer à des personnes en chair et en os par une juridiction, donc par une instance démocratique, commence à mettre fin à ce crime (...). Cette caractéristique du crime contre l'humanité donne une tout autre fonction au témoignage. Écouter les témoins devient beaucoup plus qu'un acte de procédure destiné à éclairer un tribunal dans une affaire particulière : c'est empêcher qu'un projet criminel reste douteux et donc, éviter sa victoire posthume. Témoigner n'est plus seulement établir un fait, contribuer à prouver un crime, mais commence à y mettre un terme puisque l'essence même de ce crime est d'être invisible. Le témoignage se confond avec la réparation, sa possibilité dans une enceinte de justice apaise la souffrance née de la négation »[41].

Toute démarche consciente de cette incarnation inédite de la justice ne peut que témoigner un peu de respect et d'attention aux procédures locales de justice. L'expérience des relations entre la CPI et les États africains ne met nullement en évidence une telle bienveillance, de la part de la Cour. Une sorte de disqualification de principe semble même, en définitive, frapper les mécanismes de justice alternative. Mais le malentendu ne s'arrête pas là. La Cour ne s'est pas non plus montrée très accueillante lorsqu'au nom du principe de complémentarité et dans des cas précis, des États d'Afrique lui ont demandé de se dessaisir ou au moins de surseoir aux enquêtes et poursuites qu'elle a déclenchées. Ce refus persistant a fini par inverser les proportions et considérablement érodé le principe de la subsidiarité de la justice internationale.

### B. Escamotage des tentatives de règlement ponctuel : le rapetissement du principe de complémentarité

Les données du problème sont relativement simples ici : la CPI ne pouvant intervenir que si les États renoncent en quelque sorte à poursuivre les crimes - elle est donc « complémentaire » des juridictions nationales- , la question s'est posée de savoir si la Cour devait s'abstenir d'agir lorsque des États ont fait valoir qu'ils avaient eux-mêmes prévu ou entamé des poursuites, sachant que la CPI a un certain pouvoir d'appréciation dans un tel cas de figure. Techniquement et concrètement, l'hypothèse se rattache à deux dispositions du Statut de Rome : l'article 17 qui, en principe, fait de l'ouverture d'une enquête nationale une cause d'irrecevabilité de l'affaire, et l'article 53 qui prévoit qu'au titre des éléments que le Procureur prend en considération, il y a « les

---

41 Op cit., p.207.

intérêts de la justice ». Cette dernière notion est bien entendu assez vague, elle traduit à la fois la pluralité des facteurs qui entrent en jeu autant que la liberté d'appréciation du Procureur, même si le pouvoir de celui-ci s'exerce sous le contrôle de la « Chambre préliminaire ». « Les intérêts de la justice », dictent-ils que le Procureur et la Cour renoncent à leur juridiction, parce qu'un État souhaite lui-même juger le cas ? Telle est donc la question que pose notre hypothèse, elle renvoie directement au concept de complémentarité.

La doctrine du Bureau du Procureur de la CPI a été fixée dans son « Document relatif à la sélection et à la hiérarchisation des affaires ». A la question précise de savoir à quelles conditions la CPI doit s'effacer au profit de l'État prétendant, le Document indique : « s'agissant de la complémentarité, le Bureau détermine si un État exerce ou non sa compétence à l'égard de la même personne, pour un comportement intrinsèquement identique à celui allégué devant la Cour et, le cas échéant, évalue si les procédures nationales concernées sont entachées d'un manque de volonté ou d'une incapacité à enquêter ou à mener véritablement à bien des poursuites »[42]. Cet extrait énonce donc les conditions requises pour un « effacement » de la CPI au profit de l'État : que celui-ci poursuive la même personne, le même comportement et soit doté d'une réelle volonté de poursuivre dans un système judiciaire viable.

Or, à l'épreuve des faits, le Procureur et la Cour ont interprété ces exigences de manière particulièrement stricte, au détriment donc des États, et dans des conditions qui dénotent effectivement un rapetissement du principe de complémentarité. La bataille autour de l'interprétation de ce principe cardinal du Statut de Rome a été une composante essentielle du contentieux qui s'est élevé entre la CPI et les États africains.

---

[42] « Document relatif à la sélection et à la hiérarchisation des affaires », 15 septembre 2016.

S'agissant des affaires qui touchent la République Démocratique du Congo (RDC), la Cour a exprimé sa doctrine « même personne- même comportement » dans ses décisions « Lubanga »[43] et « Germain Katanga ». Dans la seconde affaire, elle a refusé d'appliquer le principe de complémentarité en dépit du fait que la justice congolaise avait elle aussi déclenché des poursuites sous le chef de crimes contre l'humanité. Son argument a consisté à dire que les poursuites nationales ne portaient pas sur le « même comportement » que celui qui était visé par la CPI[44]. La Cour exprime le même point de vue dans l'affaire « Simone Gbagbo ». Le Gouvernement ivoirien ayant produit une série de documents tendant à prouver que des enquêtes nationales étaient menées pour un jugement de l'affaire, la Cour a rejeté la demande qui lui était faite au motif que ces enquêtes ne recoupaient pas le même comportement que celui qu'elle-même avait en vue[45]. Cette décision est confirmée par la Chambre d'appel le 27 mai 2015. Si l'affaire Khadafi marque une très légère inflexion de la doctrine de la Cour, elle ne rompt pas vraiment avec le rigorisme relevé jusqu'ici. Il y est très laconiquement affirmé que l'identité du « comportement » évoquée par la Cour signifie que le dossier national doit « refléter suffisamment » celui de la CPI[46].

Le principe « même personne-même comportement » n'est pas le seul versant sur lequel s'exprime la sévérité de la CPI quand elle doit se conformer à la règle de complémentarité, c'est-à-dire renoncer à sa juridiction au profit de l'État. La notion d'effectivité

---

43 CPI, « Le Procureur c. Thomas Lubanga Dyilo », ICC-01/04-01/06-08, Dec sur le mandat d'arrêt de Lubanga, 10 février 2006, §31.

44 CPI, « Le Procureur c Germain Katanga », ICC-01/04-01/07-55-t.FRA, Dec concernant les éléments de preuve et les renseignements fournis par l'Accusation aux fins de délivrance d'un mandat d'arrêt à l'encontre de Germain Katanga (5 nov.2007), §20 (CPI, Chbre prélim.I).

45 CPI, Ch. Prelim I, « Le Procureur c. Simone Gbagbo », Dec relative à l'exception d'irrecevabilité soulevée par la Côte d'ivoire s'agissant de l'affaire Simone Gbagbo, ICC-02/11-01/12, 11 déc. 2014, §78.

46 CPI, Ch App., Judgment on the appeal of Libya against the decision of the pre-Trial Chamber I of 31 may 2013 entitled « Decision on admissibility of the case against Saif Al Islam Gaddafi, 21 mai 2014, ICC-01/11-01/11-547-Red, §2).

ou de réalité des poursuites nationales est un autre levier sur lequel elle agit. Elle l'a fait aussi bien dans l'affaire kenyane que dans l'affaire ivoirienne. Dans la première, elle avait été saisie par le Gouvernement kenyan qui, pour faire jouer l'irrecevabilité énoncée à l'article 17 du Statut, avait excipé d'un certain nombre de mesures tendant à ce que ses tribunaux jugent les responsables des violences post-électorales de 2007. Au titre de celles-ci, l'adoption d'une nouvelle Constitution, et des réformes du système judiciaire et des services de police et d'enquête. La Chambre d'Appel de la CPI notamment a promptement écarté les prétentions kenyanes, doutant clairement de la réalité, de l'actualité ou de l'efficacité des enquêtes nationales entreprises, dans des conditions qui ont été au demeurant contestées par certains juges eux-mêmes à travers des opinions dissidentes solidement argumentées[47]. La question de l'actualité des enquêtes et poursuites est également revenue dans l'affaire « Simone Gbagbo »[48].

Le dernier levier sur lequel la CPI a agi pour faire échec à la règle de complémentarité est l'incapacité du système judiciaire national à assurer les poursuites prétendues. Subrepticement évoquée à l'article 17.1 b) du Statut de Rome, cette cause de rejet de l'argument d'irrecevabilité a été soulevée, au moins implicitement dans les affaires du Soudan et de la Libye. Dans la première, c'est le Procureur Moreno-Ocampo qui, rendant compte de l'évolution du dossier devant le Conseil de sécurité (qui l'avait saisi par la résolution 1593), et après avoir cité une assez longue liste d'actes de collaboration avec le Gouvernement soudanais, avait néanmoins conclu à la nécessité de rejeter la demande de suspension des poursuites formulée par les autorités soudanaises.

---

[47] V. en particulier l'Opinion dissidente de la juge A. Usacka, ICC-01/09-01/11 OA, 20 sept. 2011.

[48] Dec précitée.

C'est l'incapacité du système judiciaire national à assurer la sécurité des personnes concernées par le procès qui avait été son argument majeur[49]. Le prétexte est repris dans l'affaire libyenne. La Chambre préliminaire rejette l'exception d'irrecevabilité soulevée par le Gouvernement libyen motif pris de ce que le système judiciaire national ne pouvait correctement traiter le cas de Saif Al Islam, fils de l'ex président, eu égard à l'insécurité régnant dans le pays. Il est vrai que les autorités libyennes ont été mieux écoutées dans le dossier Abdullah Al Senussi, également plaidé devant la Cour[50].

Il serait sans doute excessif de prétendre que la CPI aurait dû, dans l'ensemble des affaires où des États ont plaidé l'irrecevabilité, accéder aux requêtes et s'effacer au profit des systèmes nationaux. Mais il est indéniable que sa jurisprudence reste dominée par une conception quelque peu outrancière de ses propres compétences, se traduisant par une érosion considérable de la règle de la complémentarité. Bien des arguments développés devant elle par les États ont été écartés de manière quelque peu brusque, ils auraient à l'évidence mérité d'être traités avec plus d'attention et de considération.

Il y a une idée de fond qui traverse la jurisprudence de la CPI, et qui consiste en une focalisation sur l'*actualité,* en une sorte de culte de l'instant. Ce qui n'est pas actuel est disqualifié, ce qui n'est pas avéré ou accompli au moment où la Cour s'exprime est frappé de non-pertinence et ne peut entrer en compte dans l'analyse. L'approche choisie est d'essence fixiste, c'est seulement le présent qui domine la logique de la Cour. Celle-ci est donc rétive à toute projection futuriste, sa vision des choses s'épuise dans le moment, c'est une perspective du court-terme, ou pis encore : de l'existant. Cette posture pénétrée de statisme éclaire en bien des points la

---

[49] Il est question de l' « insécurité persistante qui prévaut au Darfour », v. S/PV.5321 du 13 dec 2005.

[50] « The Prosecutor v. Saif Al Islam and Abdullah Al Senussi, ICC-01/11-011/11-466-Red, Dec. on the admissibility of the Case against Abdullah AL Senussi (11 octobre 2013), CPI, Chbre prelim.I.

doctrine de la CPI quand il s'agit de mettre en œuvre le principe de complémentarité.

Elle explique d'abord le focus fait sur la théorie « même personne – même comportement ». Exprimée comme elle l'a été, cette théorie fait l'impasse sur une donnée importante de droit processuel, qui est la mobilité même de l'instance. Enquêtes et poursuites ne sont pas figées, elles évoluent. Les données d'un procès ne sont pas acquises une fois pour toutes, et la photographie d'un dossier n'est jamais qu'un « instantané ». Il s'ensuit que l'analyste, qui est ici la CPI, doit toujours ménager la relative incertitude du lendemain, la potentialité d'évolution des enquêtes, des charges, des inculpations.

En clair, enquêtes et poursuites sont des objets mobiles, elles sont susceptibles de se déplacer, de s'étendre à d'autres faits précisément révélés par les investigations. La démarche de la CPI est contestable parce qu'elle tend à faire de l'instantané un absolu, parce qu'elle fige, fossilise une démarche inquisitoriale gouvernée par des règles nationales qui en indiquent précisément la virtualité d'évolution, la réversibilité ou la mutabilité. Il est clair que dans les affaires du Kenya et de la Côte d'Ivoire (« Simone Gbagbo »), les possibilités d'évolution des investigations nationales ont été superbement ignorées par les juges de la Haye. En rejetant les exceptions d'irrecevabilité, la CPI ne semble donc jamais entrevoir la possibilité que les investigations nationales s'étendent aux faits qu'elle-même veut saisir, elle exclut des convergences ou des congruences des démarches nationale et internationale. Bref, la Cour ne nous semble pas avoir toujours pris la mesure du dynamisme essentiel de l'instance judiciaire.

Et pourtant, le principe d'adaptabilité des poursuites n'est pas, loin s'en faut, ignoré des règles qui régissent la Cour. Le Statut de Rome est le premier à suggérer celui-ci lorsqu'au titre de l'appréciation de l'opportunité des poursuites, il indique que « quand la Cour a jugé une affaire irrecevable au regard de l'article

17, le Procureur peut lui demander de reconsidérer sa décision s'il est certain que des faits nouvellement apparus infirment les raisons pour lesquelles l'affaire avait été jugée irrecevable en vertu de l'article 17 »[51].

Il y a ensuite le Bureau du Procureur lui-même, qui indique dans son « Document de politique générale relatif à la sélection et à la hiérarchisation des affaires », que « la décision relative à cette sélection et à cette hiérarchisation devra sans doute non seulement être revue *au fil du temps*, mais l'hypothèse de travail elle-même devra peut-être aussi être *ajustée* sur la base des *nouveaux* éléments recueillis. Ainsi, la sélection et la hiérarchisation des affaires, de même que la préparation du document relatif à la sélection des affaires dans son ensemble, devront être considérées comme un *processus évolutif* consistant à redéfinir en permanence la cible des enquêtes du Bureau ». Au sujet du principe de complémentarité lui-même, il est entendu qu' « il convient de procéder à (son) évaluation en examinant si des procédures engagées à l'échelon national *au moment opportun*, laquelle évaluation est susceptible d'être revue *en fonction de tout changement de circonstances* »[52].

Il y a enfin la CPI elle-même qui affirme dans sa jurisprudence qu' « au vu des dispositions de l'article 19 du Statut, et en particulier de son alinéa 10, il semble qu'une affaire irrecevable peut devenir recevable et inversement, comme le confirme également la jurisprudence de la Chambre d'appel »[53]. Il est quelque peu surprenant de voir qu'en dépit de toutes ces références, la CPI ne se soit pas montrée plus ouverte aux possibilités de convergence des procédures nationale et internationale.

---

[51] Article 19-10 du Statut de Rome.

[52] « Document de politique générale relatif à la sélection et à la hiérarchisation des affaires », précité, pp.7 et 12. Les italiques sont de nous.

[53] « Le Procureur c Germain Katanga et Matthieu Ngudjolo Chui », arrêt relatif à l'appel interjeté par Germain Katanga contre la décision rendue oralement par la Chambre de 1ère instance II le 12 juin 2009 concernant la recevabilité de l'affaire, 25 sept 2009 (ICC-01/04-01/07-1497-tr FRA, OA8).

Le scepticisme de la Cour est encore plus remarquable quand il est question, non de procédures judiciaires concurrentes, mais d'une possibilité de règlement extra-judiciaire du cas, un tel règlement pouvant rendre sans objet l'intervention de la Cour. Il faut ici distinguer deux cas : ceux dans lesquels ce sont les gouvernements concernés qui lancent directement un appel à la CPI pour qu'elle suspende ses enquêtes ou poursuites, et ceux dans lesquels c'est l'UA elle-même qui intervient, donnant au dissentiment avec la Cour une allure plus systématique et plus institutionnelle en ce qu'elle met alors en évidence deux options thérapeutiques radicalement différentes du problème, une thérapeutique judiciaire et une thérapeutique politique. Les termes du débat restent cependant très classiques, ils tiennent dans le tiraillement entre l'exigence de justice et celle de la paix, la réalisation de l'une pouvant compromettre l'autre.

Il est d'abord advenu que des États africains sollicitent de la juridiction internationale qu'elle suspende le traitement de l'affaire parce qu'un règlement politique est en cours et qu'il pourrait être desservi par une intervention judiciaire. Le président centrafricain F. Bozize s'est ainsi ému d'une lettre du 10 juin 2008 par laquelle le Procureur de la CPI souhaitait enquêter sur des actes de violence commis dans le nord de la RCA. Il a déclaré qu'« une éventuelle mise en application des termes de la lettre du Procureur de la Cour pénale internationale risquerait de mettre en péril l'Accord global au cas où l'un quelconque des combattants était mis en arrestation de ces chefs d'accusation ». Il est vrai que cette lettre avait été adressée, non à la Cour, mais au Secrétaire général de l'ONU à qui il était demandé « d'intercéder auprès du Conseil de sécurité des Nations Unies ».

Les mandats d'arrêt lancés contre des dirigeants de l'« Armée de libération du Seigneur », basée en Ouganda mais mise en cause dans le dossier congolais, ont poussé le gouvernement ougandais à déclarer que des arrestations compromettraient certainement les accords de paix en vue.

Les débats consécutifs à l'adoption de la résolution 1593 du Conseil de sécurité ont été l'occasion, pour le représentant du Soudan spécialement présent comme pour d'autres diplomates africains[54], de souligner que le déclenchement de poursuites judiciaires pouvait menacer la paix. Se référant aux initiatives africaines de paix, il a déclaré que « l'initiative du Nigéria, en sa qualité de président de l'UA, n'a même pas fait l'objet d'un examen (…) alors que l'Union africaine est présente sur le terrain au Darfour où elle joue un rôle dont l'efficacité et l'efficience ont été réaffirmées par le représentant de cette organisation dans tous ses rapports »[55].

C'est précisément l'Union africaine elle-même qui, dans d'autres cas, lance au Conseil de sécurité et à la CPI un appel pour un « gel » de la procédure judiciaire afin de laisser aux négociations politiques leurs chances d'aboutir. Aussi bien dans le cas du Soudan[56] que dans celui du Kenya[57] ou de la Libye[58], l'organisation panafricaine a expressément demandé aux organes judiciaires de la CPI et au Conseil de sécurité d'arrêter ou de suspendre les poursuites, la continuation de celles-ci pouvant entraver le processus de paix. Ces appels n'ont jamais été entendus.

Il ne faut bien entendu pas être dupe de toutes ces exhortations à la cessation ou à la suspension du cours de la justice pénale internationale. Il arrive que derrière de tels souhaits, se cache une véritable volonté de neutraliser cette justice et de garantir une forme d'impunité à des criminels. Mais il n'est pas dit que les

---

[54] Doc S/PV.5158, 31 mars 2005. Le représentant de l'Algérie a regretté que les membres du Conseil de sécurité « n'aient pas pris soin d'examiner de manière approfondie » la proposition de paix de l'UA (p.5) ; même l'ambassadeur chinois a souligné la nécessité de ne « ménager aucun effort en vue d'éviter des incidences négatives sur les négociations politiques relatives au Darfour » (ibid.)

[55] Op cit. ,p 13.

[56] UA, Doc Assembly /AU/13 (XIII).

[57] UA, Doc EX.CL/670(XIX).

[58] Idem.

moyens extra-judiciaires d'apaisement des tensions étaient tous voués à l'échec, dans tous les cas. Or, la CPI a manifesté à leur endroit une forme de scepticisme cavalier, voire un dédain hautain. Le dialogue de sourds qui s'est ainsi noué a débouché sur une légitime frustration des États africains, marris par cette espèce de morgue affichée par les organes de la justice internationale. En définitive, c'est un doute qui a été jeté sur leur sincérité ou sur la capacité de leurs systèmes judiciaires à engager des poursuites et à punir les coupables.

L'obsession pénale de la Cour s'est encore manifestée sur ce point. Devant une criminalité inédite, elle s'est montrée rebelle aux thérapies originales, attachée à des approches punitives que nul ne songe à récuser en totalité, mais dont il faut bien convenir des limites en l'occurrence. Elle a surtout eu tendance à se montrer oublieuse de la finalité ultime de son office, qui est le relèvement des sociétés qui ont connu des atrocités de masse, oublieuse du principe d'économie qui devrait alors l'inspirer, économie du moyen judiciaire quand d'autres moyens tendant à la même fin peuvent être déployés ou sont en voie de l'être.

Comment alors résister à la tentation de rappeler à la CPI une autre ligne de conduite affichée par l'organe judiciaire des Nations Unies – à laquelle la Cour est liée et avec qui elle partage la vocation universaliste - ? Certes, les données du procès n'y sont pas tout à fait les mêmes, la première différence tenant d'abord à leurs justiciables respectifs mêmes, ici des individualités physiques, là des États. Certes également, la position de cet organe judiciaire n'est pas systématiquement la même[59], mais dans une sorte de sagesse imprégnée de finalisme ainsi que des limites du mode de traitement judiciaire des problèmes, sa devancière, la

[59] Il est en effet arrivé que la Cour de La Haye refuse de se laisser « impressionner » par un règlement extra-judiciaire et affirme au contraire que la recherche d'un tel règlement ne constitue pas en soi un « obstacle à l'exercice de sa fonction judicaire » (aff. du « Plateau continental de la mer Egée », Rec. 1978, p.12). V. également « Personnel diplomatique et consulaire des États Unis à Téhéran » (Rec.1980, pp.22-23) et « Activités militaires et para militaires… » (Rec. 1984, p.440).

CPJI, a depuis longtemps, et de bon cœur, assumé la subsidiarité de sa mission en laissant se dérouler les actions extra-judiciaires propres à purger les contentieux dont elle pouvait être saisie. La Cour déclare, dans l'affaire des « Concessions Mavrommatis en Palestine », que « ne doivent être portées devant elle que les affaires qui ne sont pas susceptibles d'être réglées par la négociation »[60]. Puis dans l'affaire « Usine de Chorzov », elle estime qu' « il paraît bien désirable qu'un État ne procède pas à une démarche aussi sérieuse que l'assignation d'un autre État devant la Cour, sans avoir, auparavant, tâché d'établir clairement qu'il s'agit d'une différence de vue qui ne peut être dissipée autrement »[61]. Enfin dans une décision « Zones franches de Haute Savoie et du pays de Gex », elle a fixé en termes mémorables sa philosophie en indiquant que « le règlement judiciaire des conflits internationaux en vue duquel la Cour est instituée n'est qu'un succédané au règlement direct at amiable de ces conflits entre les parties ; aussi appartient-il à la Cour de faciliter dans toute la mesure compatible avec son Statut pareil règlement direct et amiable »[62].

Il ne s'agit pas, il faut le redire, d'attendre d'une justice qui statue sur des comportements individuels qu'elle se montre aussi sensible à la donnée politique qu'une juridiction qui ne juge que des États. Mais outre que dans la justice pénale internationale aussi il est question d'États – c'est-à-dire de systèmes judiciaires nationaux comme vecteurs de confiance internationale - et pas seulement d'individualités physiques, on ajoutera que le choix fait par la CPI n'était nullement inéluctable : on aurait parfaitement pu l'imaginer s'ouvrant davantage aux mécanismes non

---

[60] Arrêt du 30 avril 1924, série A, n°2, p.15

[61] Arrêt du 16 décembre 1927, « Interprétation des arrêts 7 et 8 (« Usine de Chorzov ») », série A, n°13, pp.10-11.

[62] Ordonnance du 19 avril 1929, série A, p.13.

judiciaires en général, quitte à en contrôler le déroulement et à en évaluer régulièrement l'efficacité. Telle n'a pas été l'option prise.

Mais La Haye n'a pas été le seul théâtre où s'est exprimée l'âpreté des contradictions entre justice internationale et justice nationale, la tension entre les États africains et des organes perçus comme porteurs d'un impérialisme judiciaire. En dehors de la CPI, ces États ont eu à faire face à des États occidentaux – Belgique, France, Espagne, Suisse, Canada, etc. – appuyant leur prétention juridictionnelle sur le principe de la « compétence universelle ». Des ressortissants de pays d'Afrique ont donc été amenés à être jugés sur le territoire de ces États occidentaux, sur la base de conventions internationales énonçant une telle compétence. Le propre de cette dernière est en effet qu'elle échoit à tout État partie au traité pertinent, abstraction faite notamment de la nationalité des personnes poursuivies et du lieu de commission des faits. Il s'agit donc d'un titre de compétence assez extraordinaire, qui s'affranchit des critères traditionnels – compétence territoriale ou personnelle- et qui trouve sa raison- d'être dans la nécessité d'assurer la répression des faits toujours graves auxquels elle s'applique.

Le scénario change donc ici : les États d'Afrique veulent s'opposer, non à une institution internationale proprement dite, mais à une prétention nationale unilatérale certes nourrie d'ambition et de justification internationales. Il faut néanmoins verser ce cas de figure dans notre problématique, d'une part parce qu'il y est bien question d'une intervention judiciaire « étrangère » perçue comme déplacée, d'autre part parce qu'on y retrouvera aussi le duel justice nationale – justice internationale, mais dans une configuration inattendue : en réaction aux prétentions judiciaires nationales évoquées, les États africains vont en effet réagir en faisant appel cette fois aux institutions juridictionnelles internationales. Dans leur stratégie de riposte, ces États ne recourent donc pas au nationalisme judiciaire – comme dans les relations avec la CPI-, mais invoquent le droit international public, droit de l'égalité des souverainetés si bien incarné par la Cour internationale de justice de La Haye.

## § 2. La volonté de puissance de l'État étranger : les tribulations de la compétence universelle

Cette notion de compétence universelle revient à plusieurs reprises[63] dans le contentieux qui existe entre les États africains et la justice pénale internationale. Retenons pour l'heure qu'elle est la « base légale » des poursuites engagées contre des ressortissants d'États africains dans les États occidentaux. Il se trouve – et c'est tout le problème – que ces justiciables sont volontiers des dignitaires officiels, jouissant souvent d'une immunité de juridiction pour la raison précisément qu'ils sont des représentants d'États. Le principe d'immunité sera ainsi au cœur de l'argumentation des États confrontés à la mise en œuvre de la compétence universelle. Deux temps sont clairement observables ici : celui où la justice nationale s'exerce ou tend à s'exercer (A), et celui de la « revanche » des États africains, qui saisissent la CIJ dans le cadre d'un litige rigoureusement interétatique. Bien qu'il s'agisse là de démarches étatiques individuelles, l'Union africaine n'en a pas moins entrepris une action systématique d'inflexion du droit international général dans le sens de la reconnaissance de l'immunité des personnes dans l'exercice de leurs fonctions officielles (B).

### A. Les procès devant des juridictions nationales occidentales

Trois exemples seront choisis ici.

Le premier est l'affaire du « mandat d'arrêt du 11 avril 2000 ». Faisant suite à une requête déposée en avril 2000 par des victimes prétendues, un juge d'instruction belge lance un mandat d'arrêt

---

[63] Elle sera de nouveau évoquée dans le chapitre II suivant.

contre A. Yerodia Ndombassi, ancien Ministre des Affaires étrangères mais membre du Gouvernement congolais à l'époque, sous l'inculpation de « crimes » au regard de la Convention de Genève et de ses Protocoles additionnels notamment. Les faits en question étaient punissables en vertu de la loi belge de 1993.

Le deuxième cas est le différend franco-congolais relatif à « Certaines procédures pénales engagées en France ». La justice française avait alors, en vertu de la compétence universelle toujours, lancé des poursuites contre le ministre de l'Intérieur du Congo, pour des crimes qu'il aurait commis dans le cadre de l'exercice de ses attributions relatives au maintien de l'ordre dans le pays.

Enfin, un litige s'est élevé entre la France et la Guinée équatoriale lorsque la justice française, enquêtant sur des affaires de « biens mal acquis », a déclenché des poursuites contre M. Theodoro Obiang Nguéma, ministre d'État du gouvernement et par ailleurs fils du président de la République. La procédure judiciaire avait été ouverte à la suite de plaintes déposées par l'association « Transparency international », et l'information judiciaire elle-même était orientée sur les accusations de « recel de détournement de fonds publics ».

Il ne s'agit évidemment pas des seuls cas dans lesquels la justice nationale d'un État occidental a entendu exercer sa compétence universelle et poursuivi des ressortissants de pays d'Afrique. Mais ces cas ont été choisis pour la raison que, « commencés » dans des États européens, ils ont « fini » à la CIJ, par la volonté des États africains eux-mêmes. Le procès de la Haye est apparu comme une sorte de continuation de la « guerre » par d'autres moyens, les moyens du droit international public, car ne sont justiciables devant la CIJ que les États. La tension diplomatique née de l'exercice unilatéral – encore que fondée sur un traité international – d'une justice nationale va se structurer, se sublimer en un procès entre deux États parce que l'un d'entre eux – État africain – va transformer le différend, l'organiser dans les termes d'un litige interétatiques et le déférer à l'organe judiciaire de l'ONU. Dans l'esprit de ces États requérants, La Haye est une sorte de match- retour au cœur duquel sera en cause une règle majeure : celle de l'immunité des représentants de l'État.

Transporter le litige au Palais de la paix comporte à leurs yeux un double avantage. D'une part, en instaurant ou en restaurant le face-à-face interétatique, il rétablit symboliquement l'égalité des protagonistes du procès. L'instance de La Haye contraste assez violemment avec le déferlement unilatéral d'une justice étatique qui se couvre de l'auréole de la compétence universelle et qui, de surcroît, se pare de probité candide en poursuivant des faits « immoraux ». D'autre part, et sur le fond, un débat sur l'immunité amène nécessairement la Cour à rappeler le principe de l'égalité souveraine des États. Nécessairement, le juge répètera cette règle d'or et ses implications et si, au bout du compte l'État demandeur n'obtient pas gain de cause, en tout ou partie, l'évocation de ces principes aura eu le mérite, de son point de vue, de refréner l'unilatéralisme des justices nationales, et de leur rappeler que dans l'exécution de leurs poursuites contre des dignitaires étrangers, tout ne leur est pas permis. Et de fait, la moisson obtenue auprès de la CIJ est plutôt intéressante du point de vue des États demandeurs.

### B. La contre-attaque nationale : l'attraction du débat autour du principe d'immunité

Dans l'affaire « Yerodia » qui a opposé la Belgique à la République Démocratique du Congo, l'État requérant a presque entièrement obtenu satisfaction. Ce qui intéressant ici est l'expression principielle de la solution judiciaire, le juge parle en principe (s). Ce qui est juridiquement répréhensible, déclare la CIJ, c'est « le simple fait qu'en se rendant dans un autre État ou qu'en traversant celui-ci, un ministre des affaires étrangères puisse être exposé à une procédure judiciaire ». La Cour fait prévaloir le principe d'immunité des représentants de l'État, abstraction faite des nuisances réelles éventuellement créées par le mandat d'arrêt. Au demeurant, elle caractérise elle-même la lésion subie par la RDC en « dommage moral », et demande aux autorités belges de faire cesser l'acte illicite posé par le juge d'instruction de Bruxelles. En filigrane, était aussi critiquée l'absoluité de la conception belge de la compétence universelle. La Cour ne s'attarde pas sur ce dernier point, mais celui-ci transparaît de l'opinion individuelle de certains juges[64]. Au reste, après cette affaire, le gouvernement belge modifiera sa législation sur la compétence universelle.

Dans le différend entre la France et le Congo, une demande de radiation de l'affaire interviendra, à la suite du retrait de la requête par le Congo lui-même. Il n'en reste pas moins que celui-ci entendait s'élever contre le fait que la France « s'attribuait unilatéralement une compétence universelle », « s'arrogeait le droit de poursuivre de faire poursuivre et juger » des personnalités étrangères. Dans un premier temps, le Congo avait demandé à la Cour d'indiquer des mesures conservatoires, ce que celle-ci a rejeté. Il n'en demeure pas moins que cet État a remporté une victoire symbolique sur au moins deux points. La Cour a estimé que la demande de convocation du président congolais en visite en France « n'a pas été transmise à l'intéressé par le Ministère des Affaires étrangères » et que, plus généralement, il n'existait pas de menace immédiate sur les personnes poursuivies, raison pour laquelle, au demeurant, des mesures conservatoires n'ont pas été prescrites. La question est alors de savoir si, en cas de transmission de la convocation du chef d'État étranger par le Ministère des Affaires étrangères, une telle injonction n'aurait pas été sanctionnée par la Cour.

Il n'est pas déraisonnable de penser que le juge aurait désavoué une telle initiative, surtout si l'on songe que dans un arrêt ultérieur

---

[64] V. l'opinion du juge Guillaume et l'opinion conjonte des juges Higgins, Kooijmans et Buergenthal.

– celui du 4 juin 2008, rendu dans l'affaire « Certaines questions concernant l'entraide judiciaire en matière pénale » ayant opposé Djibouti à la France -, la Cour a considéré qu'en convoquant une telle personnalité dans certaines conditions, « le juge d'instruction n'a pas agi conformément à la courtoisie due à un chef d'État étranger ». L'immunité n'est ici qu'un aspect limité du litige, dont l'objet principal était l'exécution d'obligations conventionnelles relatives à l'entraide judiciaire. Mais il ne fait aucun doute que les procès touchant les questions d'immunité, et notamment d'immunité d'un chef d'État, sont revêtus d'une charge symbolique considérable, la saisine d'une juridiction internationale pouvant s'expliquer par la seule volonté de l'État saisissant d'entendre le juge rappeler le principe cardinal de l'immunité pénale. L'affaire a également été une occasion de pointer du doigt les incohérences de la pratique française en matière d'immunité. Le juge de Cara notamment a souligné le contraste entre un droit interne qui protège le chef de l'État français en exercice, et une « compétence universelle » pouvant se traduire par une surexposition judiciaire des chefs d'État étrangers.

Enfin, le litige qui a opposé la Guinée équatoriale et la France devant la CIJ a également été l'occasion de rappeler un certain nombre de règles, à la grande satisfaction de l'État requérant. Outre l'intervention d'une ordonnance demandant à la France de surseoir à l'exécution de mesures confiscatoires ordonnées par le juge national (ordonnance du 7 décembre 2016), la Cour réserve sa position sur la question centrale des immunités, cependant que certains de ses membres vont plus loin et estiment que les exigences attachées à ces immunités auraient dû être rappelées à ce stade de la procédure[65].

[65] V. l'Opinion dissidente commune des juges Xue, Sebutinde, Robinson et Kateka (juge ad-hoc).

Transporter le procès à la Haye ou, si l'on préfère, le poser en termes de droit international public devant la CIJ comporte ainsi beaucoup de gains pour les États. L'expérience montre qu'on ne revient jamais du Palais de la paix bredouille et qu'en rappelant les exigences de l'égalité souveraine – dont dérive l'immunité -, l'action de la Cour aura forcément un impact sur les États attraits dans son prétoire. Les États africains font preuve de pragmatisme, ils sont comme tous les autres : ils vont là où l'état d'esprit et l'état de la jurisprudence leur sont plutôt favorables. En d'autres termes, le nationalisme judiciaire n'est pas une panacée et en sollicitant un autre juge, ces États administrent la preuve qu'il n'existe pas vraiment de divorce entre la justice internationale et eux. Cette réalité sera développée de façon systématique plus loin. Il convient seulement de retenir, à ce stade, que ces victoires partielles, ces triomphes symboliques viennent nourrir une stratégie de transformation du droit au sein même de la CPI, sous la houlette, là encore, de l'organisation panafricaine : les gains acquis à la CIJ sont réinvestis dans la CPI ; il s'agit que la CPI tienne compte de la jurisprudence de la CIJ.

Le combat des États africains contre la CPI et sa jurisprudence va alors se dérouler sur deux fronts.

Le premier front est d'ordre législatif, c'est celui de l'affirmation des principes. Il revient à poser que les représentants en exercice des gouvernements bénéficient d'une immunité de juridiction, et qu'ils sont soustraits dès lors à toute procédure judiciaire déclenchée par la CPI. Il s'agit là d'une position de principe majeure, que l'UA a défendue avec constance et, il faut bien le dire, avec une certaine cohérence. Les réticences africaines sont en effet nées des poursuites et mandats d'arrêt lancés notamment contre le président du Soudan, le président et vice-président kenyans ainsi que le président libyen. Il n'y a eu aucune récrimination des Africains lorsque la justice internationale a été appliquée à d'anciens chefs d'État comme Charles Taylor (Libéria) ou Laurent Gbagbo (Côte d'Ivoire).

Dans toutes les protestations élevées, l'accent est donc mis sur la qualité actuelle des personnes en cause, sur le fait qu'elles exercent des responsabilités gouvernementales au moment où elles sont recherchées ou poursuivies. Dans ces conditions, l'UA a demandé aux États membres du Bureau de l'Assemblée des États parties au Statut de Rome « d'inscrire à l'ordre du jour des prochaines sessions de l'Assemblée des États parties la question de l'inculpation des chefs d'État et de gouvernement en exercice par la CPI, et ses conséquences pour la paix, la stabilité et la réconciliation dans les États membres de l'UA »[66]. Le Kenya lui-même, éminemment intéressé, a fait une proposition d'amendement du Statut, transmise au dépositaire du traité le 22 octobre 2013, consistant en un nouvel alinéa à l'article 27 ainsi libellé : « Nonobstant les paragraphes 1 et 2 ci-dessus, les chefs d'État en exercice, toute personne appelée à en exercer la fonction et toute personne agissant ou habilitée à agir en ces qualités peuvent être exemptés de poursuites pendant la durée de leur mandat, l'exemption pouvant être renouvelée par la Cour dans les mêmes conditions »[67]. Cette tentative n'aboutira pas mais le Kenya – toujours - obtiendra de l'Assemblée des États parties l'introduction dans le Règlement de procédure et de preuve (RPP) de la CPI d'une règle 134 *quater* prévoyant une dispense conditionnelle de comparution aux personnes accomplissant « des fonctions publiques extraordinaires au plus haut échelon national »[68]. Participe enfin de ce combat le projet, un moment envisagé, de demander un avis juridique à la Cour internationale

[66] Doc Ext/Assembly/AU/Dec.1 (oct. 2013).

[67] C.N.1026.2013.TREATIES-XVIII.10: https: //treaties.un.org:doc/Publication/CN/2013/CN.1026. 2013-Frn.paf

[68] Assemblée des États parties, Résolution ICC-ASP 12/Res.7, adopté par consensus le 27 novembre 2013, doc ICC-ASP/12/20/ p.55.

de justice sur le problème de l'immunité des gouvernants en exercice[69].

Les États africains ont voulu pour ainsi dire transformer l'essai, capitaliser la jurisprudence de l'organe judiciaire des Nations Unies, si préoccupé, on l'a vu, à réaffirmer les principes d'un droit international public respectueux des souverainetés des États, souveraineté dont dérive le principe d'immunité. La volonté d'à nouveau porter le débat dans l'enceinte de la CIJ et d'amener ainsi la Cour à poser en principe ce qu'elle a énoncé de manière éparse et fragmentée, ne connaîtra pas vraiment de suite, mais elle s'inscrit dans cette stratégie de réaffirmation ou d'inflexion du droit positif, de clarification des principes en vigueur dans les relations internationales.

Un projet législatif aussi systématique ne pouvait que conduire à un rejet de la jurisprudence de la CPI, tendant à faire de la remise en cause de l'immunité une règle consolidée du droit international, un principe coutumier du droit. Car la Cour est allée jusque-là, dans une décision rendue en 2014, relative au refus de coopération de la RDC concernant l'arrestation et la remise du président soudanais en exercice[70]. Dans une démarche à la coloration présomptive évidente, plus affirmative que démonstrative, la CPI a cherché à ériger en norme générale une règle dont la pratique reste au contraire passablement embrouillée. En tout état de cause, d'autres instances de

---

[69] Communiqué de l'UA du 9 février 2012, relatif au refus de coopération du Malawi et du Tchad pour l'arrestation du président du Soudan. Le communiqué rappelle que la Conférence des chefs d'Etat et de gouvernement a demandé à la Commission « de solliciter un avis consultatif à la Cour internationale de justice », mention assez curieuse sachant que les organes pouvant solliciter un tel avis sont limitativement énumérés, et que les organismes régionaux n'ont font pas partie.

[70] CPI, Chbre prelim II, « Le Procureur c. Omar Hassan Ahmad Al Bashir, Dec relative à la coopération de la République Démocratique du Congo concernant l'arrestation et la remise d'Omar Al Bashir à la Cour », ICC602/05-01/09-195- tFRA-Corr, 9 avril 2014. Au §43, la Cour affirme que « custumary international law creates an exception to Head of States immunity when international Courts seek a Head of State's arrest for the commission of international crimes ».

formulation de la règle de droit international se sont montrées tout aussi réservées à l'égard de la théorie de la nature coutumière de la « non-pertinence de la qualité officielle »[71].

Le second « front ouvert » contre la CPI va consister à invoquer le Statut contre lui-même, c'est -à- dire à puiser dans celui-ci des arguments en faveur de l'immunité. Car de tels arguments existent, au moins dans l'esprit des États africains. Ils se trouvent dans une disposition particulière du Statut, l'article 98[72]. Dans la mesure où elle semble restaurer le principe d'immunité, cette disposition va être comprise et défendue comme une exception à la règle de la non-pertinence de l'immunité, énoncée dans une autre disposition du Statut, l'article 27[73]. La stratégie africaine va alors consister à opposer les deux dispositions et à considérer la première comme une restriction de la portée de la seconde. On ne reviendra pas ici sur les détails et péripéties de cette controverse juridique. Il convient seulement d'indiquer que la CPI a contesté l'interprétation africaine, et, sur la base de sa propre compréhension des textes, critiqué le refus de collaborer affiché

---

[71] Au cours de sa session de Naples de 2009, l'Institut de droit international a adopté une résolution sur l'immunité de juridiction de l'Etat et de ses agents en cas de crimes internationaux, et posé en principe que l'exercice de fonctions officielles constituait un obstacle à des poursuites judiciaires internationales. Et si la CIJ elle-même a, dans l'affaire du « mandat d'arrêt », admis une exclusion de la qualité officielle, c'est dans la mesure où la compétence de la juridiction est effectivement prévue par un texte.

[72] Article 98 : « 1. La Cour ne peut poursuivre l'exécution d'une demande de remise ou d'assistance qui contraindrait l'Etat requis à agir de façon incompatible avec les obligations qui lui incombent en droit international en matière d'immunité des États ou d'immunité diplomatique d'une personne ou de biens d'un Etat tiers, à moins d'obtenir au préalable la coopération de cet Etat tiers en vue de la levée de l'immunité.

2. (…) »

[73] Article 27 : « Défaut de pertinence de la qualité officielle

1. Le présent Statut s'applique à tous de manière égale, sans aucune distinction fondée sur la qualité officielle. En particulier, la qualité officielle de chef d'Etat ou de gouvernement, de membre d'un gouvernement ou d'un parlement, de représentant élu ou d'agent d'un Etat, n'exonère en aucun cas de la responsabilité pénale au regard du présent Statut, pas plus qu'elle ne constitue en tant que telle un motif de réduction de la peine.
2. 2. (…) ».

par des États africains, lorsque ceux-ci ont été mis en demeure d'exécuter le mandat d'arrêt contre le président soudanais qu'ils ont reçu en visite[74].

A vrai dire, les arguments de la CPI dans le débat général restent presque tous discutables. Une impression générale apparaît d'emblée : la prévalence des arguments d'autorité dans le raisonnement que la Cour oppose aux États africains, le caractère axiomatique de ce raisonnement. L'affirmation coutumière de la règle de la non-pertinence, précédemment évoquée, relève certainement de cette logique de l'escamotage. Il n'y a pas de description de la gestation de la règle, de son émergence, de ses vicissitudes, mais la nature coutumière de celle-ci est presque posée en postulat ; elle est « donnée », elle n'est pas « construite ». Si l'on entre un peu dans les méandres du raisonnement judiciaire, les arguments d'autorité reviennent.

Ils se traduisent notamment par un appel à l'autorité du Conseil de sécurité des Nations Unies, paravent bien commode. La CPI inscrit son raisonnement – et même sa légitimité – sous le parrainage du Conseil, le judiciaire s'abrite derrière le politique. Tout se passe comme si la puissance de l'organe restreint de l'ONU valait dispense de justification juridique, les arguments du juge restent décidément des arguments d'autorité, et non de raison. Attraite sur le terrain du sens de l'article 98 du Statut, la Cour en appelle – entre autres – aux exigences drastiques du chapitre VII, sous l'empire duquel le Conseil de sécurité a déféré la situation du Soudan à la Cour[75]. Invitée de nouveau à dire ce qu'il en est de l'immunité d'un chef d'État en exercice, la CPI fait valoir que l'action du Conseil de sécurité vaut à elle seule levée de

---

[74] Cinq États ont ainsi été « jugés » pour refus de collaborer : le Malawi, Djibouti, le Tchad, la RD Congo, l'Afrique du Sud.

[75] CPI, Chbre prelim I, Dec relative à la requête de l'Accusation aux fins de la délivrance d'un mandat d'arrêt à l'encontre d'Omar Hassan Ahmad Al Bashir, 4 mars 2009, §45.

l'immunité du président El Béchir[76] : « levée implicite » de l'immunité, dit le juge, formule éminemment contestable, pour la double raison qu'un tel pouvoir ne se présume pas et surtout, que le Conseil ne le détient tout simplement pas.

Les éléments argumentatifs versés par l'Union africaine dans ce débat-là méritent d'être considérés. Ils tiennent d'abord en une réaffirmation du principe de l'effet relatif des traités internationaux[77]. Si la règle de la non-pertinence de la qualité officielle est certainement une composante du droit positif et s'impose à tous les États Parties au Statut de Rome, elle ne saurait, bien entendu, s'imposer à des États non-Parties. Un traité international ne peut pas, déclare légitimement l'UA, déposséder un État de droits qu'il tient d'une coutume internationale, norme plus « rayonnante » que le traité. Or, le principe d'immunité est un principe coutumier. Et à supposer que le Statut de Rome vienne déroger à cette coutume-là – c'est ce qu'affirme encore la CPI dans la décision du 4 mars 2009 précitée -, cette dérogation ne peut concerner que les États Parties, bien entendu. Bref, la règle de l'effet relatif, l'idée que les États ne sont liés que par des normes auxquelles ils ont consenti revient toujours en force, elle demeure un horizon indépassable, une donnée insubmersible. C'est un point majeur de l'argumentation africaine, sans doute le plus solide. Plus accessoirement, l'organisation panafricaine a critiqué l'interprétation que la CPI a faite du si controversé article 98, concluant que la lecture qui en a été faite revient tout simplement à le priver de sens et d'effet utile[78].

La CPI encourt le reproche de mettre en œuvre une justice des puissants et son fonctionnement a révélé de légitimes sujets

---

[76] CPI, Chbre prelim II, « Le Procureur c. Omar Hassan Ahmad Al Bashir, Dec relative à la coopération de la République Démocratique du Congo concernant l'arrestation et la remise d'Omar Al Bashir à la Cour », ICC602/05-01/09-195- tFRA-Corr, 9 avril 2014, § 29.

[77] Communiqué de l'UA du 9 janvier 2012, http://www.au.int/fr/content/press-release-decisions-pre-trial- chamber-i-international-criminal-court-icc-pursuant-articl.

[78] Id.

d'inquiétude à cet égard. A sa décharge, il faut convenir que le soupçon de parti –pris traverse toute l'histoire de la justice pénale internationale. Il n'en reste pas moins qu'aussi bien dans le fonctionnement des organes de cette justice (Conseil de sécurité et Procureur) que dans la mise en œuvre d'un principe de compétence universelle se traduisant, de la part des États occidentaux, par une prétention justicière d'autant plus choquante qu'elle semble délibérément dirigée contre des dignitaires d'autres pays , les États africains ont trouvé de sérieuses raisons de nourrir des préventions à l'encontre des institutions judiciaires en question.

Le sentiment d'un traitement inégalitaire des États – qui n'est pas qu'un sentiment, mais une réalité – ne se nourrit toutefois pas de la seule pratique d'organes perçus comme perpétuant des rapports de domination. Plus fondamentalement, et d'un point de vue strictement judiciaire, les données du procès pénal, le spectacle qu'offre celui-ci, viennent creuser le dissentiment. Nous sommes ici dans le symbolisme du procès pénal, dans les présupposés idéaux de celui-ci. Sur ce terrain également, des reproches peuvent être adressés à la justice internationale.

# CHAPITRE II

# LA JUSTICE INTERNATIONALE S'AFFRANCHIT DES RÉQUISITS SYMBOLIQUES DU PROCÈS PÉNAL

Le développement du droit pénal international est porteur d'une logique quelque peu contradictoire. D'une part en effet, l'internationalité dans laquelle elle baigne affole la boussole traditionnelle des titres de compétence du juge. Deux critères de cette compétence se trouvent subvertis : celui de la nationalité – nationalité du juge chargé de juger, qui accomplit son office en vertu d'un titre délivré par un État – et celui de la territorialité – l'infraction, jugée par un juge national, est sanctionnée sur le territoire sur lequel il a été commis, principe qui se recommande tant du respect des souverainetés étatiques que de l'idéal d'exemplarité même de cette sanction - ce concept d'exemplarité et de dissuasion judiciaires trouvant là son terrain de prédilection - .

La dénationalisation et la déterritorialisation du procès sont deux traits caractéristiques du droit pénal international. Si cette perturbation des critères traditionnels de compétence est inscrite dans la logique des choses, parce qu'il s'agit précisément d'une matière internationale ou internationalisée, elle a eu à se poser en termes redoutables et inattendus relativement à notre problématique. Aussi bien dans le champ de la dénationalisation que dans celui de la déterritorialisation, la souveraineté revendiquée par les États africains s'est parfois crispée, l'offense ressentie par ceux-ci se trouvant exacerbée par une sorte de confiscation d'une mémoire nationale passablement éprouvée par les atrocités en question. Les pays sortant de crises ont pu ainsi ressentir une double dépossession : dépossession institutionnelle – par la marginalisation de leurs propres institutions judiciaires – et dépossession mémorielle – par une prise en charge extérieure de la réparation de leur histoire –.

L'abandon des critères traditionnels de compétence est pourtant loin de signifier que les fonctions et finalités attachées au procès pénal mutent. Celui-ci reste le même que le procès traditionnel, s'agissant de ses visées. Le châtiment d'un coupable, la vertu dissuasive attachée à ce châtiment parce que celui-ci est prononcé et exécuté en un lieu donné et à l'adresse d'une population donnée, l'espoir investi dans l'issue judiciaire des conflits jugés, en ce que cette issue assure une sorte de garantie de non-répétition des drames vécus, toutes ces visées traditionnelles de la procédure judiciaire et de sa terminaison pénale subsistent dans le procès pénal international. Or, les éléments perturbateurs évoqués plus haut, qui restent dans une certaine mesure inévitables, compliquent ou compromettent précisément la vertu pacificatrice des procès pénaux internationaux. Nous sommes donc bien dans une logique virtuellement – si ce n'est actuellement – contradictoire. A côté du dérèglement des titres de compétence, subsiste la vocation traditionnelle du procès ; une dialectique du mouvement et de l'ordre s'accomplit ainsi.

La confrontation de ces nombreuses exigences contradictoires peut déboucher sur un constat de faillite de la justice pénale internationale. S'agissant tout au moins du contentieux qui oppose celle-ci aux États africains, l'ajustement très imparfait de tous ces paramètres est venu alimenter la critique de la justice pénale internationale. Cette justice est âprement critiquée parce que dans la quête de ses objectifs, elle fait l'impasse sur deux exigences fondamentales, elle ignore les réquisits du procès pénal sur deux points : l'un relatif au juge du procès (Section 1) et l'autre au lieu de celui-ci (Section 2).

## Section 1

## Le juge du procès

La pratique des juridictions pénales laisse clairement entrevoir les carences d'une justice oublieuse de l'exigence d'enracinement du juge, de l'imprégnation culturelle – au sens large – de celui-ci (§1). Contre une justice extravertie, il faut bien entendu défendre l'idée de l'intégration de la dimension culturelle dans l'acte de juger (§2).

### §1. La négation de l'enracinement du juge

Il convient de préciser à ce stade un point. La dénationalisation précédemment évoquée du procès est une donnée constitutive essentielle, consubstantielle même au droit pénal international. L'internationalisation même de la question emporte dénationalisation, il n'y a pas de doute à ce sujet. En d'autres termes, c'est l'idée même d'une justice *internationale* qui est en soi porteuse d'une logique de dénationalisation. Ce qui est cependant critiqué est moins le principe de la dénationalisation que les excès auxquels il a conduit. Or, du point des États africains, il existe une incarnation conceptuelle ou institutionnelle de ces dérives, c'est le principe de la compétence universelle, du moins telle qu'elle a été pratiquée. La justice pénale internationale traîne de ce point une sorte de passif inné, une tare constitutionnelle, un entachement originel : la critique de la compétence universelle est au cœur du réquisitoire dressé contre cette justice (A).

En tout état de cause, les inconvénients d'une justice extravertie, coupée de l'ambiance culturelle et détachée des habitus collectifs ne sont pas purement théoriques. Une plongée dans certains prétoires révèle qu'il peut exister entre les juges et les accusés de véritables décalages socio-culturels susceptibles de remettre en cause l'intégrité même de leur communication et, en définitive, la justesse ou la pertinence de la sanction (B).

### A. L'entachement originel: le dévoiement de la compétence universelle

Il faut rappeler que cette compétence universelle peut être définie comme un titre, souvent stipulé dans un accord international, en vertu duquel tout juge d'un État peut connaître de certains faits, abstraction faite de la nationalité de ceux qui ont commis ces faits et de la nationalité de ceux qui ont été victimes. Bien entendu, toutes ces règles ne concernent que les États parties audit accord et ne sauraient en principe être étendues aux États tiers.

Il se trouve que ce principe, qui aurait pu ainsi traduire une véritable conscience internationale des États, a été vicié par une pratique aux antipodes. La pratique de la compétence universelle a répondu à des préoccupations non pas altruistes, mais authentiquement égoïstes.

La première limite du principe de la compétence universelle tient d'abord aux conditions historiques de son instauration. Il n'a pas été le fruit de convergences étatiques sur la nécessité de défendre certaines valeurs, mais a résulté de la volonté unilatérale d'États puissants. L'institution traîne donc bien un vice inné : une volonté impérialiste a présidé à sa naissance et elle devait servir à défendre l'« intérêt propre » de l'État. Au demeurant, cette justification juridique ne pouvait que laisser songeur, en une époque où l'intérêt en question était exclusivement défini par cet État. Des auteurs ont donc eu raison de rattacher cette doctrine de l'appréciation unilatérale de l'intérêt individuel à la fameuse doctrine du « Lotus », du nom de ce navire et de cette jurisprudence rendue par la Cour permanente de justice internationale le 7 septembre 1927 : « loin de défendre d'une manière générale aux États d'étendre leurs lois et leur juridiction à des personnes, des biens et des actes hors du territoire, le droit international leur laisse à cet égard une large liberté qui n'est limitée que dans quelques cas par des règles prohibitives »[79].

Il existe une seconde désillusion sur la compétence universelle, et elle est plus contemporaine. Dans la réglementation de celle-ci, il s'est en effet avéré que les États les plus en vue n'ont pas toujours été les plus orthodoxes, juridiquement parlant. Il est d'abord advenu que, pour une prétention juridictionnelle aussi extraordinaire, des lois nationales soient les seules à définir des infractions. Cette détermination unilatérale des faits incriminés est bien sûr dangereuse. Un État comme l'Espagne y a procédé pour un certain nombre d'infractions[80]. D'autres fois, c'est le titre de compétence qui était si ouvert, et l'action en justice si libérale que d'autres États, dont les ressortissants étaient visés, s'en sont offusqués. L'aptitude à connaître d'une affaire se trouvait détachée de toute considération territoriale. Plus précisément, certaines législations nationales refusaient de subordonner leur compétence à la présence des personnes visées sur leur territoire, interprétation de la compétence universelle que d'aucuns jugeaient déraisonnable et même contraire à l'esprit de cette institution.

Il est révélateur qu'à cet égard, deux États européens perçus comme ayant conféré à la règle toute son amplitude et dont les juges ont très vite accueilli une pléthore de requêtes en poursuites, se soient rendus compte d'une certaine impraticabilité de celle-ci et aient alors modifié leur législation : l'Espagne a changé sa loi en 2009 et la Belgique en 2003[81]. Une sorte de malédiction a donc

---

[79] CPJI, arrêt du 7 septembre 1927, série A, n°10. Cité par de la Pradelle G, « La compétence universelle », *in* Ascensio H, Decaux E, Pellet A, *Droit international pénal*, Paris, Pedone 2012, p.1012.

[80] De la Pradelle G., op cit., p. 1013-1014.

[81] Ibid.

poursuivi la compétence universelle, victime qu'elle a été d'un diabolique mouvement de balancier : après avoir servi des desseins nationaux de domination, la voilà qui succombe aux excès d'un libéralisme processuel internationaliste ; après avoir été utilisée pour la défense d'intérêts particuliers, il lui est désormais reproché de se prêter à tous les maniements et de raviver le spectre de l'*actio popularis*, la critique du « laxisme » succède à celle de l'impérialisme.

Il se trouve que c'est cette règle si malmenée, si controversée, qui a été mobilisée dans la poursuite d'un certain nombre de personnes ressortissant de pays d'Afrique devant des juridictions d'États européens ou américains. Procès retentissants et bien sûr médiatisés dans années 2000, où étaient souvent en cause des dignitaires de régimes.

Le tableau est assez impressionnant. En Belgique, un mandat d'arrêt est lancé contre l'ancien ministre des affaires étrangères de RDC Abdoulaye Yerodia Ndombasi, et des procès ouverts en 2001 contre cinq ressortissants rwandais accusés de génocide, dont un ancien ministre[82]. C'est sur la base de la loi belge de compétence universelle de 1993 que ces poursuites ont été diligentées. En Espagne, ce sont près de quarante responsables politiques rwandais qui ont été inculpés, dont le président de la République lui-même, Paul Kagamé, pour crimes contre l'humanité. En Suisse, Fulgence Niyonteze, ancien maire au Rwanda, est jugé en 1999 et condamné dans un premier temps à la réclusion à perpétuité. Un autre citoyen rwandais, Alfred Musema, est transféré par la justice suisse au TPIR, lequel va le condamner la même année à la réclusion à perpétuité. En France, Wenceslas Munyeshyaka, un prêtre rwandais, fait l'objet d'une procédure judiciaire ouverte en 1995, cependant que quatre ans plus tard, c'est un capitaine de l'armée mauritanienne qui est condamné par

[82] Il s'agit de deux religieuses, Consolata Mukangango et de Julienne Mukabutera, ainsi que Vincent Ntezimana, professeur d'université, et Alphonse Higaniro, ancien ministre.

un tribunal français sur la base de la compétence universelle. Sept ans après, en 2006, un juge d'instruction lance des mandats d'arrêt contre neuf officiers rwandais mis en cause dans la mort du président Habyarimana. En 2008, c'est au tour de l'Allemagne de procéder à l'arrestation et à l'extradition vers la France de Rose Kabuye, chef du protocole du président Kagamé. Le Canada n'est pas en reste, qui tient le procès de Désiré Munyaneza, de nationalité rwandaise, entre 2007 et 2008, sur la base, là aussi, d'une « loi de compétence universelle » datant de 2000. Les exemples pourraient être multipliés, et il convient d'ajouter à cette petite liste celle des affaires entrevues plus haut, qui ont donné lieu à une saisine de la CIJ.

Dans de telles conditions, la compétence universelle devient l'ennemie à abattre. Elle symbolise une volonté d'hégémonie judiciaire des États riches et puissants, elle cristallise sur elle toutes les frustrations ressenties par les autres, qui s'estiment victimes d'une interprétation abusive et « orientée » d'un principe juridique. La thématique de l'« abus de la compétence universelle » revient ainsi comme une ritournelle dans les résolutions de l'UA. On ne compte plus les déclarations sur l'« abus de la compétence universelle ». L'une d'elles est la « Décision sur l'utilisation abusive du principe de compétence universelle », adoptée le 3 juillet 2009. Elle rappelle deux Décisions qui l'ont précédée, datant de juillet 2008 et février 2009, et réitère sa préoccupation sur le fait « qu'il y a eu ouvertement des abus du principe de compétence universelle, en particulier dans certains États non africains et exprime sa profonde inquiétude que des mises en accusations se poursuivent dans certains États européens contre des dirigeants et des personnalités africaines (…) »[83].

[83] Dec sur l'utilisation abusive du principe de compétence universelle, Doc Assembly/AU/11 (XIII), 3 juillet 2009.

Les critiques africaines ne manquent pas de pertinence. Tout au moins est-il indéniable qu'une justice extravertie, insuffisamment imprégnée de la dimension culturelle – comme peut l'être le maniement inconsidéré de la compétence universelle -, court le risque d'être « déphasée », d'être inadéquate. Un malentendu structurel, c'est-à-dire culturel, plane alors sur le traitement juridictionnel des affaires et compromet dangereusement la réalisation des visées idéales du procès. Au cœur du processus judiciaire, dans son moment paroxystique qu'est le procès, éclatent alors confusions et malentendus, égarements et quiproquos, méprises et mésintelligences. Le décalage des références culturelles, linguistiques, axiologiques, entre ceux qui jugent et ceux qui sont jugés, introduit une menace dont la réalité est attestée par l'expérience de certaines juridictions, comme on va le voir.

### B. Décalages socio-culturels

Le parti est pris ici d'évoquer trois niveaux de décalages socio-culturels. Le premier est celui du langage de cette justice-là. Il est vrai, il faut en convenir tout de suite, que le langage de la justice pénale constitue en soi en problème. Hermétique, comme on doit s'y attendre, il est surtout gorgé d'enjeux décisifs, la liberté ou même la vie d'un homme pouvant en dépendre. Comme l'écrit A. Garapon dans un essai sur le rituel judiciaire, « le prétoire est un lieu de parole qui met à l'épreuve la voix de ceux qui s'y aventurent (...). Le rituel judiciaire ne favorise pas la communication. Gare à celui qui laissera échapper un mot malheureux qui pourra toujours, dans le jargon judiciaire, être « acté » ! Chaque mot est piégé, menacé d'être compris de travers par les autres protagonistes. Les malentendus sont fréquents et l'on ne sait jamais si tel ou tel argument ne se retournera pas contre soi »[84]. Dans son ouvrage sur *Le rôle d'accusé,* R. Grenier

---

[84] Garapon A., *Bien juger. Essai sur le rituel judiciaire,* Paris, Odile Jacob, 1997, pp.132-133.

relève dans le même sens que « le langage est un instrument peu commode pour ceux qui n'en ont pas une grande habitude. Il est difficile de contrôler toutes ses paroles et, à l'audience, tout mot lâché est enregistré par l'adversaire. On ne peut plus le rattraper. Empêtré dans le langage, l'accusé est, comme Laurel et Hardy, dans un univers où un premier mouvement maladroit, suivi de gestes à intentions réparatrices, déclenche des catastrophes en chaîne »[85].

L'enjeu communicationnel est plus redoutable quand, à l'ésotérisme du langage, s'ajoute l'inaccessibilité du juge. Or, le procès pénal international met presque toujours en jeu un arbitre qui nous est « étranger », qui nous juge « chez lui » ou même « chez nous » puisque sa désignation peut échapper au gouvernement national. Dans de telles conditions, l'instance arbitrale peut inspirer la crainte, « impressionner » tellement le justiciable que celui-ci en perde ses moyens. C'est donc un authentique sentiment de déréliction qui habite celui-ci : sentiment « d'être perdu », au point de n'avoir « jamais pu placer un mot pour expliquer quoi que ce soit », devant des juges « qui définissent et qui imposent des règles » et parlent un « charabia », racontent des participants à des procès[86].

Un deuxième niveau de quiproquos socio-culturels peut être décelé lorsque sont en jeu des représentations collectives, des considérations touchant l'imaginaire social, des croyances communautaires. Devant la CPI, la posture physique même de l'accusé qui est interrogé par un juge renvoie à des considérations culturelles et engage, dans des conditions que lui-même ne soupçonne pas, la crédibilité de son témoignage. Il semble que le

---

[85] Grenier R., *Le rôle d'accusé*, Paris, Gallimard, 1949, p.37.

[86] Scalia D., Rauschenbach M., Staerklé C., "Paroles d'accusés sur la légitimité de la justice pénale internationale", *Revue de sciences criminelles et de droit pénal comparé*, 2012, pp.737-738.

procès de Germain Katanga ait, plus d'une fois, connu ce scénario mettant en évidence une forme d'incompréhension culturelle entre les justiciables et la Cour, au point que l'un des juges, nourri de la même culture que ces justiciables, a cru bon d'expliquer à ses collègues certaines attitudes affichées par les accusés[87].

Au caractère étrange et périlleux de la parole judiciaire, s'ajoute donc l'hermétisme du sujet pour un juge « étranger » : il est question de divinités, de « sorcellerie », de représentations fantasmagoriques – au sens propre -, du tréfonds d'un imaginaire dont le décryptage est de surcroît l'apanage d'initiés. Le témoin appelé à s'exprimer à la barre est donc confronté à un double danger : celui du rituel judiciaire et celui de l'incommunicabilité de son discours. Ce dernier est effectivement hiératique à un double égard : dans l'absolu (le témoin ici est entendu en sa qualité d'« initié » et de possesseur exclusif d'un savoir) et de façon relative (l'auditoire, qui est le tribunal, n'accède pas nécessairement à son langage, ne comprend pas forcément ce qu'on lui explique).

Il n'est pas étonnant, dès lors, que la qualité même d'une telle justice puisse être contestée ou sujette à caution. Le caractère « juste » des sentences rendues a pu faire question aux yeux de nombre de personnes jugées ou entendues. Lorsque le TPIR condamne un ancien ministre de l'Intérieur sierra-léonais, il croit exercer une justice, mais le verdict déçoit nombre de compatriotes de l'accusé, qui n'ont toujours vu en lui que le protecteur de populations civiles exposées aux crimes de la rébellion du RUF[88]. Il semble, de la même manière, que devant l'autre juridiction pénale ad-hoc créée par le Conseil de sécurité, le TPIY, la mise en

[87] V. les épisodes que rapporte Maison R., « Impérialisme et justice pénale internationale », *Droits,* 2018, pp.107 à 114.

[88] Manirakiza P., « La contribution africaine au développement de la justice pénale internationale », *Revue DUS* 2009-2010, n°40, pp.409 et s.

œuvre des conditions formelles d'établissement de la responsabilité du supérieur hiérarchique ait également débouché sur des sentences incomprises. Celles-ci sont perçues comme infestées de considérations politiques et certainement éloignées des réalités du terrain[89]. Ce dernier niveau de décalages socio-culturels conduit donc directement à une remise en cause de l'accomplissement de la justice, à une contestation de la qualité des décisions rendues eu égard à l'impératif de justice même. Il faut le dire : de tels verdicts sont regardés comme profondément iniques, injustes.

La justice pénale internationale se situe ainsi en apesanteur[90]. C'est une justice éthérée, recourant à des normes et standards de comportement volontiers étrangers à la personne jugée. Justice en lévitation, d'autant plus olympienne et dépourvue de relativisme qu'elle exprime, ou prétend exprimer effectivement un absolu : l'humanité, la « communauté internationale », l'universalisme. Or, contre une justice désincarnée et tellement stato- centrifuge, il faut affirmer la nécessité d'une justice à hauteur d'homme, on veut dire à hauteur d'État. Sans évidemment abdiquer devant une realpolitik qui est sa négation même, la justice internationale doit, comme dirait à peu près Jean Jaurès, retrouver le réel pour aller à l'idéal.

## §2. A rebrousse-poil : défense d'une justice enracinée

La défense d'une justice enracinée dans l'évidence étatique, prenant en compte la souveraineté de l'État sans se laisser circonvenir par elle, passe par une réévaluation d'une certaine conception de la justice internationale elle-même : celle d'une instance épurée, stratosphérique, platonicienne, qu'il faut

---

89 Scalia D. et autres, op cit, pp. 739 – 740.

90 « Justice hors-sol », écrit pour sa part P. Hazan, op. cit, p.240.

préserver de tout conditionnement souverainiste, qu'il s'agit de tenir loin de l'influence des États, notamment en ce qui concerne les modalités de la désignation de ses membres. Or, s'il est une institution qui symbolise une telle mainmise étatique, c'est bien celle du juge ad-hoc. La critique du juge ad-hoc participe donc de l'idéal d'une justice jupitérienne, sevrée d'influence étatique et exercée par des hommes échappant à des déterminations relativistes, par des arbitres presque acculturés. La remise en cause d'une telle conception, que nous proposons ici (A), devrait logiquement conduire à repenser le principe d'impartialité ou de neutralité du juge international (B).

### A. Retour sur une institution internationale maltraitée : le juge ad-hoc

Dans le contentieux international, la possibilité peut parfois être donnée à un État en litige mais ne comptant pas un juge de sa nationalité dans la juridiction, de désigner, pour la seule affaire en cause, un juge (qui peut être son ressortissant ou pas), lequel se joindra au tribunal et y aura en principe les mêmes droits et les mêmes obligations que les juges titulaires. C'est devant la CIJ qu'un tel droit est souvent exercé[91], mais il convient de rappeler que cette possibilité existe ou a existé également devant la Cour internationale des prises, telle qu'organisée par la convention de La Haye de 1907[92], devant la Cour européenne des droits de l'homme[93] ou encore devant le Tribunal européen de l'énergie nucléaire[94].

Tenant d'une conception quelque peu puriste, une certaine doctrine a vertement critiqué le principe du juge ad-hoc, y voyant une espèce de perversion de l'idéal d'une justice « impartiale ».

---

[91] Article 31 §1er du Statut de la CIJ.

[92] Article 16 du Statut de la Cour internationale des prises.

[93] Article 43 de la Convention européenne des droits de l'homme.

[94] Article 12 §B de la Convention sur l'établissement d'un contrôle de sécurité dans le domaine de l'énergie nucléaire.

L'intrusion de l'État dans le processus de constitution du tribunal a été vue comme faussant la neutralité de principe de celui-ci. Un procès en illégitimité même a pu être instruit contre le juge ad-hoc et la virulence d'une telle hostilité est d'autant moins compréhensible qu'elle a été véhiculée par une doctrine internationaliste éminente et respectable[95]. L'institution, vestige persistant et suranné de la souveraineté des États, est perçue comme une manière d'entorse aux principes d'un règlement judiciaire considéré lui-même comme ne devant faire interférer aucune considération d'appartenance nationale.

Le juge ad-hoc serait ainsi le rejeton honteux d'une collusion immorale, le fruit réprouvé d'accointances entre le règlement arbitral – mode de solution adapté à une société primitive – et le règlement judiciaire – voie de solution auréolé de « modernité » et de « progressisme », une telle discrimination reposant sur un critère simple : la place de la volonté des États dans l'aménagement de ces modes de règlement des différends. Tout se passe comme si la doctrine, dans son analyse du phénomène, ne pouvait résister à la tentation du jugement de valeur, le normativisme qui l'inspire éclatant de façon évidente. La perfection de la justice, sa qualité, se mesurent à la plus ou moins grande influence des justiciables sur son fonctionnement. Plus précisément, cette qualité est inversement proportionnelle à l'emprise des justiciables. Plus l'organisation et le fonctionnement de l'institution judiciaire s'« objectivisent », se détachent des

---

[95] On citera entre autres G Scelle, pour qui « le juge ad-hoc n'est pas nécessaire, les Parties ont déjà leurs conseils, leurs avocats et leurs agents près la Cour » ( *Cours de droit international public,* 1948, p.734, cité par Lachaume J.F., « Le juge ad-hoc », *Revue Générale de Droit International Public,* 1976, p.271, note 31) ; Ch. Rousseau y voit « une concession inutile au dogme de la souveraineté étatique » (*Droit international public. Les rapports* conflictuels, T. IV, Paris, Sirey, 1983) ; J Combacau et S. Sur considèrent qu'il s'agit d' « un mécanisme étranger à l'esprit du règlement judiciaire » (*Droit international public,* Paris, Montchrestien, 1997, p.575). Pour A. Oraison, il s'agit « d'une déviation – sinon une perversion- du règlement judiciaire qui tend à le rapprocher du règlement arbitral, c'est-à-dire, à l'évidence, d'une forme plus ancienne et somme toute plus primitive du règlement juridique des différends internationaux » (« Réflexions sur l'institution du juge ad-hoc .... », *Revue belge de droit international,* 1998-1, p.278).

parties et de leur influence, plus cette institution est magnifiée. Bref, l'idéal de la justice est un idéal de « dépersonnalisation », d'abstraction.

Cette vision platonique encourt précisément le reproche d'ignorer l'évidence du fait étatique, l'évidence de la donnée culturelle. Pour juger, il faut d'abord comprendre. Cet impératif de connaissance est d'autant plus requis que la justice est facultative, comme elle l'est dans l'ordre international. Or, comprendre une partie, c'est lui donner l'assurance que ses thèses seront fidèlement rapportées et dûment prises en compte, ce qui ne veut évidemment pas dire qu'elles triompheront. Le juge ad-hoc, sans bien sûr s'ériger en avocat d'une partie, éclairera au besoin ses collègues, explicitera un point évoqué dans les écritures, mettra en exergue tel argument insuffisamment pris en compte. La présence d'un juge qui se ferait l'écho d'une préoccupation de l'État est rassurante pour celui-ci. Au stade du prononcé même du verdict, le juge ad-hoc pourra toujours habilement suggérer de prendre en compte la subjectivité ou la susceptibilité de l'État. Et dans l'hypothèse où la sentence n'aurait pas l'heur de lui convenir, il pourra toujours utiliser l'arme de l'opinion dissidente, expliquant en quoi il se désolidarise de l'arrêt rendu[96]. Il faut alors se mettre à la place de l'État qui l'a désigné : voir ainsi consacrée une forme de reconnaissance – à défaut d'adhésion – de ses thèses, voir seulement que certains des aspects de son argumentation ont été officiellement pris en compte – pas *par* la Cour, mais *dans* la Cour, car l'opinion dissidente fait corps avec l'arrêt – peut représenter une forme de satisfaction morale qui a son importance dans l'image qu'un État veut donner de lui-même. Il arrive même que le juge ad-hoc transforme le prétoire en

[96] Sur tous ces aspects de l'influence du juge ad-hoc, v. Lachaume J.F., op. cit., pp.320 et s.

tribune politique et se satisfasse d'une déclaration propre à amadouer un État dont les prétentions ont été rejetées.

De la même manière, ce juge pourra relativiser la victoire judiciaire d'un État, mettre en évidence de petites et partielles victoires de la partie qui a succombé[97], au point, finalement, qu'aucun des deux États ne s'offusquera de la décision rendue. Apparences juridiques et susceptibilités politiques en sortent sauves. A elle seule, l'institution du juge ad-hoc porte cette vertu apaisante, cathartique, analgésique. Pourquoi refuser d'assumer cette dimension des choses ? Pourquoi persister à ne voir dans l'institution que le reflet anachronique d'une volonté de tenir compte de la souveraineté de l'État alors que l'on concède dans le même temps la permanence du volontarisme dans l'ordre international ? Pourquoi énoncer des jugements de valeur quand il ne faut parfois n'émettre que des jugements de fait ?

Il faut, au demeurant, aller plus loin dans l'affirmation de la prise en compte des préoccupations des États plaideurs. Le juge ad-hoc n'est que l'illustration d'une nécessité, et les vertus de sa présence, qui sont purement pratiques, doivent être dépassées pour une analyse plus approfondie et plus fondamentale. Cette analyse doit porter sur l'importance de l'intégration de la donnée culturelle dans le raisonnement judiciaire, comme on l'a déjà souligné. Or, cette nécessité est structurellement prise en compte dans les règles qui régissent la composition de juridictions internationales. Elle s'exprime à travers la « représentation des grandes formes de civilisation et des principaux systèmes

---

[97] Par exemple l'Opinion dissidente du juge ad-hoc désigné par l'Inde dans l'affaire du « droit de passage en territoire indien » : « Sur le fond, j'estime que l'Inde a triomphé à toutes fins utiles (…) je considère que, dans l'ensemble, l'arrêt de la Cour approuve l'attitude prise par l'Inde dans la controverse entre elle et le Portugal sur la question du droit de passage » (Rec CIJ 1960, p.118, cité par Flauss J.F., op cit, p.346).

juridiques du monde », comme c'est le cas à la CIJ[98]. Cette exigence culturelle existe devant d'autres juridictions internationales, notamment pénales, même si elle semble formulée en termes moins vigoureux qu'à la CIJ[99].

Surtout, la différence avec la CIJ se trouve précisément dans la possibilité offerte de désigner un juge ad-hoc, qui n'existe pas à la CPI par exemple. La justification d'une telle restriction pourrait consister à invoquer la différence de contentieux : alors que la CIJ juge des différends interétatiques, la CPI connaît d'une responsabilité individuelle, juge des personnes privées, lesquelles ne représentent qu'elles-mêmes et ont des conseils pour les défendre. Bref, l'État étant absent ou évanescent dans le procès pénal, il n'a pas besoin d'être « entendu ». Se rattachant à l'idée que les juridictions pénales demeurent des organes de répression de conduites individuelles, le préambule du Statut de Rome rappelle qu'il s'agit de juger « les responsables de crimes internationaux » (alinéa 6), et le Procureur lui-même rappelle que la CPI reste « d'abord et surtout une Cour pénale »[100].

Or, rien n'est moins exact, à notre sens, que de réduire le procès pénal international à la seule mise en jeu d'une responsabilité pénale individuelle, que de le rabaisser à l'évaluation d'un comportement d'une ou de plusieurs personnes privées. C'est oublier la « préhistoire » de ce procès-là, son arrière-plan historique plus précisément, ainsi que la dimension nationale qu'il comporte - au sens de mise en cause d'institutions nationales -. A un double point de vue, un ou des États sont concernés. D'abord,

---

[98] Article 9 du Statut de la CIJ. V. également Khdir M., « La CIJ et la culture », *Mélanges de l'école française de Rome*, 2002, pp.321 et s.

[99] Exemples : article 13 du Statut du TPIY, article 1261 du TPIR, qui déclarent la nécessité d' « assurer une représentation adéquate des principaux systèmes juridiques du monde ». Le Statut de Rome énonce que dans le choix des juges de la CPI, les États tiendront compte de « la représentation des principaux systèmes juridiques du monde, de la représentation géographique équitable et de la représentation équitable des hommes et des femmes » (article 36 §8 a)).

[100] CPI, Bureau du Procureur, 21 septembre 2012, note 34, trad.).

les faits jugés se sont bien déroulés sur un territoire étatique, c'est donc bien un État qui avait vocation à les juger. En outre, l'affaire n'a échu à la CPI qu'en application du principe de complémentarité, le système international ne connaissant de l'affaire que par le jeu de ses relations avec un système national.

En d'autres termes, le procès d'une personne a été la résultante d'un jeu de rapports inter-systèmes. Derrière l'évaluation d'une conduite individuelle, il y a toujours des systèmes nationaux, ou un système national. L'État n'est donc jamais tout à fait absent du prétoire de la CPI, si on peut dire. Il n'est pas le justiciable (comme à la CIJ), mais il est forcément en cause parce que l'exercice de la juridiction même de la CPI résulte d'une sorte d'habilitation délivré par un système judiciaire national. Au reste, l'idée que le système judiciaire étatique est en cause se vérifie encore plus nettement au stade de l'examen des causes d'irrecevabilité par la CPI. On sait alors que la Cour peut se déclarer apte à connaître d'un cas lorsque l'État qui aurait dû le juger a fait preuve, du point de vue de la CPI, d'un « manque de volonté ou (d') incapacité de mener véritablement à bien des poursuites » (article 17, 1, b). Pour porter cette appréciation-là, la CPI peut estimer que l'appareil judiciaire national ne s'est pas conformé aux standards internationaux du procès équitable (§2), a fait preuve d'une indolence suspecte ou coupable (§2 b), ou n'a pas été indépendant ou impartial (§2 c) ou encore, plus généralement, n'est pas viable (§3).

Comment, dans de telles conditions, continuer à penser que le procès pénal international exclut les États et ne concerne que les personnes privées justiciables ? L'État est bien dans un tel procès, son système judiciaire est nécessairement en cause, soit qu'il ait renoncé à juger –et laissé la voie libre à la CPI - soit, à l'inverse, que sa volonté de juger soit proclamée mais mise en doute par la CPI. Cette présence de l'État ravive la donnée culturelle et en fait un élément à prendre en compte devant les tribunaux pénaux. Bref, n'étant pas que l'affaire d'une personne privée, le procès pénal n'abolit pas la pertinence d'une intégration de données subjectives ou psychologiques, comme la confiance qui doit s'installer entre le juge et l'État.

En conclusion, il faut admettre que l'impératif d'une justice enracinée, qui manque dans le champ pénal international, est une nécessité structurelle, permanente. Une juridiction comme l'organe judiciaire des Nations Unies en a pris conscience et en a assumé les conséquences, dont la plus remarquable est l'institution du juge ad-hoc. Celle-ci traduit un besoin puissant, réel, et ne saurait ni être traitée de façon quelque peu condescendante comme une survivance désuète, ni voir sa portée cantonnée à des considérations arithmétiques sur l'égalité des parties, comme une certaine doctrine tend à le répéter. Les juridictions pénales ont tout aussi clairement été conscientes d'un enracinement culturel du juge, mais elles ne sont pas allées au-delà des déclarations de principe. Surtout, leur pratique et leur jurisprudence n'ont pas été à l'avenant, leur fonctionnement a au contraire révélé une sorte de carence à cet égard.

Il n'existe pourtant pas de raisons décisives à ne pas explorer les voies et moyens d'une plus grande intériorisation des aspects subjectifs et culturels du procès pénal international. Dans une telle perspective, il faut bien entendu revoir les idées reçues, notamment au sujet de l'impartialité du juge, dont on voit immédiatement qu'elle pourrait servir de repoussoir à cette démarche novatrice.

### B. Pour une approche revisitée du principe d'impartialité du juge

Être « connu » de son juge est une prétention légitime de tout justiciable, « connaître » son justiciable reste tout autant une nécessité pour le juge lui-même. L'argument de la neutralité de la juridiction, que l'on pourrait songer à invoquer à l'encontre de la démarche préconisée ici, pourrait ne pas être tout à fait décisif. Tout dépend bien entendu de ce qu'on met dans l'impartialité ou la neutralité. Car loin d'enfermer le juge dans une condition abstraite, loin de requérir de lui un irréaliste dépouillement de sa subjectivité, le principe d'impartialité devrait être cantonné à des exigences de nature strictement objective. En d'autres termes, il signifie moins l'abolition d'une subjectivité que l'existence d'éléments objectifs propres à garantir une absence de parti-pris. C'est sur la base d'éléments ou d'événements extérieurs à la personne du juge que doit être évalué le risque ou la réalisation du défaut d'impartialité.

En un mot, et parce qu'une distinction a été faite entre l'« impartialité objective » et l' « impartialité subjective », il s'agit d'affirmer ici que *cette dernière est tout simplement inopérante parce qu'inaccessible,* étant entendu que l'imprégnation culturelle du juge toucherait plutôt la subjectivité de celui-ci. L'impartialité subjective doit donc être doublement récusée : parce qu'il est impossible de « sonder les cœurs et les reins » d'une part, et parce que c'est dans cette obscure – et inaccessible - région que siège l'acte de « connaissance » du justiciable d'autre part. Parce qu'elle ne peut pas être « saisie » ou appréhendée, parce qu'elle est hors d'atteinte de toute prétention réglementaire, l'impartialité subjective doit tout simplement être éludée, exclue du débat.

Il s'agit, à la lumière de telles remarques, de repenser le concept d'impartialité du juge. Ce qui est souvent décrit comme tenant de l'impartialité subjective du juge relève simplement d'un affinement doctrinal, d'une distinction académique commode mais sans doute peu opérationnelle. Parce qu'il est en effet impossible d'entrer dans le for intérieur du juge, il sera difficile de prendre celui-ci à défaut sur ce terrain. Au risque de conduire au « procès d'intention », la critique de l'impartialité doit être médiatisée par des paroles, des comportements, des positions ; en d'autres termes, elle doit être objectivée. On pourrait presque dire : il n'y a pas de partialité subjective, il n y a qu'une partialité objective.

Il suffit du reste, pour établir une telle vérité, se référer à la jurisprudence de l'une des juridictions internationales à avoir le plus débattu de cette question, la Cour européenne des droits de l'homme. Certes, la distinction entre les deux formes d'impartialité est reprise dans l'important arrêt « Piersack c. Belgique », du 1er octobre 1982. La Cour y définit l'impartialité comme « l'absence de préjugé ou de parti-pris », ce qui peut s'apprécier « selon une démarche objective et une démarche subjective ». Il est derechef indiqué dans l'affaire « Hauschildt c Danemark » (décision du 24 mai 1989) que « l'impartialité subjective est l'absence de parti-pris du juge dans son for intérieur (…) ». Immédiatement cependant, le juge déclare qu'un tel parti-pris « doit être prouvé » parce que l'impartialité est « présumée ».

A vrai dire, la sanction de la partialité subjective ne sera prononcée que dans des cas extrêmes, comme dans l'arrêt « Chmélir c. République tchèque » (7 juin 2005), où la Cour sanctionne un juge qui a infligé une amende à une personne qui l'avait récusée, ce qui a été vu comme un acte vindicatif. Mais le terrain de prédilection de la mise en cause de la neutralité judiciaire tourne autour de l'impartialité « objective ». Pour mettre en doute l'impartialité, indique clairement la Cour européenne dans l'affaire « Hauschildt » précitée, il faut mettre en évidence « certains faits vérifiables », qui « autorisent à suspecter l'impartialité » du juge. Il est donc scabreux de mettre en doute celle-ci, sur le terrain rigoureusement subjectif.

Voilà bien ce qui explique les trois caractères principaux de la jurisprudence européenne sur ce point. Tout d'abord, l'impartialité y joue à la manière d'une présomption : jusqu'à la preuve du contraire, un juge est considéré comme impartial. En deuxième lieu, ce sont bien des « cas extrêmes » de partialité qui sont sanctionnés, comme l'expression par un juge d'une opinion publiée, l'articulation de propos injurieux à l'égard d'une partie ou encore la participation d'un juge à une procédure, en deux qualités successives incompatibles. C'est d'ailleurs – troisième caractéristique de la jurisprudence - dans ce champ-là que la partialité du juge est le plus souvent sanctionnée : l'occupation de fonctions successives contradictoires de par leurs vocations est de nature à altérer le principe d'impartialité. Et encore, dans son état plus récent, la jurisprudence européenne nuance sa sévérité traditionnelle en admettant que « la connaissance approfondie du dossier par le juge n'implique pas un préjugé empêchant de le considérer comme impartial au moment du jugement sur le fond (...). L'appréciation préliminaire des données disponibles ne saurait non plus passer comme préjugeant l'application finale »[101].

L'hypothèse d'une partialité subjective du juge se révèle, à l'épreuve des faits, non comme une hypothèse d'école, mais comme une occurrence exceptionnelle, un événement assez extraordinaire. Cette rareté constitue un obstacle de levé, dans la défense d'une imprégnation culturelle de l'acte de juridiction. L'appréhension de la subjectivité du juge est non seulement ardue ou impossible, mais il faudrait, d'un point de vue non plus pratique mais théorique, en rétablir la véritable signification.

La question est alors de savoir s'il faut comprendre l'impartialité de manière extrême, comme l'abolition de la subjectivité. On voit très vite qu'un tel dépouillement, qu'une telle abstraction de soi-même est impossible. C'est la simple humanité du juge qui est ici en cause ; sa subjectivité reste, pour ainsi dire, une donnée insurmontable. S'il est ainsi condamné à rester lui-même, force est d'expliquer autrement l'obligation d'impartialité qui pèse sur lui. Celle-ci pourrait dès lors ne plus avoir grand-chose avec la subjectivité du juge ; bref subjectivité et partialité devraient être disjointes : la première reste un fardeau existentiel, la seconde une tentation vicieuse qu'il est impératif de combattre.

---

[101] Arrêt « Morel c France », 6 juillet 2000. Dans l'affaire « Nortier c. Pays Bas », la Cour affirmait déjà que « le simple fait pour un juge d'avoir pris des décisions avant le procès ne remet pas en cause automatiquement son impartialité ».

B. Hurel note que la subjectivité du juge « conçue comme une partie de la doctrine comme une forme de partialité procède d'un raisonnement spécieux »[102]. Il s'agirait d'une « erreur d'analyse d'abord, car ce raisonnement part de l'idée que la connaissance par le justiciable de biais affectant « son » juge rend nécessairement suspecte l'impartialité de celui-ci »[103].

D'autre part, écrit J. Danet, « parce que le juge est un homme ou une femme, avec une origine géographique, culturelle, un parcours intellectuel, professionnel et social, une histoire affective, des convictions syndicales, politiques, religieuses, philosophiques, passées ou présentes, parce qu'il est inséré dans un réseau de relations, de collègues, d'amis et de parents qui le mettent ou l'ont mis naguère au contact de tel ou tel milieu, de telle ou telle pensée, il serait trop facile de postuler d'emblée de l'une de ces caractéristiques son incapacité à garder la distance nécessaire à l'impartialité. Un tel postulat (...) fonctionne alors comme une présomption de partialité tout en ayant pour objectif masqué la recherche d'un juge au profil rassurant, voire complaisant – le contraire d'un juge impartial »[104].

L'extraversion de la justice pénale internationale, qui vient conforter la vision critique de l'UA sur le fonctionnement de celle-ci, ne se limite pas à l'impréparation culturelle du juge. Décalé par rapport à la réalité socio-culturelle qu'il doit appréhender, notamment face à une criminalité extraordinaire comme les atrocités de masse, le procès instruit dans ces conditions souffre également d'une autre limite, qui tient au lieu même dans lequel il se déroule, à sa localisation spatiale. Il s'avère que relativement aux visées du jugement, ce lieu présente fréquemment l'inconvénient d'être inadapté.

---

[102] Hurel B., « Impartialité et subjectivité », *in Délibérée,* revue de réflexion critique animée par le Syndicat de la magistrature, oct 2018, Paris, la Découverte, p. 15.

[103] Ibid.

[104] Cité par Hurel B., op. cit., pp.15-16.

# Section 2

# Le lieu du procès

Le lieu où ont lieu les procès pénaux internationaux importe au plus haut point parce qu'il est censé cristalliser toutes les espérances investies dans la sanction judiciaire de la criminalité en cause. Si le droit pénal ordinaire est fondamentalement préoccupé de dissuasion, et attache donc une grande importance à la réception de la sentence par le public, aux destinataires de ses décisions, le droit pénal international est encore plus soucieux de pédagogie, c'est même cela sa justification essentielle, sinon exclusive. Il faut juger les criminels pour que le crime ne se reproduise plus, il faut que la justice passe pour que « plus jamais cela » ne se répète. La vertu pédagogique, la visée dissuasive et futuriste sont au cœur du procès pénal international. Dès lors, l'auditoire de ce procès devient important. Certes, cet auditoire reste mondial parce qu'il est question de crimes contre l'humanité, d'offenses faites à la conscience humaine. Mais dans la perspective de la vocation thérapeutique de la sanction pénale et de l'apaisement social escompté d'elle, les destinataires du jugement seront bien les membres de la communauté spécifique qui a été troublée. On pourrait presque schématiser en disant que la répression des crimes internationaux connaît des destinataires médiats – l'humanité – et des destinataires immédiats – les hommes et femmes qui ont directement été des victimes -.

Il en résulte que la localisation du procès devient un enjeu de taille, la détermination d'un lieu adéquat constituant déjà une première victoire, la garantie au moins virtuelle que le message véhiculé par la sentence sera « entendu ». Or, force est de reconnaître que le développement contemporain de la justice pénale ne s'est pas toujours accompagné d'une prise en compte satisfaisante de l'exigence de la localisation spatiale. L'« exportation » du procès devient alors la manifestation patente d'une extraversion, elle vient achever le sentiment d'une justice « téléguidée », reposant sur des bases définies par d'autres et se déroulant de surcroît ailleurs que là où elle est supposée être utile (§1). Mais il ne suffit pas de constater le fait, il faut réhabiliter la justice de proximité (§2).

## §1. La négation de la justice de proximité

Cette négation traverse, on l'a vu, le droit pénal international actuel[105]. Devant les tribunaux ad-hoc – notamment le TPIR – (A) comme devant la CPI (B), les États africains ont critiqué les décisions qui ont été arrêtées. Il faut bien admettre qu'en dépit des réponses qui leur ont été données, leurs remontrances restent largement légitimes et fondées.

### A. Les tribunaux pénaux ad-hoc : cas du TPIR

La création du TPIR a mis en évidence, de manière presque caricaturale, la frustration pouvant naître de la détermination inadéquate du lieu où la justice doit s'exercer. Alors pourtant qu'il a lui-même demandé l'appui de l'ONU pour mettre en place une juridiction ad-hoc, le Rwanda a estimé devoir voter contre la résolution 955. Le représentant de cet État au Conseil de sécurité a énuméré sept raisons pour lesquelles son pays ne pouvait appuyer ladite résolution. Parmi ces raisons, l'implantation du tribunal a été évoquée. On peut même dire que cette question est au cœur de la protestation rwandaise puisqu'on la trouve deux fois dans l'argumentaire de l'État. Selon l'ambassadeur, il est « difficilement acceptable que le projet de Statut du Tribunal international propose que les condamnés soient emprisonnés en dehors du Rwanda et que l'on accorde aux pays une décision quelconque sur les détenus. Ceci est du ressort du tribunal

---

105 V. sur ce thème, Sipowo A.G., « Après la fermeture : le TPÏR, peut-il être un Nüremberg pour l'Afrique ? », *in* Maia C. et autres, op. cit, pp. 281 et s.

international et au moins des rwandais (…). Mon gouvernement a demandé la constitution d'un tribunal international pour juger les coupables du génocide parce que la communauté internationale est vivement concernée par le sujet, mais il a aussi et surtout demandé la constitution de ce tribunal à des fins pédagogiques pour la population rwandaise, pour lutter contre l'impunité à laquelle elle était habituée depuis 1959 et pour promouvoir la réconciliation nationale. Il semble donc évident que le siège du tribunal international devrait être fixé au Rwanda ; il aura à juger les prévenus rwandais responsables de crimes commis au Rwanda et contre des rwandais. C'est de cette manière seulement que les effets attendus pourront être atteints. De plus, fixer le siège du tribunal sur le sol rwandais favoriserait l'harmonisation des jurisprudences internationale et nationale. Ma délégation a dès lors été surprise de constater que les auteurs de la résolution hésitent toujours à indiquer le futur siège du tribunal »[106].

Ce discours résume à merveille les préventions rwandaises. L'exercice de la justice pénale internationale est perçu, dans ces conditions, comme une ingérence déplacée, comme une intrusion agressive, comme une forme de violation de l'histoire nationale. Le Rwanda éprouve le sentiment d'une dépossession de sa propre histoire, d'une expropriation symbolique. La « communauté internationale » vient « piller » un patrimoine, elle commet une manière d'abus de confiance en arrivant à convaincre un État d'entrer dans l'intimité de son histoire mais en lui dérobant au dernier moment le pouvoir de juger, si symbolique de souveraineté.

L'histoire de l'autre, l'histoire des autres devient une sorte de chair à canon de la justice, elle est jetée en pâture à un ordre international qui jouit de voir ses règles nouvelles s'appliquer

---

[106] S/PV.3453, p.16.

mais qui oublie ou feint d'oublier que les États ont aussi la capacité d'être des agents d'exécution de ses normes. Accepter que les autres entrent dans votre propre histoire est une première concession, consentir à ce que les règles applicables à cette tragédie domestique soient internationales et non nationales en est une autre, mais y ajouter que vos propres juges soient disqualifiés et que la localisation du procès vous échappe revient presque à vous dénier toute légitimité à juger votre propre histoire. La seigneurie de soi, le contrôle exercé sur sa propre histoire deviennent une composante de la souveraineté tout court.

Cette expropriation symbolique constitue un des axes majeurs de la critique de la justice pénale internationale. Certes, l'« exportation » du procès peut être justifiée en théorie – nous y reviendrons – mais la récurrence de la remontrance est bien la preuve qu'il s'agit là d'une pomme de discorde essentielle. C'est le Rwanda qui est en cause ici, mais le débat s'est également posé pour le tribunal spécial pour la Sierra Léone, dont le siège n'était ni à Freetown ni à Monrovia, mais à Arusha. Il ne fait pas de doute non plus que la passion qui a entouré le débat sur le sort de M. Hissène Habré tenait aussi au sentiment de frustration, voire d'humiliation que charrierait le spectacle de son extradition en Belgique pour l'y voir juger. Malaise de nouveau ressenti cette fois devant la CPI, au sujet des affaires de la RDC et du Kenya.

### B. La CPI: les affaires de la RDC et du Kenya

La question du lieu de tenue du procès s'est posée dans le dossier Thomas Lubanga. C'est le Procureur de la CPI lui-même qui a d'abord proposé que ce point soit tranché de façon préliminaire. Il convient de rappeler que « si elle le juge souhaitable, la Cour peut siéger ailleurs »[107]. Au cours des débats,

---

[107] Article 3 §3 Statut de Rome.

il est apparu que tous se sont accordés sur la nécessité de tenir les audiences sur place, « afin que la communauté intéressée puisse y assister »[108]. Pourtant, cette possibilité sera écartée par la suite, pour des raisons sécuritaires et parce que « la délocalisation d'une partie des procédures (...) exige le consentement du gouvernement, qui n'a pas été donné dans le cas présent », déclare la CPI[109].

S'agissant du Kenya, les avocats de la défense ont sollicité de la Cour qu'elle tienne ses audiences au Kenya ou en Tanzanie. L'argument avancé était celui de la vertu pédagogique d'un tel transfert, eu égard au fait que les populations locales devaient être les « récepteurs » majeurs des décisions judiciaires[110]. La Chambre de première instance s'est montrée favorable à cette délocalisation, mais en définitive, la Cour ne l'a pas approuvée. Dans un communiqué de presse du 15 juillet 2013, dont la rédaction n'est pas des plus limpides, celle-ci déclare : « bien qu'en principe favorables à l'idée d'amener les procédures de la CPI au plus près des communautés affectées (...), les juges ont pris en compte de nombreux éléments, tels que la sécurité et le coût de l'organisation des audiences en dehors de La Haye, le possible impact sur les victimes et les témoins et sur les procédures à La Haye, ainsi que la longueur des procédures qui se seraient tenues en dehors du siège de la Cour ainsi que le possible impact sur la perception à l'égard de la Cour et la capacité de la Cour à conduire simultanément les autres procédures à la Haye ».

Il faut bien comprendre que ce qui se joue ici n'est pas seulement le sentiment d'une justice lointaine, extravertie, imposée du dehors. Au-delà de la dimension géographique, c'est le pouvoir de contrôle – la souveraineté – de l'État qui est en jeu.

---

[108] 30 octobre 2007, cité par Bernard D., « Lieu du procès, lieu du crime : les espaces de la justice internationale pénale », *Droit et société*, 2015/2, n°90, p.337.

[109] CPI, Th. Lubanga Dyilo, ICC-01/04-01/06.

[110] CPI, W S Ruto et J.A. Sang, 01/09-01/11-567, Joint Defence.

La justice délivrée sous d'autres latitudes va souvent avec l'impossibilité pour l'État d'administrer les peines affligées, d'assurer le suivi de celles-ci dans la mesure où son territoire n'est pas le lieu d'exécution de la peine. Ce volet de l'expropriation symbolique ne doit pas être négligé. Recouvrant des points comme l'aménagement des peines, l'administration de la sanction donne le sentiment à celui qui l'assure qu'il continue en quelque sorte le procès en adaptant les mesures judiciaires aux circonstances. Or, qui mieux que l'État concerné est à même de porter une telle appréciation ? Si la peine infligée tend à l'apaisement d'une communauté donnée, n'est-ce pas en connaissance profonde du climat de cette société qu'il faudrait évaluer l'opportunité d'une modification ou d'une inflexion de cette peine ?

Or, on l'a dit, le dépaysement du procès s'accompagne d'une dépossession du pouvoir d'administration de la peine, puisque le lieu d'exécution de celle-ci est un autre pays. On voit alors immédiatement les limites d'un tel montage. La modulation de l'exécution d'une sentence étant fonction de la conjoncture d'une société donnée, comment une autorité extérieure à cette société pourrait-elle y pourvoir ? En allant jusqu'au bout de la logique de la dépossession et de l'externalisation, en ne la limitant pas au seul procès et en l'étendant à l'exécution des peines, le droit pénal international révèle ses limites, il montre qu'il n'épouse qu'imparfaitement le paradigme répressif classique suivant lequel la peine infligée porte une visée sociale et que les aménagements de celle-ci répondent à des circonstances du cru, à des besoins ressentis ou exprimés par la communauté en question.

Le Statut de la CPI en atteste. Le lieu où seront purgées les peines n'est jamais défini à l'avance, tout État peut à cet égard faire acte de candidature pour ainsi dire. C'est bien cet État qui « avise la Cour de toute circonstance (...) qui serait de nature à modifier sensiblement les conditions ou la durée de la détention »[111]. S'il appartient à la seule CPI de décider du transfert d'un condamné dans un autre pays[112] et si la Cour est encore la seule autorité habilitée à se prononcer sur une demande de révision du procès[113], si elle seule décide effectivement d'une réduction de peine[114], la possibilité toujours ouverte de changer le lieu d'exécution de la sentence[115] témoigne de l'indifférence affichée à l'égard de la localisation spatiale. Cette indifférence n'est pourtant pas une fatalité. Aux justifications ponctuellement avancées par la CPI, il est possible d'opposer un point de vue plus respectueux du particularisme local.

## §2. A rebrousse- poil: défense d'une justice de proximité

La défense d'une justice pénale internationale de proximité est relativement aisée. Se concevant en théorie (A), elle a même été défendue par des institutions onusiennes et par des organisations non gouvernementales (B).

### A. Aspects théoriques

La réflexion sur l'institution judiciaire a perçu depuis belle lurette l'importance des lieux de justice, de l'espace où se déroule le procès. « Palais de justice » et salles d'audience ont suscité des études fines et profondes, mais il convient de ne pas oublier un autre espace, plus englobant, qui nous intéresse ici et qui est le pays ou la ville où s'exerce la justice. C'est dire qu'il existe bien

[111] Article 103 2 a) du Statut de Rome.

[112] Article 104 du Statut de Rome.

[113] Article 105 du Statut de Rome.

[114] Article 110 du Statut de Rome.

[115] Article 104 du Statut de Rome.

des « espaces de justice », comme le relève Diane Bernard[116], qui note par ailleurs que « la distance entre tribunal et justiciables est toujours un enjeu politique et judiciaire considérable : il renvoie directement à des questions aussi importantes que l'accès à la justice, sa réception, sa mise en œuvre concrète, son indépendance et, plus globalement, sa légitimité »[117].

Il est donc possible d'envisager divers espaces de justice, divers niveaux de déroulement du procès. Or, l'examen de cette stratification peut induire une pluralité de sens ou de vocation desdits espaces. Le lieu de justice le plus étroit, le plus resserré, qui est la salle d'audience, produit une impression de clôture, de fermeture. Périmètre où se déploie le rituel judiciaire, il se définit bien, remarque Antoine Garapon, par sa « séparation avec le reste du monde »[118]. Cette césure d'avec le reste de l'espace tend à faire de cet enclos, dans son avatar extrême, un « lieu sacré »[119]. Le périmètre du procès se veut délibérément soustrait, c'est un espace retranché, préservé, reclus ; il traduit clairement un désir de retranchement.

Mais aussi intéressant soit-il, aussi parlant qu'il puisse être, ce n'est pas ce niveau-là de l'espace judiciaire qui est envisagé lorsqu'il est question du lieu du procès pénal international. L'espace en vue ici est même, à certains égards, aux antipodes de la salle d'audience. Loin de véhiculer une idée de fermeture, il suggère au contraire l'ouverture. Nous ne sommes plus dans le rituel judiciaire, mais dans la vocation pédagogique et exemplaire de la sentence. Le lieu du procès, tel que nous l'entendons ici, est à l'opposé de la logique de réclusion et de ritualisation. Il s'agit du lieu choisi parce qu'il est le réceptacle idéal de la pédagogie du procès, parce qu'il est le point à partir duquel le message judiciaire

---

[116] Bernard D., « Lieu du procès… » précité.

[117] Ibid., p.336.

[118] Garapon A., op cit., p.32.

[119] Ibid., p.38.

se diffusera avec une amplitude maximale. Car le procès – ou la sentence, si l'on veut – est d'abord un message, une adresse.

Cette dimension interlocutrice est au cœur de la sanction pénale, laquelle est, de toutes, celle qui nourrit le plus de prétention à l'exemplarité et à la dissuasion. Par essence dira-t-on, elle parle aux autres. Point de clôture donc, ici, mais au contraire, ouverture, expressivité. Le lieu du procès renvoie plus à un continent, un pays, une ville, à un épicentre d'où se propagera le message judiciaire ; bref, il est question, moins de murs ou de locaux du procès que des hommes et femmes auxquels le jugement est destiné, moins de l'administration des choses que de la gouvernance des hommes, c'est la réception du message des juges qui est en cause. Le droit pénal international est critiqué parce qu'il semble faire litière de cette exigence d'enracinement de la justice, du caractère approprié de l'auditoire, au point, on le verra dans le chapitre qui suit, que dans leur riposte, les États africains vont élaborer une stratégie d'édification d'une justice endogène, d'une justice du cru. De même qu'on prouve le mouvement en marchant, semblent dire ces États, nous allons montrer les limites des institutions critiquées en bâtissant une justice aux antipodes, en créant un modèle alternatif, au sens fort du terme. Ces États critiques sont d'autant plus confortés dans leurs positions que l'impératif de la localisation adéquate est réitérée aussi bien dans la doctrine des Nations Unies que dans les recommandations des organisations non gouvernementales. Au-delà des justifications théoriques, le point de vue africain peut donc s'autoriser de la pratique de ces organismes.

## B. Aspects pratiques

Le bien-fondé de la revendication africaine sur la localisation spatiale semble si indiscutable qu'aussi bien l'ONU que les organisations non gouvernementales[120] et la CPI elle-même l'ont admis en principe dans leur pratique.

Dans un document majeur, qui est un rapport du Secrétaire général des Nations Unies relatif au *Rétablissement de l'état de droit et administration de la justice pendant la période de transition dans les sociétés en proie à un conflit ou sortant d'un conflit*[121], l'organisation mondiale fait le bilan de la politique suivie au sujet de la détermination du siège des juridictions jusque-là créées. La moralité essentielle de cette expérience est la suivante : « Le fait que les tribunaux pour la Yougoslavie et le Rwanda sont situés à l'extérieur des pays où les crimes ont été commis leur a permis de disposer de moyens opérationnels mieux adaptés et a aidé à préserver leur sécurité et leur indépendance. Toutefois, implanter les tribunaux sur le territoire des pays concernés présente un certain nombre d'avantages, dès lors que cette sécurité et cette indépendance sont convenablement assurées : en particulier, les contacts avec la population locale sont facilités, les éléments de preuve et les témoins sont plus proches et les victimes ont un meilleur accès au tribunal. Les victimes et leur famille peuvent ainsi venir témoigner aux procès durant lesquels leurs persécuteurs ont à répondre de leurs actes. Les tribunaux ad-hoc situés dans les pays concernés sont également mieux à même de contribuer au renforcement des capacités nationales, et il leur est

[120] S'agissant des ONG et pour l'Afrique en particulier, v. entre autres un rapport conjoint Amnesty International – FIDH, intitulé *Soudan du Sud. En quête de justice. Recommandations concernant la création d'un tribunal hybride*, 2016. On y lit que « Les principaux objectifs du Tribunal devraient être son accessibilité, sa légitimité, son héritage. En règle générale, les procès devraient se tenir aussi près que possible des lieux où ces crimes ont été perpétrés… » (p.4).

[121] S/2004/616.

possible de léguer leurs ressources physiques (y compris les bâtiments, le matériel, les installations) aux systèmes judiciaires nationaux et d'améliorer les compétences de leur personnel »[122].

Le Conseil de sécurité lui-même, dont l'usage des « pouvoirs judiciaires » prête le flanc à tant de reproches, a parfois souligné l'idée défendue dans le rapport du Secrétaire général. Dans la résolution 1688, par laquelle il opère le transfert de M. Charles Taylor à la Haye – après une première comparution à Arusha -, le Conseil, par une sorte d'acquit de conscience, « demande » tout de même « au tribunal spécial, avec l'assistance du Secrétaire Général et des États concernés, de faire en sorte que les populations de la sous-région puissent suivre le déroulement du procès ». Mais il en est de la localisation du procès comme des tentatives de règlement des litiges étudiées précédemment : le Conseil de sécurité leur témoigne en quelque sorte son attachement mais n'en tire jamais de conséquence décisive, n'accède jamais à la requête de l'État concerné.

A la CPI même, l'impératif d'une justice de proximité a été exprimé. Il faut rappeler que dans l'affaire « Lubanga », le Procureur n'avait exprimé aucune réticence à un transport du procès sur place, c'est-à-dire en RDC, il avait même encouragé une telle option. Dans l'affaire kenyane, la Chambre de première instance avait favorablement accueilli la demande formulée par les avocats de la défense, et accepté que « certaines étapes ultérieures (à déterminer) puissent avoir lieu au Kenya ou, subsidiairement, en Tanzanie ». En rejetant finalement cette requête, la CPI commence toutefois par rappeler, dans son communiqué de presse du 15 juillet 2013, que ses juges sont « en principe favorables à l'idée d'amener les procédures de la CPI au plus près des communautés affectées ».

---

[122] Ibid., §44.

Dans son principe, une implantation locale des juridictions ne semble donc pas poser problème. L'objectivité commande cependant, au-delà de la critique des institutions internationales, de se pencher sur les raisons qui ont été avancées à l'appui du refus de transporter les procès dans les États concernés. Car des arguments ont bien sûr été avancés à cet égard ; ils tournent globalement autour de trois éléments : la sécurité, l'impartialité et l'« universalité » des crimes commis.

La sécurité a ainsi été invoquée aussi bien dans le cas soudanais ou le procès de Charles Taylor, ancien président du Libéria, que pour celui de Thomas Lubanga et des dignitaires kenyans. Dans le premier cas, le Procureur de la CPI, s'exprimant devant le Conseil de sécurité – qui l'avait saisi –, évoque une série d'actes posés par le gouvernement du Soudan, dans le domaine judiciaire notamment, et pour montrer qu'il voulait ainsi se donner les moyens de juger au moins en partie cette affaire. Il termine cependant son discours en soulignant que « l'insécurité persistante qui prévaut au Darfour empêche la mise en place d'un système efficace de protection des victimes et des témoins »[123].

L'évocation du contexte sécuritaire est d'autant plus étonnante qu'elle n'était pas vraiment nécessaire. Son invocation ici pourrait traduire une sorte de réflexe, d'inclination à opposer le préalable de la sécurité à tout État sortant de crise, mais soucieux de montrer sa bonne volonté et son désir de juger des coupables. Dans le deuxième cas, qui concernait le Tribunal spécial pour la Sierra Léone, le procès de Taylor a finalement eu lieu à la Haye après une première comparution dans la capitale sierra léonaise. Le Conseil de sécurité a justifié le dépaysement du procès à la Haye par des considérations liées à la sécurité, la résolution 1688 notant « qu'à l'heure actuelle, (le) procès ne peut avoir lieu dans la sous-région en raison des problèmes de sécurité qui se poseraient s'il se tenait

---

[123] S/PV5321, 13 décembre 2005.

à Freetown au Tribunal spécial ». La CPI pour sa part, dans l'affaire « Lubanga », tout en faisant remarquer que le gouvernement congolais n'avait pas donné son accord à une délocalisation, soulignait que « l'instabilité de la région concernée » constituait un élément à prendre en considération. S'agissant du Kenya enfin, la Cour n'accède pas à la demande des parties parce qu'elle a tenu compte, entre autres, de « la sécurité ».

Les deux autres arguments invoqués au soutien d'un refus de transporter le procès sont d'ordre plus théorique, et le débat qu'ils appellent est donc plus intéressant. D'une part, l'éloignement du théâtre des crimes commis est présenté comme ayant la vertu de générer l'impartialité, la proximité avec le terrain étant au contraire susceptible de véhiculer passion et émotion, mauvaises conseillères pour tout juge. Une justice trop proche des justiciables pourrait ne pas avoir le détachement que requiert son exercice. C'est au nom de « considérations élémentaires de justice et d'impartialité » que le Secrétaire général de l'ONU a justifié l'installation du TPIY à La Haye[124]. D'autre part, d'un point de vue encore plus théorique, l'extranéité du procès peut s'autoriser de l'universalité de ses enjeux. Il faut alors se souvenir que nous sommes devant un « crime contre l'humanité ». Un tel crime offense le genre humain, bafoue la conscience universelle.

A partir de là, le raisonnement devient simple : puisque le crime heurte l'humanité toute entière, il devrait, en toute logique, pouvoir être jugé en tout point de la terre. Une logique objectiviste est ici à l'œuvre : le crime et ses victimes sont détachés de tout conditionnement territorial ou national, les notions de compétence « territoriale » et « personnelle » s'estompent donc pour faire place à une obligation universelle de réprimer, l'enjeu transcende les intérêts étatiques égoïstes et échappe d'ailleurs aux logiques de réciprocité, de rétorsion, de représailles. Les « droits

---

[124] Bernard D. op cit., p.336.

de l'homme », dont une violation éminente a été commise, sont un sanctuaire soustrait à tout mécanisme de compensation, de transaction ou de compromis entre États, ils échappent aux États. Peu importe dès lors la localisation des poursuites. L'universalité du crime implique une ubiquité des poursuites ou, plus précisément, la dispersion organisée du droit de le poursuivre à l'échelle planétaire. Dans une telle perspective, il pourrait même être souhaitable que le crime fût puni ailleurs que là où il a été commis. La diffusion mondiale du droit de punir traduirait ainsi en acte l'universalisme qui est en cause, le droit serait mis au service de l'idéal humaniste.

De telles objections sont sérieuses et méritent d'être considérées avec la plus grande attention. Il ne saurait donc être question de les traiter négligemment. Mais l'on peut tenter d'y répondre par quatre observations finales, susceptibles de se rattacher à la critique africaine de la justice pénale internationale.

L'argument de la sécurité invoqué aussi bien par le Conseil de sécurité que par la CPI est délicat à aborder parce qu'il est sérieux et plausible. Par définition pourrait-on dire, l'incertitude sécuritaire se trouve au cœur du phénomène étudié parce que les crimes de masse ont eu lieu au cours de « guerres civiles » et autres tensions qui, d'autre part, mettent du temps à se résorber. Qui irait jusqu'à prétendre, aujourd'hui, qu'en RDC, au Mali ou en RCA – tous concernés par des procédures devant la CPI – règne un climat de paix et de stabilité tel qu'un procès international pourrait sereinement s'y dérouler ? Il existe dans tous ces pays des facteurs de déstabilisation et de violence qui restent indéniables, qui y subsistent à un état presque endémique, et nul ne songe à contester dans son principe l'évaluation qui a été faite à cet égard par le Conseil de sécurité et la CPI lorsque le problème de la localisation des procès s'est posé. Mais précisément, parce qu'il s'agit de pays nécessairement fragiles puisque sortant de guerre, il y subsistera pendant longtemps une hypothèque sécuritaire. En d'autres termes, la récurrence de l'argument sécuritaire pourrait être une sorte de « facilité » entre les mains de la Cour et surtout du Conseil de sécurité, lui qui est le « responsable principal » du maintien de la paix et de la sécurité et qui pourrait se prévaloir d'une sorte d'apanage, d'exclusivité à apprécier cette paix et à disqualifier toute évaluation concurrente ou contraire à la sienne.

La délocalisation d'un procès est un acte politique, c'est un acte volontariste dont la justification ne saurait reposer sur des considérations uniquement pragmatiques. Décider de rapporter l'exercice de la justice sur le lieu de commission des crimes peut se concevoir comme une manière de soutien au gouvernement en cause, comme la manifestation d'une solidarité politique du Conseil de sécurité ou de la CPI. Ces deux organes doivent donc comprendre que l'accomplissement de ce qui leur est demandé n'est jamais neutre, mais les engage de façon éminente. L'argument sécuritaire a le mérite, pour celui qui s'en sert comme d'un alibi, de non seulement « faire peur », d'« impressionner » celui à qui il est destiné, mais de donner l'illusion que Conseil de sécurité et CPI se déterminent toujours de façon « objective », en considération de critères matériels donnés, alors qu'une telle supposition est erronée. Il s'agirait ici de poser un acte délibérément symbolique et engageant, un acte de soutien politique à un gouvernement confronté à des problèmes sécuritaires, mais animé de bonne volonté et soucieux d'une forme de « reconnaissance » internationale. C'est cette forme de soutien, qui est aussi un encouragement, que le Conseil de sécurité et la Cour auraient pu apporter.

Une deuxième observation peut être faite au sujet de la justification des refus opposé aux États africains. Elle tient d'abord au caractère incohérent ou contradictoire de l'argumentation. Sur la question précise du « coût » du procès par exemple, les appréciations divergent. Dans l'affaire kenyane, « le coût de l'organisation des audiences en dehors de La Haye » est présenté par la Cour comme un élément dissuasif du transfert, de même que dans le passé, l'installation du TPIY à La Haye a été justifiée par l' « efficacité administrative et le souci d'économie » par le Secrétaire général de l'ONU dans un de ses rapports[125]. Pourtant, dans le document synthétisant l'expérience de la mise en place de juridictions répressives par l'ONU[126], le Secrétaire général soulignait le caractère très onéreux des premiers tribunaux ad-hoc, établis à La Haye, et la nécessité subséquente d'explorer la voie des juridictions « internationalisées », parfois établies dans les États concernés, pour réduire les coûts de fonctionnement des tribunaux. En tout état de cause, et parce qu'il est difficile de juger de ces coûts qui intègrent des paramètres qui échappent forcément à l'observateur extérieur, on rappellera que le critère économique ne saurait être exclusif ou décisif dans un acte dont la portée symbolique et politique peut être considérable.

La critique adressée à la variable sécuritaire est valable pour la variable économique : il n'est pas demandé aux organes internationaux de se prononcer de façon « clinique » et « froide » sur des indicateurs, de se déterminer uniquement sur des données objectives, mais d'intégrer la dimension politique de leur mission, lorsqu'il leur est précisément demandé d'envisager le dépaysement d'un procès. L'argument économique ou comptable peut parfaitement être écarté au profit d'un paramètre politique.

Enfin, on répondra à l'argumentation évoquée plus haut qu'aussi ardue que soit la conciliation des exigences lorsqu'il est question de transférer un procès, l'histoire passée comme présente offre des exemples de tentatives plutôt réussies dans ce domaine. Il y a d'abord le précédent des tribunaux de Nüremberg et de Tokyo. Il est certain que si la première ville - notamment - a été choisie pour abriter la juridiction, c'est parce que celle-ci fut le foyer de l'idéologie nazie. A Tokyo également, ce sont les dignitaires de la politique japonaise qui furent jugés, sur la terre où ils conçu leur doctrine belliciste et impérialiste. On trouve là

---

[125] Bernard D., op cit. p.336.

[126] S/2004/616, *Rétablissement de l'état de droit* ...., précité, § 42 et s.

des exemples de localisation adéquate, qui attestent que la réalisation d'une justice de proximité relève du possible.

Plus récemment encore, les formules de « juridictions pénales internationalisées » auxquelles les Nations Unies ont abondamment recouru vont dans le même sens[127]. Ménageant davantage la souveraineté des États et le respect dû à leurs institutions judiciaires, ces tribunaux prennent délibérément le parti de l'enracinement en venant s'insérer parfois dans des appareils judiciaires locaux. Si des considérations économiques et pratiques ont pu être à l'origine de ces formes assouplies d'exercice de la justice pénale internationale, il ne fait aucun doute, comme le montre leur genèse et les conditions de leur mise en place, que ces institutions judiciaires « nouvelles » tirent les leçons de l'expérience de leurs aînées (TPIY et TPIR notamment), dont le procédé de création reste marqué par l'autoritarisme et l'unilatéralisme du Conseil de sécurité.

Les défenseurs du système actuel de justice pénale n'en démordront pas forcément. A des États africains protestant contre un tel système, ils pourront toujours rétorquer qu'aussi imparfaite qu'elle soit, la justice pénale internationale a le mérite d'exister là où eux-mêmes n'existent pas, elle a la vertu de les suppléer dans leur défaillance à réprimer les criminels.

C'est là, en effet, une pièce qu'il convient de verser au débat : celui-ci est tendu parce qu'il ne nourrit pas que des lacunes et limites du système en vigueur, l'âpreté des contradictions vient aussi de l'absence d'alternative africaine positive, opérationnelle ; les États africains seraient, sinon presque suspectés de complaisance à l'égard des crimes commis, du moins lents, trop lents à mettre en place une justice locale crédible et efficace. La faiblesse du bilan de la justice endogène favorise le déferlement

---

[127] Sous ce vocable, des juridictions comme les Chambres extraordinaires des tribunaux cambodgiens, le Tribunal spécial pour la Sierra Léone, le Tribunal spécial pour le Liban, les Chambres 64 du Kosovo etc.

de la justice exogène, la nature ayant horreur du vide. Face au risque d'impunité, la justice internationale s'empare, presque à son corps défendant, des crimes commis sur le continent africain. C'est cet aspect du débat qu'il faut maintenant aborder.

# CHAPITRE III

# LA JUSTICE PÉNALE INTERNATIONALE POURRAIT SE PRÉVALOIR DES CARENCES DE LA JUSTICE LOCALE

Il peut exister un doute sur la volonté des États africains, contestataires du système mondial de justice pénal, lorsqu'on se penche sur les conditions dans lesquelles ces États ont entendu mettre en place une justice locale alternative. Il a d'abord pu s'agir de juridictions ad- hoc, créées pour s'occuper d'affaires spéciales, comme dans le cas des Chambres extraordinaires africaines (CAE) qui ont jugé M. Hissène Habré à Dakar, ou de la tentative de mettre en place un tribunal spécial pour le Sud Soudan, sous les auspices de l'Union africaine (Section1). Le doute sur la volonté politique de l'Afrique de promouvoir une justice pénale crédible subsiste également quand on examine, à plusieurs égards, les vicissitudes de la Cour africaine de justice, des droits de l'homme et des peuples, censée être une juridiction permanente (Section 2).

Le scepticisme qui naît de ces diverses expériences tendrait à relativiser les critiques du système mondial de justice pénal. Il existe une tension entre les États africains et ce système parce qu'il est reproché aux premiers une indolence, voire une complaisance à l'égard des criminels, notamment lorsque ceux-ci sont des gouvernants. Le bilan de la justice pénale en Afrique doit donc être versé dans le débat, on ne comprendrait pas toutes les prétentions de la justice « mondiale » - exercée par voie unilatérale comme dans la compétence universelle ou par voie plus organique et institutionnelle comme avec les juridictions ad-hoc ou la CPI – si l'on faisait abstraction des carences africaines elles-mêmes. La justice pénale internationale n'est pas parfaite, pourrait-on dire, mais aucune alternative ne lui est opposée par ceux qui la stigmatisent. Autrement dit, les défaillances des États africains révèlent « en creux » les mérites de la justice pénale universelle, et les partisans de celle-ci seront tout aise de souligner ce contraste.

## Section 1
## L'expérience mitigée des juridictions ad-hoc

L'une de ces juridictions est constituée par les CAE, qui ont jugé l'ancien chef d'État du Tchad (§1) et l'autre, qui est le tribunal pour le Sud Soudan, persiste à rester dans les limbes, au point qu'il n'est pas déplacé de se demander s'il ne faut pas l'attendre comme on attend Godot, personnage de la célèbre pièce de Samuel Beckett (§2).

### §1. Le jugement d' Hissène Habré : un quiproquo judiciaire

Le jugement de Hissène Habré, lorsqu'il est arrivé à son terme, a été salué de façon presque unanime comme une « victoire » pour l'Afrique et comme la démonstration de la possibilité d'une justice endogène, conçue et exercée par les Africains eux-mêmes. A vrai dire, il serait presque de mauvais goût d'ignorer la portée symbolique de l'événement, et de dénier tout sens à celui-ci. Le procès Habré est important ne serait-ce, on l'a dit, que parce qu'il réalise un désir, il révèle une possibilité. Il est donc générateur d'espoir. Pour cela, il faut s'en féliciter et espérer qu'il inspirera les États à l'avenir.

Mais il convient de ne pas céder à l'émotion, de ne pas crier victoire alors que non seulement la réitération de l'expérience n'est pas acquise, mais que la réalisation même de celle-ci a été un processus laborieux, difficile, jalonné de malentendus et de quiproquos. L'épilogue de l'affaire ne doit pas occulter son histoire même. Parce qu'un retour dans celle-ci révèle beaucoup d'approximations et de méprises, il convient de relativiser l'enthousiasme auquel son accomplissement a donné lieu. La question abordée ici est fondamentale. Elle touche l'articulation et la compréhension du discours sur l'impunité. On aurait raison de se réjouir du processus judiciaire si celui-ci était, de bout en bout, pourvu d'un fil directeur, constamment axé sur l'impératif de la répression des crimes présumés et articulé par une seule instance, idéalement « africaine ». Au lieu de ce schéma rectiligne et univoque, l'affaire Habré a donné lieu à des erreurs, des errements, des confusions. Son épilogue n'a pas été planifié, pensé *ab-initio,* mais semble, à certains égards, être le fruit quelque peu aléatoire de démarches concurrentes et superposées, d'initiatives brouillonnes et non coordonnées. Cette impression de désorganisation rejaillit sur l'intégrité même du discours, l'enchaînement et le fatras des circonstances n'aident pas à une simple et claire compréhension des enjeux.

La pluralité des intervenants dans ce dossier ainsi que parfois leur inconstance, l'enchevêtrement des considérations juridiques et politiques, voire « sentimentales », ont pu produire une désagréable impression de cacophonie, évidemment préjudiciable à la pédagogie du procès. Le brouillage des circonstances qui ont précédé le jugement de M. Habré n'aide pas à une appréhension adéquate du sens du procès ainsi que des leçons à en tirer. Nous sommes ici dans l'ordre du discours et de la compréhension des choses, mais la perception abstraite se nourrit d'éléments très concrets ainsi que nous allons le voir à travers l'évocation des

« ratés » de l'affaire Habré, aussi bien dans les débats préalables (A) que dans la préparation du procès (B).

### A. Les débats préalables

L'attitude affichée par l'État du Sénégal – qui avait vocation à juger depuis le départ – a considérablement retardé le procès de l'ancien chef d'État tchadien. Les juridictions sénégalaises se sont initialement déclarées incompétentes parce que l'État avait failli à son obligation de tirer les conséquences de son engagement international à travers la ratification de la convention de 1984 contre la torture. Un tel engagement aurait dû conduire à une modification des dispositions du Code de procédure pénale, ce qui n'a pas été fait. S'appuyant sur ce constat de carence, comprise dès lors comme un défaut de base légale, la justice sénégalaise va se déclarer incompétente pour exercer des poursuites[128]. Il n'est évidemment pas question d'entrer ici dans les détails du débat juridique, mais de s'en tenir à un constat, difficilement réfutable : les autorités sénégalaises ont méconnu leurs obligations internationales.

L'étonnant est que ce manquement ait perduré. Les autorités du pays n'ont pas immédiatement corrigé le dysfonctionnement constaté – qui est, au demeurant, plus qu'un dysfonctionnement : un fait illicite au regard du droit international -. En n'intégrant pas son engagement international dans son ordre juridique, en tergiversant de longues années par la suite, le Sénégal ne pouvait qu'affaiblir sa position sur le plan international.

De fait, il a subi deux revers, devant le Comité contre la torture et devant la CIJ. Le Comité a indiqué dans une décision du 17 mai 2006 que le Sénégal « doit soumettre la présente affaire à ses

---

[128] V. notamment les arrêts de la Cour d'appel de Dakar (du 4 juillet 2000) et de la Cour de cassation (du 20 mars 2001).

autorités compétentes pour l'exercice de l'action pénale ou, à défaut, dans la mesure où il existe une demande d'extradition émanant de la Belgique, de faire droit à cette demande, ou le cas échéant, à toute autre demande d'extradition émanant d'un autre État (… »[129]. Et devant la CIJ, alors pourtant que la position sénégalaise avait été favorablement accueillie par la presque totalité de la Cour au stade de la demande en indication de mesures conservatoires, il est finalement arrêté que « le Sénégal doit aussi prendre sans autre délai les mesures nécessaires en vue de saisir ses autorités compétentes pour l'exercice de l'action pénale, s'il n'extrade pas M. Habré »[130].

Pressé de juger ou d'extrader, l'État du Sénégal va en quelque sorte rendre les choses moins simples en portant la question devant l'UA. Cette démarche intrigue, venant d'un État souverain, qui a librement décidé d'adhérer à une convention internationale et qui reste, *seul,* redevable des obligations contenues dans ce texte. La passion et l'émotion qui ont rapidement envahi ce dossier, eu égard au fait qu'une extradition aurait pour beaucoup signifié que « l'Afrique avait accepté d'être jugée par ses anciens maîtres », expliquent le comportement de l'État du Sénégal. Le « grossissement » du dossier, sa politisation délibérée, la mise en scène du face-à-face entre dominants et ex-dominés ont contribué à tendre l'atmosphère et à substituer à un exercice serein de la justice un affrontement politique global. En d'autres termes, la globalisation et la dramatisation des enjeux a nui à la limpidité de l'exigence de justice. Après tout, l'on aurait parfaitement pu concevoir un scénario moins tourmenté et plus orthodoxe : assumant ses obligations internationales, le Sénégal juge M. Habré devant ses propres tribunaux et montre que les États africains sont ainsi aptes à juger « leur propre histoire », que

[129] Comité contre la torture, « Souleymane Guengueng et autres c. Sénégal », communic. N°181/2001, CAT/C/36/D/181/2001, dec du 17 mai 2006,§10.

[130] CIJ, arrêt du 20 juillet 2012, §121.

l'impunité n'est pas une fatalité sur le continent et qu'il suffit, à cet égard, que la « communauté internationale » observe une sorte de bienveillance à leur égard, qu'elle les laisse faire en quelque sorte.

Une telle configuration était réaliste, elle aurait eu le mérite d'être parfaitement conforme à l'esprit de la convention de 1984 (qui vise bien les justices nationales des États et non des formes internationalisées de justice comme l'ont été les CAE) et elle n'aurait, de surcroît, pas été un obstacle à l'élaboration de réponses panafricaines aux limites du système pénal international. Le fait est que l'exacerbation de la tension politique a occulté la dimension judiciaire de l'affaire Habré. Il n'est d'ailleurs pas sûr que ce résultat soit le fruit du hasard, la stratégie de la généralisation a pu servir à l'occultation, l'on a pu faire de la politique pour ne pas avoir à exercer la justice, que celle-ci sanctionne ou innocente l'ancien chef d'État.

Quoiqu'il en soit, le fait que l'UA ait elle-même consenti à entrer dans la danse, si l'on ose dire, a ajouté à l'incompréhension. Du point de vue de l'orthodoxie juridique, il est d'abord permis de se demander si l'évocation d'un dossier judiciaire individuel pendant devant les juridictions d'un État membre fait partie des attributions d'une organisation politique continentale. A vrai dire, il semble que le Comité de juristes que l'UA mis en place pour discuter de la question ait bien perçu l'incongruité de la situation. Dans son rapport, ce Comité a insisté sur la « vocation » du Sénégal à juger M. Habré, une telle vocation devant nécessairement s'analyser en termes inverses pour l'UA : les éléments qui pèsent pour une compétence sénégalaise jouent pour une « incompétence » de l'organisation africaine. Pour le Comité, en tant qu'« État Partie à la Convention contre la torture, le Sénégal a l'obligation d'en respecter les dispositions (...) au Sénégal, conformément à ses engagements internationaux, de prendre les dispositions nécessaires pour non seulement modifier sa législation, mais encore et surtout traduire Hissène Habré en justice ». Par ailleurs, on a souvent oublié que l'UA elle-même, par l'intermédiaire de sa Conférence des chefs d'État et de gouvernement a « mandaté » « *la République du Sénégal* de poursuivre et de faire juger, au nom de l'Afrique, Hissène Habré par une *juridiction sénégalaise* compétente avec les garanties d'un procès juste ». Il est vrai que le même organe n'a pas toujours été clair sur la question puisqu'il a simultanément demandé au Comité de juristes mis en place de privilégier un « mécanisme africain » pour juger Habré.

L'intrusion – il faut bien appeler les choses par leur nom – de l'UA dans le dossier judiciaire a donc épaissi le malentendu. Non seulement le principe même d'une telle immixtion était discutable, mais les voies de solution suggérées n'étaient pas toujours claires : le Sénégal, devait-il juger ? Que signifie « juger au nom de l'Afrique » ? Quelle portée conférer à ce qui était présenté comme un « mandat » ? Que recouvre le « mécanisme africain » à privilégier ? En définitive, on le sait, l'UA jouera un rôle décisif dans la mise en place des CAE, c'est du reste avec elle que le Gouvernement du Sénégal va signer un accord relatif au procès, et elle participera de manière substantielle au financement de celui-ci.

Le dernier niveau d'incompréhension résulte de l'intervention de la Cour de justice de la CEDEAO. Saisie dans la suite des procédures nationales et parce que l'État du Sénégal envisageait d'adopter les mesures législatives permettant la traduction de M. Habré en justice, la Cour a doublement déconcerté par son approche de la question. D'une part, alors qu'elle était saisie au contentieux, c'est-à-dire priée d'arbitrer un litige entre deux parties, elle s'est allègrement engouffrée dans la voie consultative, en suggérant au Sénégal de recourir à une forme de « juridiction internationalisée », plutôt qu'à ses propres tribunaux. C'est la méthode même qui, d'abord, déroute : là où le juge devait arbitrer, affirmer un verdict, se prononcer clairement et fermement sur l'allégation de violation des droits de M. Habré, il a recommandé, suggéré, conseillé. Ce n'est pas ce qui lui était demandé.

Sur le fond d'autre part, le juge de la CEDEAO a érigé en norme coutumière internationale la pratique des « juridictions internationalisées », sans évidemment démontrer que les conditions d'une telle cristallisation coutumière étaient réunies. L'arrêt rendu par la Cour de la CEDEAO le 18 novembre 2010 pose donc beaucoup de problèmes. Attendue sur le terrain rigoureusement contentieux, pour départager les parties sur des points de contestation précis, la juridiction communautaire s'est muée en conseiller juridique, elle s'est placée au-delà – ou en-deçà – de ce qui était attendu d'elle. La décision judiciaire désarçonne à plus d'un titre. Elle a eu, dans l'immédiat, un effet perturbateur sur les procédures en cours car jusque-là, le schéma retenu restait, en principe, celui d'un jugement de M. Habré par le Sénégal, même si l'on pouvait envisager que l'UA l'assiste dans cette tâche.

Avec cette décision, tout change, et les choses se compliquent : la juridiction compétente ne sera plus nationale mais « internationalisée », du point de vue de sa composition comme de celui du droit qu'elle aura à appliquer. Bien entendu, sa mise en place va prendre beaucoup plus de temps que dans le cas de figure initialement retenu. Car la dernière mauvaise surprise viendra de ce que tous vont tenir pour argent comptant l'opinion exprimée par la Cour de la CEDEAO. A partir du moment où elle rend son arrêt, le débat s'organise autour de celui-ci, c'est le juge qui fixe les termes de la discussion et l'on semble inexorablement s'orienter vers l'invite faite dans l'arrêt. L'UA elle-même succombe à cette tendance et en janvier 2011, au cours de la seizième session ordinaire de la conférence des chefs d'État et de gouvernement, il est demandé à la Commission de l'UA d'entreprendre les démarches auprès des autorités sénégalaises pour la mise en place de la « nouvelle » juridiction. La décision de l'organe judiciaire de la CEDEAO est le dernier acte d'une pièce qui a accumulé les malentendus et les approximations. Comme dans certaines pièces de théâtre effectivement, tout a concouru à compliquer les choses, à ajouter au brouillard.

Au vu de l'ensemble de ces circonstances, doit-on toujours continuer à faire du procès Habré un exemple à suivre ? N'est-il pas permis de douter de l'exemplarité du processus qui a conduit à la mise en place des CAE, si vite présentées comme l'illustration presque parfaite d'une justice endogène tant souhaitée ? Une histoire si chahutée, si ballotée, un discours si pluriel et parfois cacophonique, peut-il être inscrit à l'actif d'un dessein politique délibéré et articulé de lutte contre l'impunité ? N'est-ce-pas « enjoliver » quelque peu les choses que de voir derrière leurs évidentes scories une rationalité persistante, une certaine ductilité ?

Il existe au moins deux éléments de fond qui devraient tempérer l'enthousiasme de ceux qui voient dans le précédent des CAE un premier pas vers une justice pénale « africaine ». D'abord la source même de l'obligation qui a conduit à ces CAE est une convention multilatérale, à vocation universelle, conclue dans le cadre de l'ONU ; ce n'est pas un projet africain délibéré de justice pénale. Ensuite, la mise en place des CAE ne résulte pas, non plus, d'une décision politique concertée s'inscrivant dans un projet d'émancipation d'une justice internationale perçue comme inique ou « impérialiste » ; elle résulte plutôt d'une indication malencontreusement formulée par un juge international dont la saisine ne portait nullement sur les modalités par lesquelles M. Habré devait être jugé. Les CAE ne sont ni la consécration d'une justice endogène enfin émancipée ni même l'administration de la preuve de l'aptitude d'*un État* du continent à judiciairement prendre en charge des exigences mondialistes à travers l'assomption d'une compétence universelle, une telle compétence étant par définition assurée par des organes nationaux. Le constat peut sembler sévère, même s'il n'enlève en rien l'apport essentiel des CAE, qui est d'avoir prouvé qu'une procédure judiciaire internationale peut être menée jusqu'à son terme en Afrique et que l'exemple peut être répété et amélioré. Il n'en demeure pas moins que cette procédure a également révélé des carences, observables à un autre point de vue : celui de la préparation même du procès.

### B. La préparation du procès

En dehors du processus intellectuel qui a conduit au procès Habré, il existe au moins deux points sur lesquels des regrets peuvent être exprimés au terme de cette expérience. Il s'agit de l'obligation de coopérer qui incombait aux États et du financement du procès.

L'obligation de coopérer est au cœur du système répressif mondial, au cœur de tout mécanisme international de répression de crimes. La justice dont il est question reste en effet, il ne faut pas l'oublier, une justice internationale d'abord. Les limites qui touchent celle-ci l'affectent bien évidemment. Dépourvue d'appareil exécutif pour réaliser ses décisions – c'est-à-dire de les faire passer dans la réalité -, le juge pénal international a nécessairement besoin de l'appui logistique, matériel, des États. La coopération judiciaire internationale est consubstantielle à la justice pénale. Au demeurant, l'obligation de coopérer va en quelque sorte de soi, elle repose sur des bases très générales ainsi qu'une juridiction comme la CIJ l'a rappelé à plusieurs reprises[131]. Plus spécifiquement, l'obligation de coopération pesant sur tous les États susceptibles d'être concernés par l'affaire Habré est stipulée aussi bien dans le Statut des CAE que dans l'accord de coopération judiciaire conclu entre le Sénégal et le Tchad, accord préparé par l'UA. Or, les autorités tchadiennes elles-mêmes n'auraient pas, semble-t-il, fait preuve d'un réel empressement à juger ou transférer certaines personnes dont la remise était demandée dans le cadre du procès Habré à Dakar.

---

131 V. par exemple les affaires « Détroit de Corfou » (1949), « Barcelona Traction » (1970), « Licéité de la menace ou de l'emploi de l'arme nucléaire » (1996), « Activités militaires en RDC » (2006) et bien entendu « Questions concernant l'obligation de poursuivre ou d'extrader » (aff. « Habré », 2012).

Trois faits, éminemment préoccupants, peuvent être rapportés à cet égard. Il y a d'abord eu l'indifférence opposée à la demande du Procureur général des Chambres, de transférer au Sénégal au moins deux anciens dignitaires du régime de M. Habré. Plus qu'une indifférence, il faut même question de refus, le Tchad estimant que les deux personnes en question avaient été jugées par une juridiction nationale tchadienne pour des faits similaires. Le deuxième fait est l'extrême lenteur avec laquelle le Tchad a jugé des personnes réputées responsables des crimes poursuivis. Alors qu'une commission d'enquête nationale tchadienne avait recommandé depuis 1992 (soit deux ans à peine après le départ du pays de l'ancien chef d'État) que des poursuites soient engagées contre des personnes identifiées comme responsables de crimes, c'est seulement en 2015 – soit vingt - trois ans après ! – que s'ouvre dans la capitale le procès connu sous le nom de celui des « agents de la DDS », le verdict étant précisément rendu le 25 mars. Une telle lenteur est au pire suspecte, au mieux oublieuse de l'impératif d'exemplarité des procès pour crimes internationaux. Enfin, ayant vu sa requête en constitution de partie civile rejetée (février 2014), le gouvernement tchadien va en quelque sorte se désintéresser ouvertement du procès Habré et déclarer expressément qu'il refuse que la juridiction internationale constituée puisse se rendre dans le pays pour interroger les suspects[132].

Pour toutes ces raisons, la collaboration entre les deux États qui étaient les protagonistes de la procédure ayant conduit au jugement de M. Habré ne saurait être présentée comme exemplaire. Dans une configuration relativement simple, ne mettant en cause que deux systèmes judiciaires, des manquements préoccupants ont été relevés, et l'on se demande ce

---

132 Sur tous ces aspects, v. Brody R, *L'affaire Habré. Le combat des victimes pour traduire leur dictateur en justice*, ECCHR, Brot für die Welt, 2017, pp.15 et s.

que cela aurait pu être si deux, trois ou quatre gouvernements étaient concernés par l'obligation de coopérer.

Le financement du procès fut en outre laborieux. Pendant de longues années, un État comme le Sénégal, qui avait vocation à juger l'affaire avec ses propres moyens judiciaires, a justifié son inertie par le coût extraordinaire d'un tel procès, alors pourtant, il faut le préciser au passage, qu'il n'existe pas en droit une « exception d'impécuniosité » qui absoudrait l'État en justifiant ses manquements par la faiblesse de ses moyens financiers. Mais surtout, alors même que la formule d'une juridiction « internationalisée » avait été choisie, le procès n'aura de cesse d'être compromis ou retardé parce que les bailleurs de fonds judiciaires tardaient à se manifester. Par moments, l'affaire a pris des allures de « calculs d'épiciers », et le budget du procès, jugé insuffisant, n'a été que péniblement bouclé[133]. En tout état de cause, la structure du financement du procès a mis en évidence deux éléments qui donnent à réfléchir. D'une part, le « principal donateur », le Tchad, est un État « particulièrement intéressé » dans l'affaire, circonstance qui ne contribue pas à donner au procès le halo d'impartialité qui lui est nécessaire. D'autre part, les seconds donateurs ont été des États européens ; l'UA elle-même n'ayant financé les CAE que pour moins d'un huitième du budget[134].

Ces données statistiques ne sont pas anecdotiques, loin s'en faut. Elles sont au cœur de notre problématique dans la mesure où elles tendraient à accréditer la thèse évoquée ici : que la revendication d'une justice pénale endogène serait davantage prise au sérieux si elle s'accompagnait d'une allocation adéquate de moyens, et qu'on ne peut contester la « justice des autres » quand on n'assume pas toutes les implications d'une justice à soi

---

[133] Ibid., pp.14 et s.

[134] Ibid.

ou pour soi. Le fait est que dans leur contestation du système pénal universel, les États africains n'ont pas été « conséquents ».

Le système mondial a été ardemment mis en cause, stigmatisé, notamment dans le cadre de l'organisation panafricaine, mais il n'y a pas eu de signes décisifs d'une volonté de construire une justice alternative. Dans ces conditions, la protestation a pu confiner à l'incantation. Pour contestable que soit la justice pénale internationale, elle a au moins la vertu de combler un vide, de suppléer une carence dans ce contexte - là. Cette réalité affaiblit d'autant les critiques africaines. Ce sentiment relativiste se renforce si l'on se penche sur l'autre cas majeur de mise en place d'une juridiction ad-hoc africaine, qui est relatif au Sud-Soudan. Les États africains ont peiné, ici aussi, à jouer leur partition.

## §2. Le Tribunal hybride du Sud -Soudan : en attendant Godot ?

La désillusion est ici plus cruelle. Comme dans la pièce de Samuel Beckett[135], cette juridiction ad-hoc souhaitée dans le cadre de l'UA (A) peine à advenir et sa mise en place semble renvoyée aux calendes grecques, au point qu'à l'heure actuelle, de sérieux doutes sont émis sur sa concrétisation (B).

### A. La genèse du projet

Les atrocités de la guerre civile au Sud Soudan, peu de temps après la constitution de cet État, ont conduit l'UA à y dépêcher une commission d'enquête. Un communiqué de la Commission de l'organisation panafricaine daté du 30 décembre 2013 indique

135 *En attendant Godot* est une pièce de théâtre écrite par Samuel Beckett en 1954. Il y est question de Godot, un homme que les deux personnages principaux attendent…mais qui n'arrivera jamais.

de façon relativement circonstanciée les missions assignées à cet organe[136].

Un premier sujet d'inquiétude a été l'attitude de la Conférence des chefs d'État et de gouvernement de l'UA, qui a décidé dans un premier temps de ne pas rendre public le rapport établi par la commission d'enquête. La raison avancée était classique : il fallait éviter de saper les efforts déployés dans le cadre des négociations de paix sur le Soudan Sud. A vrai dire, cet argument-là revient souvent dans la défiance africaine à l'égard de la justice internationale, et il est au cœur de la critique précédemment évoquée de l'escamotage, par la CPI, des tentatives de règlement ponctuel des litiges.

Le conflit entre les exigences de la justice et les impératifs de la paix est au cœur de la justice pénale internationale : faut-il absolument juger des hommes et des faits, quand ce jugement peut nuire à la tranquillité sociale ? Peut-on troquer la paix des sociétés contre l'impunité des coupables ? Ces questionnements sont légitimes, mais il faut admettre qu'ils sont susceptibles d'être brandis par des personnes plus préoccupées de l'impunité des coupables que de l'exercice de la justice. La décision éminemment politique de ne pas publier le rapport de la commission d'enquête a été très critiquée ; elle a été perçue, non sans raison, comme un « précédent dangereux pour l'indépendance des commissions internationales d'enquête de l'UA, la lutte contre l'impunité en Afrique et la crédibilité de la justice pénale régionale émergente »[137]. Il a fallu attendre le mois d'octobre 2015, soit une année après son dépôt devant les instances de l'organisation, pour

---

[136] V. *Final Report of the AU Commission of Inquiry on South Sudan: Executive Summary,* Addis Abeba, 15 octobre 2014. Cité par Mubiala M., "L'Afrique et les commissions d'enquête sur les violations des droits de l'homme, du droit humanitaire et du droit international penal", *in* Maia C. et autres (dir), op cit, p.175.

[137] Mubiala M., op cit., p. 176.

que la Conférence des chefs d'État et de gouvernement consente à la publication de ce rapport. Il y était notamment recommandé la création d'une « Cour hybride » chargée de poursuivre les responsables des atrocités relevées[138]. Or, les suites que les États membres de l'UA ont réservées à ce projet juridictionnel ont confirmé leur manque de volonté politique.

### B. L'impasse actuelle

Au mois de septembre 2015, le CPS de l'UA autorisait la présidente de la Commission à prendre toutes mesures nécessaires pour la mise en place de la juridiction hybride projetée. Très vite cependant, il est apparu que les États africains ne se pressaient pas pour concrétiser leur plan. En dépit de la disponibilité d'un certain nombre d'ONG à assister les organes de l'UA dans la mise en place de cette Cour[139], en dépit de la réitération du dessein dans une enceinte onusienne aussi solennelle que l'Assemblée générale, le projet est resté dans les limbes. Au point que, cédant à une forme d'agacement et rompant avec les convenances diplomatiques, Kenneth Scott, un fonctionnaire de l'ONU, déclarait qu'« il n y a aucune raison de penser qu'une Cour hybride d'envergure sera créée bientôt par l'Union africaine ». « Des hauts-responsables », affirmait-il encore, « nous ont dit que cela n'arrivera jamais ». Le même ajoutait que « l'UA et le Sud Soudan ont refusé de transmettre à la Commission de l'ONU le projet de cette future Cour »[140].

La tiédeur avec laquelle l'organisation panafricaine a récemment rouvert le dossier ne laisse nullement augurer d'une

[138] Ibid.

[139] En novembre 2016, des ONG sud soudanaises et internationales ont publié une lettre adressée à la présidente de la Commision de l'UA, Mme Dlamini-Zuma, aux fins de lui « faire part de (leurs) idées pour faire avancer le Tribunal hybride pour le Soudan du Sud ». Il était notamment suggéré d'élaborer immédiatement un projet de Statut de la Cour et de mettre sur pied « un mécanisme de conservation des preuves… ».

[140] www.afriquinfos.com 2017/03/15 creation-dun-tribunal-special-au-soudandusud-lonu-accuse-lunion-afric-du-retard-du-projet, mars 2017.

réalisation prochaine de cette Cour. A la réunion du CPS du 10 octobre 2018 consacrée au Sud Soudan, le projet de juridiction fait l'objet d'une évocation timide et subreptice, le quatorzième point de la résolution adoptée énonçant que « le Conseil demande instamment à la Commission de l'UA et au gouvernement d'unité nationale du Sud Soudan de transition de finaliser le Mémorandum d'accord en vue de la mise en place de la Cour hybride du Sud soudan chargée de garantir la reddition des comptes ». Dans de telles conditions, comment ne pas prendre au sérieux les informations du *New York Times* suggérant l'abandon pur et simple du projet de Tribunal ? [141] Ou les inquiétudes exprimées par le Haut- Commissaire des Nations Unies aux droits de l'homme sur la probabilité d'une amnistie à tous les coupables de violations graves des droits de l'homme, amnistie promise, semble - t-il, au plus haut niveau de l'État sud soudanais [142]? Ou encore les alertes lancées par des organisations de droits de l'homme stigmatisant l'indolence de l'UA[143] ?

L'enlisement du projet juridictionnel au Sud Soudan est un élément qu'il faut inscrire au passif des États africains dans leur opposition à la justice pénale internationale. Leur faible engagement pourrait justifier à contrario les interventions de la CPI sur le continent, une justice défaillante valant mieux que l'absence de justice. La difficile émergence d'une justice pénale locale constitue donc un facteur de tension dans le face-à-face entre les États africains et la CPI en particulier. Il n'y a pas qu'au sujet de ce projet de juridiction ad-hoc que ce manque de volonté politique se manifeste. La tiédeur de l'UA et de ses membres est également palpable dans l'élaboration de la juridiction

---

[141] *New York Times* du 8 juin 2016.

[142] Rapport conjoint Amnesty international- FIDH, *Soudan du Sud. En quête de justice. Recommandations concernant la création d'un tribunal hybride*, 2016, p.9.

[143] Rapport conjoint…, précité, p. 23.

permanente qu'est la Cour africaine de justice et des droits de l'homme.

## Section 2

## La perspective très incertaine d'une juridiction permanente : les vicissitudes de la Cour africaine de justice, des droits de l'homme et des peuples

La perplexité est également de mise lorsqu'on se penche sur le projet africain de juridiction permanente. Ce projet a traversé un certain nombre de vicissitudes[144], mais l'on sait, depuis l'adoption du Protocole de Maputo de 2014, qu'il est question de doter la Cour de justice africaine de compétences en matière pénale. Il s'agit pour les États africains de concrétiser par ce biais leur dissidence à l'égard de la justice pénale internationale autant que leur désir de fonder une justice alternative. Or, dans la perspective du débat entre l'Afrique et la justice pénale internationale, le projet que voilà pose deux séries de problèmes. S'insérant dans un existant, tributaire d'une antériorité, il doit d'abord se faire une place, définir son articulation avec d'autres ordres répressifs (§1). Plus substantiellement, il faut s'interroger sur son efficacité probable, sa visée ultime, c'est-à-dire évaluer sa capacité à sanctionner efficacement les crimes internationaux (§2).

---

[144] A l'origine, il n'était question que d'une Cour africaine des droits de l'homme et des peuples, effectivement mise sur pied par le Protocole de Ouagadougou du 10 juin 1998, Protocole à la Charte africaine des droits de l'homme et des peuples » de 1981. Il s'agissait alors de « parfaire » le système de contrôle de l'application de cette Charte, en adjoignant un organe juridictionnel – la Cour – à l'organe semi-juridictionnel qui existait jusque-là – et qui continue d'exister -, la Commission africaine des droits de l'homme et des peuples. La mise en place de la Cour ayant coïncidé avec celle de l'UA qui était elle-même dotée d'une « Cour de justice », il a été décidé de fusionner les deux Cours en une seule, dénommée Cour africaine de justice et des droits de l'homme et des peuples (Protocole de Charm-El-Cheik de juillet 2008). Puis en 2014, dans un contexte de mésentente notoire avec la CPI, les États africains ont décidé de doter cette juridiction d'attributions en matière pénale, (Protocole de Malabo de juin 2014).

## §1. Questions de procédure : le problème de l'articulation avec d'autres ordres répressifs

Une Cour régionale dotée de compétences au plan pénal pose le problème de sa coexistence avec des instances de justice pénale créées avant elle. Articulation externe d'abord, qui renvoie à la CPI, l'autre juridiction pénale internationale permanente (A) ; articulation interne ensuite, parce qu'au sein de l'UA elle-même, existe au moins un autre projet de justice continentale dont la coexistence avec la Cour africaine est loin d'aller de soi (B).

### A. L'articulation « externe » : la coexistence avec la CPI

La question est de savoir comment la future Cour de justice africaine, dotée de compétences pénales, pourra coexister avec la CPI. Le débat se pose parce que jamais dans leurs prises de positions, les États africains n'ont expressément déclaré que l'avènement de cette juridiction régionale signera la fin de leur appartenance au Statut de Rome. Il existe donc une problématique de l'articulation de ces deux ordres de répression, et la réponse à une telle interrogation doit être cherchée dans les dispositions conventionnelles pertinentes (Statut de Rome et Protocole relatif à la Cour africaine).

Si l'on se tourne du côté du traité constitutif de la CPI, il est a priori difficile de trouver un solide point d'ancrage de ce couplage. Il en est ainsi parce que la seule articulation que connaisse le Statut de Rome est celle du niveau des États parties (niveau étatique). En d'autres termes, *dans le déploiement de sa mission répressive*, une fois que sa fonction juridictionnelle est mise en branle, la CPI ne peut collaborer qu'avec des États, et non des organisations ou des juridictions internationales proprement dites.

L'horizon étatique reste la perspective de la Cour et elle-même inscrit son déploiement dans ce cadre-là : c'est ainsi qu'il faut comprendre le principe de complémentarité, affirmé de façon préliminaire et principielle (Préambule et article 1er)[145], et dont les destinataires sont les États, à l'exclusion de tout autre sujet de droit international. Dans la perspective de la collaboration avec la CPI, l'évocation des organisations internationales ne doit pas faire illusion. Celle-ci existe notamment au sujet des pouvoirs du Procureur en matière d'enquêtes (article 54)[146] et dans le domaine des demandes de coopération (article 87)[147]. Mais il est sans doute hasardeux, à notre sens, de fonder sur ces références aux organisations internationales une quelconque possibilité d'une prise en compte par la CPI de l'intervention, actuelle ou potentielle, d'une autre juridiction internationale (sachant que cette juridiction peut être l'organe judiciaire d'une organisation internationale). Au contraire, l'esprit des dispositions que voilà est de mettre en évidence le pilotage de la procédure par la CPI. Il faut donc bien comprendre le sens de la collaboration entrevue ici : elle est tout sauf une articulation proprement dite d'ordres judiciaires ayant des prétentions égales ou comparables ; il n'est question que de « coopération » entre les organisations internationales (la CPI

---

[145] Préambule du Statut de Rome : « Affirmant que les crimes les plus graves qui touchent l'ensemble de la communauté internationale ne sauraient rester impunis et que leur répression doit être effectivement assurée par des mesures prises dans le cadre national ; rappelant qu'il est du devoir de chaque Etat de soumettre à sa juridiction criminelle les responsables de crimes internationaux… » ; article 1er : la CPI « est complémentaire des juridictions pénales nationales ».

[146] Article 54 : « Devoirs et pouvoirs du Procureur en matière d'enquêtes

(…)

3. Le Procureur peut (…)
    c) rechercher la coopération de tout Etat ou organisation intergouvernementale ou accord intergouvernemental conformément à leurs compétences ou à leurs mandats respectifs :
    d) conclure tous arrangements ou accords qui ne sont pas contraires aux dispositions du présent Statut et qui peuvent être nécessaires pour faciliter la coopération d'un Etat, d'une organisation intergouvernementale ou d'une personne »

[147] Article 87 : « (…)

6. La Cour peut demander des renseignements ou des documents à toute organisation intergouvernementale. Elle peut également solliciter d'autres formes de coopération et d'assistance dont elle est convenue avec une organisation intergouvernementale et qui sont conformes aux compétences ou au mandat de celle-ci ». Il convient d'ajouter à ces dispositions celles de l'article 15§2 qui porte sur les entités auprès de qui le Procureur de la CPI peut recueillir des informations pour ouvrir une enquête.

en est formellement une), dans la mesure où celles-ci peuvent apporter aide et assistance à la Cour. Ces organisations internationales ne sont jamais perçues comme de possibles niveaux de compétence pénale autonomes, c'est-à-dire des « concurrents » ou des homologues de la CPI. Il ne saurait donc être question d'esquisser, sur la base des énonciations entrevues, une quelconque articulation de compétences avec la CPI. Une telle articulation n'existe, répétons-le, que vis-à-vis des États.

Est-ce à conclure que toutes les possibilités d'une collaboration de la CPI avec la future Cour africaine sont irrémédiablement exclues, définitivement forcloses ? La réponse est négative car une chose reste sujette à conjecture, demeure toujours possible : que la CPI, renonçant en quelque sorte à une interprétation expansionniste de son imperium sur les procédures, s'accommode pour ainsi dire d'une justice pénale régionale au point d'institutionnaliser une coopération avec elle. Les textes que nous entrevus ne donnent pas positivement les bases d'un tel rapprochement, mais ils ne l'interdisent pas non plus.

En tout état de cause et en l'état actuel des textes, la mise en place de telles passerelles entre les deux ordres répressifs ne pourrait résulter que de la pratique ou, au mieux, d'« arrangements inter- institutionnels » entre la CPI et l'UA ou la Cour africaine de justice dans sa nouvelle physionomie. Il faut évoquer une dernière potentialité de coexistence pacifiée. Elle se trouve cette fois dans les textes régissant la Cour africaine, notamment dans l'article 46-L du Protocole de Malabo[148]. Il y est question de la possibilité, pour cette juridiction, de « chercher à coopérer ou à se faire aider par les États non parties, les Cours internationales ou régionales et les partenaires de coopération de l'UA et peut conclure des accords à cet effet ». Mais à vrai dire, il n'est pas certain que cette disposition ait vocation à servir à

---

[148] V. également Mabanga Gh., op.cit., p.107.

l'articulation des systèmes répressifs. Au demeurant, la seule règle qui semble spécifiquement dédiée à ce problème est l'article 46-H-1, qui parle expressément de « complémentarité ». Mais justement, il n'entrevoit cette articulation *stricto sensu* qu'entre les « communautés économiques régionales » et les États, autrement dit sans la CPI.

L'insertion harmonieuse de la future Cour africaine dans l'ordre répressif mondial ne va donc pas de soi. Le régionalisme pénal pourrait bien avoir quelque mal à coexister avec l'universalisme pénal. Les effets du séparatisme africain pourraient bien aller au-delà de la simple mise en place d'une juridiction régionale, et prendre la forme, assurément malheureuse, d'une ignorance mutuelle des systèmes de répression, voire de leur rivalité ouverte. La difficulté à aisément trouver les bases théoriques ou textuelles d'une articulation des ordres répressifs constitue un défi pour l'UA et ses membres. Ils ont nécessairement le devoir de clarifier leur rapport à un système préexistant à leur projet dissident et auquel sont par ailleurs parties les États. L'enjeu de la clarification n'est pas mince. A la veille du sommet de l'organisation panafricaine consacré à l'adoption du projet d'intégration des compétences pénales de la Cour (juillet 2012), l'attention des États avait été solennellement appelée sur le flou qui entoure encore le rapport avec la CPI, et l'ajournement de l'adoption du texte explicitement proposé[149]. Les problèmes que soulève le séparatisme des États membres de l'UA ne s'arrêtent pas là. En effet, il existe au moins un deuxième projet de justice alternative africaine, différent donc de celui de la Cour africaine, et dont la compatibilité avec cette dernière mérite certainement d'être soulevée. Autrement dit, la problématique de l'articulation ne se pose pas qu'avec la CPI, elle existe aussi au

---

[149] Human Rights Watch, *Lettre conjointe à l'attention des ministres de la justice, ou procureurs généraux des États parties africaines à la Cour pénale internationale au sujet de la proposition d'extension de la compétence de la Cour africaine de justice et des droits de l'homme (3 mai 2012)*, www.hrw.org/fr/news/2012/05/lettre-conjointe-lattention-des-ministres-de-la-justice-ou-procureurs-generaux-).

plan purement interne et finit par renvoyer à la cohérence même des comportements étatiques.

### B. L'articulation « interne » : la coexistence avec un autre projet de justice continentale

Cette entreprise-ci résulte des travaux du Panel de haut niveau sur le Darfour, créé en 2009 pour enquêter sur les violations des droits de l'homme au Darfour et proposer des solutions pour identifier et sanctionner les responsables de ces atrocités[150]. Or, le rapport rendu par ce Panel a clairement proposé, au-delà du cas particulier du Darfour, que soit institué au niveau continental un modèle de justice transitionnelle ayant vocation à s'appliquer au règlement des différends post-conflictuels. Les termes utilisés ne font pas de doute à cet égard : « The AUPD (African Union High-Level Panel on Darfour), whilst responding specifically to the situation in Darfour, made generic recommendations on integrated justice and reconciliation responses for Africa as a whole ..."[151]. De fait, les conclusions retenues ont constitué un Document africain sur la justice transitionnelle, ledit Document touchant aussi des questions de « compétence pénale régionale ».

Or, une telle orientation suscite, du point de vue du projet de Cour africaine de justice, au moins deux interrogations. L'une est la compatibilité de principe de deux « justices » aux esprits et aux visées différents : une, judiciaire, préoccupée de sanctionner des personnes responsables de crimes et une, « transitionnelle », plus inquiète de paix communautaire et de restauration du lien social que de rétribution pénale. Mais surtout, d'un point de vue plus technique et pratique, la superposition des juridictions et l'enchevêtrement des ordres répressifs n'ont pas fait l'objet d'un traitement ferme et clair. Se penchant sur l'inévitable problème de la complémentarité par exemple, le document africain s'en tient à

---

[150] V. Mubiala M., op. cit., pp.172 et s.

[151] Ibid.

des considérations plutôt générales, insusceptibles, sans doute, de fournir des directives opérationnelles aux acteurs judiciaires. La seule disposition pertinente indique: « The principle of complementarity implies that in line with this, national states have the primary responsability to investigate, prosecute and bring to judgement perpetrators of serious crimes, such as genocide, crimes against humanity and war crimes. The principle of complementarity envisages a system in which continental, regional and national jurisdictions take the lead in the investigations and prosecutions of international crimes"[152]. On admettra qu'il s'agit là de déclarations de principe – au sens propre – plutôt que d'outils pour le maniement du principe de la complémentarité. Ce débat-là semble avoir été escamoté.

Force est bien d'admettre, à la fin, que le problème de l'interférence des espaces répressifs n'est pas traité par les États africains dans leur volonté d'élaboration d'une justice alternative. Ni vis-à-vis de la CPI ni vis-à-vis d'autres entreprises judiciaires proprement africaines cette articulation n'est déterminée, clarifiée, spécifiée. A ces questions que l'on pourrait qualifier de procédurales, viennent s'ajouter des doutes sur l'efficacité même du système de la Cour africaine, sur les options de politique criminelle qui ont été faites. Bien entendu, ces sujets d'interrogation supplémentaires ajoutent au scepticisme quant à la volonté réelle des États africains de punir les responsables des crimes de masse, qui sont souvent des hommes politiques. Ils alourdissent le dossier du contentieux avec le système de justice universelle, exacerbent le différend avec la CPI, dans la mesure où la perplexité est de nature à justifier l'interventionnisme de la Cour mondiale. Puisqu'il faut bien que quelqu'un fasse le travail et que l'on n'est pas sûr que les principaux concernés feront diligence, on se gardera de regretter les initiatives décidées de La

---

[152] UA, « African Union Transitional Justice Framework (ATJF), Addis-Ababa, 2016, p.19, cité par Mubiala M., op cit, p.174.

Haye, au moins prouvent-elles qu'il y a une justice. Mécaniquement, les carences africaines sont inscrites au crédit de la CPI. Pour cette raison-là, redisons-le, la difficile émergence d'une justice pénale endogène participe à l'aggravation du différend entre la CPI et l'UA, au creusement du dissentiment entre les deux organisations internationales. Un dernier sujet de préoccupation doit donc être abordé, il concerne l'efficacité de la Cour africaine dans sa fonction répressive.

## §2. Questions de fond : la problématique de l'efficacité de la répression

Le projet de Cour pénale africaine oscille entre deux travers opposés, entre la tentation du trop-plein caractérisé par une pénalisation outrancière et le spectre du vide, celui de la réduction de la répression à la portion congrue. Dans un cas, l'expansionnisme pénal conduit à une sorte de débauche répressive qui se traduit par la multiplication des agissements punissables (A) ; dans l'autre, la réitération du principe d'immunité rétrécit le champ de la pénalité et finit par énerver la répression (B).

### A. La hantise du trop-plein : un trop large spectre d'infractions

Telles qu'elles résultent du Protocole de Malabo de 2014, les attributions pénales de la Cour africaine se caractérisent par l'importance de leur étendue. En comparaison à la CPI, qui ne connaît que de quatre crimes, la juridiction africaine est compétente pour au moins quatorze infractions, qui vont des incriminations en cours devant la CPI à celles de piraterie, faux-monnayage, piraterie, terrorisme en passant par le mercenariat et le trafic de stupéfiants[153].

Une telle inflation de faits punissables pose évidemment la question de l'articulation avec le système pénal universel, qui ne connaît que quatre des quatorze crimes évoqués dans le projet de l'UA. Elle renvoie surtout à la capacité même des États africains à poursuivre et sanctionner les faits en cause. La mutation pénale de la juridiction continentale ne peut en effet manquer de susciter quelques interrogations, dont la première est la possibilité même qu'une juridiction préposée à la sauvegarde des droits de l'homme se dote du jour au lendemain de compétences pénales. Cette extension des attributions de la Cour n'est pas anodine, elle implique une certaine dénaturation de la juridiction dont il n'est pas évident qu'on ait mesuré l'importance et les défis. Participant de façon évidente de la stratégie de riposte à la CPI, le projet de justice pénale endogène porté par le Protocole de Malabo de 2014 ne paraît pas avoir pris conscience qu'il introduit un certain brouillard dans la vocation de la juridiction.

Une juridiction chargée de veiller au respect des droits de l'homme ne perçoit pas nécessairement sa mission et sa vocation dans les mêmes termes qu'une Cour pénale chargée de sanctionner des comportements criminels individuels. En superposant les compétences, en les additionnant simplement, le projet de Cour africaine semble procéder d'une espèce de vision comptable de la fonction juridictionnelle, se traduisant par une logique de l'accumulation : accumulation des compétences, amoncellement des structures. Telle qu'elle ressort de la modification de 2014, la Cour africaine est transfigurée, au sens

---

153 Aux termes de l'article 28 A du Statut de la Cour (annexé au Protocole), la Section du droit international pénal de la Cour a compétence pour juger les crimes suivants : génocide, crimes contre l'humanité, crimes de guerre, crime relatif au changement anticonstitutionnel de gouvernement, piraterie, terrorisme, mercenariat, corruption, blanchiment d'argent, traite des personnes, trafic illicite de stupéfiants, trafic illicite de déchets dangereux, exploitation illicite de ressources naturelles, crime d'agression.

littéral du terme, puisqu'elle est désormais dotée d'un « Bureau du Procureur », un « Bureau de la défense », une « unité des victimes et des témoins », une « unité de gestion des détentions », ces deux dernières s'insérant dans un greffe qui semble n'avoir aucun lien avec le greffe de la Cour statuant en matière de droits de l'homme. Le moins que l'on puisse dire est que le Protocole de Malabo a été générateur de bureaucratie.

Les interrogations ne s'arrêtent pas là. Une Cour dotée d'attributions si nombreuses, chargée de poursuivre quatorze infractions, devrait bien entendu être dotée de moyens adéquats. L'on a vu à quel point le problème du financement a obéré le fonctionnement des CAE dans l'affaire Hissène Habré ; il se pourrait bien que cette difficulté se renouvelle dans le cadre d'une juridiction chargée d'enquêter sur un large spectre d'infractions et dont la dotation financière actuelle reste notoirement insuffisante[154]. Selon le rapport de la Commission de l'UA sur les implications financières et structurelles d'un élargissement des compétences de la Cour africaine de justice et des droits de l'homme et des peuples aux crimes internationaux, un budget de près de 4.442.530 dollars au minimum devait être prévu pour la seule section de droit pénal de la Cour[155]. En comparaison, la Cour pénale internationale bénéficie en 2017 un budget de près de 144.587.300 euros. Mais il faut avoir à l'esprit que la CPI ne traite que de trois crimes principaux à l'heure actuelle, alors que la future Cour africaine aura compétence, on l'a vu, sur une quinzaine d'infractions. Il semble également, à l'analyse, que « le

---

[154] Mabanga Gh., op. cit., p.101.

[155] *Rapport de la Commission de l'UA sur les implications financières et structurelles d'un élargissement des compétences de la Cour africaine de justice et des droits de l'homme et des peuples aux crimes internationaux,* EX.CL/773(XXII).

coût d'une action contre un crime international pourrait bien dépasser l'ensemble du budget annuel de la Cour africaine »[156].

### B. La hantise du vide : l'importance excessive du principe d'immunité

Au trop-plein des incriminations pénales, fait écho, de façon quelque peu contradictoire, le resserrement des possibilités de poursuite par le jeu du principe d'immunité. L'institution d'une justice alternative a été conçue comme devant immanquablement faire corps avec l'affirmation de l'idée que les dirigeants politiques d'États souverains ne sauraient faire l'objet de poursuites. Cet attachement au principe d'immunité, qui confine à une sorte de célébration rageuse, de culte forcené, constitue bien le fil d'Ariane de la résistance africaine, le cri de ralliement de l'opposition à la CPI.

En trois lieux, ce corollaire de la souveraineté de l'État a été proclamé. Au sein même de l'UA d'abord. Les enquêtes contre les présidents El Béchir et Khadafi ont déclenché un tir de barrage régulièrement repris. L'immunité est revenue de façon récurrente dans les résolutions adoptées au sein de l'organisation panafricaine et en 2013 encore, il est rappelé qu' « aucune poursuite ne doit être engagée devant un tribunal international contre un chef d'État ou de gouvernement en exercice ou toute autre personne agissant ou habilitée à agir en cette qualité durant son mandat »[157]. Puis c'est devant la CIJ que le combat pour l'immunité a été mené. On a déjà vu dans quelles conditions des États africains dont des représentants ont fait l'objet d'enquêtes, dans le cadre de l'exercice de la compétence universelle notamment, ont transporté leur procès à La Haye, tournant celui-

[156] ABASS A., « Prosecuting international Crimes in Africa : Rationals, Prospects and Challenges" ("Poursuivre les crimes internationaux en Afrique: raisonnement, perspectives et défis à relever"), *The European Journal of International Law*, 2013, p.944.

[157] UA, EXT/Assembly/AU/Dec.1.du 12 octobre 2013. V. aussi EXT/Assembly/AU/Dec.1 (octobre 2013) ; EX.CL/606 (XVII), 27 juillet 2010 ; Doc Assembly/AU/11 (XIII)…

ci en un face-à-face entre États et restaurant ainsi le privilège de la souveraineté, le match – retour qui a ainsi lieu tendant précisément à réhabiliter le principe d'immunité qui accompagne la souveraineté étatique. Enfin, les États africains ont invoqué ce même principe devant la CPI, lorsqu'il leur a été reproché d'avoir manqué à leurs obligations en s'abstenant d'arrêter notamment le président en exercice du Soudan, reçu dans le cadre de visites officielles. La défense des gouvernements attraits devant la Cour a précisément consisté à exciper de l'immunité des dirigeants en exercice et à se justifier en vertu de l'article 98 du Statut de Rome, lequel établit une sorte de réserve à l'obligation des États de coopérer, dès lors qu'une telle coopération aurait pour effet de placer l'État dans une situation « incompatible avec les obligations qui lui incombent (…) en matière d'immunité des États ou d'immunité diplomatique d'une personne ou de biens d'un État tiers (…) »[158].

Dans de telles conditions, il ne faut pas s'étonner que le principe d'immunité soit inscrit au frontispice du projet de justice alternative. En termes simples et fermes, il est posé dans le Statut de la future Cour africaine qu' « aucune procédure pénale n'est engagée ni poursuivie contre un chef d'État ou de gouvernement de l'UA en fonction, ou toute personne agissant ou habilitée à agir en cette qualité ou tout autre haut responsable public en raison de ses fonctions »[159].

Tout le problème vient pourtant de là. La question est de savoir si la célébration de l'immunité, évidemment compréhensible lorsqu'il s'agit de contester une juridiction perçue comme

[158] La CPI s'est maintes fois penchée sur le comportement d'États africains refusant de procéder à l'arrestation du président Béchir notamment : le Malawi (arrêt du 13 décembre 2011), Djibouti (arrêt du 11 juillet 2016), Tchad (arrêt du 13 décembre 2011), la RD Congo (arrêt du 9 avril 2014), l'Afrique du Sud (6 juillet 2017). De ces décisions est née une controverse avec l'UA, dont la Commission a répondu aux arguments de la Cour dans un communiqué du 9 janvier 2012, http://www.au.int/fr/content/Press-release-decisions-pre-trial-chamber-i-international-criminal-court-icc-pursuant-article.

[159] Article 46-A du Statut de la Cour.

intrusive, discriminatoire ou injustifiée, se conçoit quand il est question d'un projet de justice souhaité et pensé pour soi. En d'autres termes, la thèse de la restriction juridictionnelle que peut défendre tout justiciable contestant une action en justice, a –t-elle quelque pertinence dans la perspective positive de l'établissement d'une justice ? Le fait est que la réitération forcenée du principe d'immunité dans un cadre purement africain est de nature à éveiller le soupçon d'une volonté collective de faire entrave à une justice pour tous.

Car il faut bien l'admettre : tout projet de justice pénale internationale porte *nécessairement* une logique d'extension de la pénalité et de rétrécissement corrélatif de l'immunité. Ce n'est pas à dire que cette immunité doive forcément disparaître, loin s'en faut. Mais il faut bien comprendre que cette justice-là n'est pas ordinaire, et qu'elle se singularise d'abord par ses justiciables virtuels : hauts responsables, dirigeants politiques, militaires de haut rang, détenteurs d'un pouvoir de commandement. Il s'agit d'une justice de l'Histoire ; elle est donc, par essence et par définition, appelée à connaître de comportements d'hommes investis de pouvoir, elle a forcément une dimension iconoclaste. Vouloir, dès lors, maintenir vaille que vaille le privilège statutaire de ces justiciables, ériger ce privilège en fin de non-recevoir opposable aux investigations susceptibles de les concerner, c'est tuer la justice dans l'œuf, c'est en hypothéquer le rendement.

La transposition de la logique qui a prévalu dans la contestation du système international dans le projet d'établissement d'une justice endogène est de nature à entraver le développement de cette dernière, elle méconnaît la dissemblance des deux entreprises : d'un côté, une contestation, une fermeture, un non- projet ; de l'autre, une élaboration positive, une ouverture, une entreprise tournée vers l'avenir. L'exhumation de l'immunité exerce donc un effet corrosif, dissolvant, sur le projet de justice endogène, elle le dessert clairement, l'immunité n'étant souvent que le paravent de l'impunité.

Au reste, toutes les grandes entreprises pénales se sont évertuées à donner des coups de boutoir à l'impunité des dirigeants politiques. La justice internationale s'est édifiée sur ces érosions – là, elle est faite de poussées modestes, de contestations localisées des privilèges juridictionnels des puissants, son histoire est celle des escarmouches portées au principe d'immunité. Ce travail de sape a bien entendu une longue histoire. Il part des premières juridictions d'après - guerre[160], traverse les conventions onusiennes de protection des droits de l'homme[161] et imprègne les réalisations pénales postérieures aux années quatre - vingt - dix[162]. A la conférence de Rome sanctionnée par la mise sur pied de la CPI, il est également vite apparu que la garantie de l'efficacité de la Cour se trouvait dans le refoulement du principe d'immunité, refoulement précisément opéré par l'article 27 consacrant la « non-pertinence de la qualité officielle » dans les procédures engagées contre les personnes. Les travaux préparatoires révèlent que « compte tenu des précédents des autres tribunaux – Nüremberg, Tokyo, Yougoslavie, Rwanda -, les délégations étaient favorables à l'idée d'exclure du Statut toute possibilité

---

160 Article 7 du Statut du Tribunal de Nüremberg : « La situation officielle des accusés, soit comme chefs d'Etat, soit comme hauts fonctionnaires, ne sera considérée ni comme une excuse absolutoire ni comme un motif de diminution de la peine » ; le Principe III énonce que « le fait que l'auteur d'un acte qui constitue un crime de droit international a agi en qualité de chef d'Etat ou de gouvernant ne dégage pas sa responsabilité en droit international ».

161 Article IV de la convention des Nations Unies pour la prévention et la répression du crime de génocide du 9 décembre 1948 : « Les personnes ayant commis le génocide ou l'un quelconque des autres actes énumérés à l'article III seront punies, qu'elles soient des gouvernants, des fonctionnaires ou des particuliers » ; article 1er de la convention des Nations Unies du 10 décembre 1984, contre la torture et autres peines ou traitements cruels, inhumains ou dégradants : les actes infligés « par un agent de la fonction publique ou toute autre personne agissant à titre officiel ou à son instigation ou avec son consentement exprès ou tacite » seront punis. V. également article III de la convention de 1973 sur l'élimination et la répression du crime d'apartheid.

162 Article 7§2 du Statut du TPIY : « 2. La qualité officielle d'un accusé, soit comme chef d'Etat ou de gouvernement, soit comme haut fonctionnaire, ne l'exonère pas de sa responsabilité pénale et n'est pas un motif de diminution de la peine » ; article 6§2 du Statut du TPIR : « The official position of any accused person, whether as Head of state or governement or as a responsible government official, shall not relieve such person of criminal responsability nor mitigate punishment ».

d'invoquer la qualité officielle de chef d'État ou de gouvernement, cette qualité ne devant pas exonérer un accusé de sa responsabilité pénale »[163].

Dans ces conditions, promouvoir le principe d'immunité comme le fait le projet africain de justice pénale peut susciter des interrogations ou des inquiétudes. Le traitement de la question de l'immunité des hauts responsables est nécessairement au cœur de toute entreprise de justice internationale, le sujet requiert une prise de position claire. Car telle qu'on la comprend aujourd'hui, l'institution pénale internationale repose sur deux paradigmes essentiels : la répression des violations éminentes du droit et la responsabilité pénale des dirigeants politiques. L'évaluation de la valeur de tout système répressif international intègre fatalement ces deux données, les progrès mêmes de cette justice se mesurant aussi à l'équarrissage du principe d'irresponsabilité ou d'immunité des hommes politiques. Le privilège juridictionnel des puissants ne peut passer par pertes et profits, c'est-à-dire être énoncé de façon générale, elliptique, évasive, autant dire absolue. En opérant ce qu'il faut bien appeler un escamotage de la question centrale de l'immunité, le Protocole de Malabo instille le doute, suscite une espèce de scepticisme.

Trois autres considérations conclusives achèvent de semer le trouble.

Il y a d'abord la lenteur à mettre en œuvre ce Protocole. A vrai dire, l'entrée en vigueur de celui-ci ne semble pas être inscrite dans un proche avenir. Ni la Cour unifiée (Protocole de Charm-El-Cheikh de 2008) ni la Cour ayant des attributions pénales (Protocole de Malabo de 2014) ne semblent être à l'ordre du jour, ne semblent faire l'objet d'un commencement de réalisation. Le Conseil exécutif de l'UA, dans sa Décision relative au rapport d'activités 2018 de la Cour africaine des droits de l'homme et des

---

163 Doc AGNU, 51ème session, Supplt n°22 (A/51/22), vil I, § 193.

peuples, regrettait que « deux décennies après l'adoption du Protocole créant la Cour » - il s'agit du Protocole de Ouagadougou de 1998 -, « seuls trente (30) États membres de l'Union africaine l'ont ratifié, et que seulement huit (8) des trente États parties ont fait la déclaration prévue à l'article 34 (6) du Protocole, permettant aux individus et aux ONG de saisir directement la Cour ». Une rapide allusion est faite à la future Cour pénale, s'agissant de la construction des locaux devant l'abriter[164]. Bref, rien n'indique que la réalisation du projet de justice endogène soit pour demain. Encore en juillet 2016, le président en exercice de l'UA relevait avec quelque regret que « deux ans après l'adoption du Protocole de Malabo, (…) seuls neuf (9) pays ont signé le protocole, et aucun ne l'a ratifié »[165].

A la lenteur à mettre en œuvre les résolutions collectivement arrêtées, s'ajoute le bilan plutôt décevant des poursuites engagées à ce jour contre des personnes ayant commis des violations éminentes du droit international. C'est à d'anciens chefs d'État qu'on songe naturellement. Ayant pour la plupart quitté leur pays pour trouver refuge sur d'autres terres du continent, ces gouvernants sur qui pèsent de lourdes charges paraissent aujourd'hui, sauf coup de théâtre, à l'abri de toute poursuite pénale. Tout se passe comme si, culture de l'impunité aidant, les exactions commises étaient de fait absoutes, la conscience publique consentant à des accommodements avec les bourreaux et les tyrans. La liste est impressionnante, de ces personnages dont il y aurait beaucoup à redire des pratiques, mais qui ne sont nullement inquiétés à ce jour[166].

---

[164] Doc EXT.CL/1126 (XXXIV), qui suit le rapport d'activités de la Cour du 1er janvier au 31 décembre 2018.

[165] Discours du président Déby, cité par Mabanga Gh., op cit, p.109.

[166] Harelimana en cite un certain nombre (op cit. p.113, note 9), liste à laquelle il faut ajouter l'ancien chef d'Etat de la Gambie Y. Jammeh (réfugié en Guinée Equatoriale depuis 2017).

A cette aune-là, il est sans doute permis de douter d'une volonté politique collective de sanctionner les responsables des violations. On peut le redire en termes plus crus : les États africains, qui paraissent si préoccupés d'instituer une justice pénale régionale, n'ont jamais manifesté un désir ardent d'appliquer immédiatement cette justice-là à leurs dirigeants ou ex-dirigeants ; l'UA n'a, à notre connaissance, jamais réclamé avec insistance l'extradition, la mise en accusation ou le jugement d'un ancien chef d'État. Est-il absurde, dans de telles conditions, de penser que la revendication d'une justice alternative, même si elle se recommande de considérations légitimes, relève aussi de l'écran de fumée ? Peut-on raisonnablement croire que des États si rétifs aujourd'hui à déclencher des procédures judiciaires ou même à évoquer leur propre obligation d'enquête ou de poursuites s'empresseront demain de collaborer avec une juridiction continentale permanente ? Le fait est que l'augure n'incite pas à un optimisme débordant. Rien, à vrai dire, dans la pratique des États africains, ne permet de pronostiquer que la mise en place d'institutions judiciaires y signera la fin de l'impunité de fait des criminels internationaux.

Le bilan de la justice transitionnelle est un dernier sujet de préoccupation. L'on a vu à quel point cette justice-là, plus inquiète de reconstruction sociale que de sanction pénale et se passant volontiers de procès, était partie prenante dans le conflit qui oppose les États africains à la CPI. Brandie tantôt comme une sorte de fin de non-recevoir de toute poursuite supranationale et neutralisant donc l'opportunité de celle-ci, tantôt comme l'alternative systématique et institutionnalisée à la justice pénale universelle – souvenons-nous des travaux du Panel de haut niveau sur le Darfour -, la justice transitionnelle telle qu'elle a été expérimentée sur le continent africain traîne cependant un certain nombre d'handicaps qui font douter de sa capacité à constituer l'instrument adéquat de la riposte continentale.

Elle souffre d'abord d'une limite que l'on pourrait qualifier de consubstantielle lorsqu'elle est conçue comme instance absolument autonome, déconnectée de tout lien avec la justice judiciaire. Il va de soi que le postulat répressif ne saurait s'accommoder de cette séparation étanche entre justice transitionnelle et justice judiciaire. Si l'impératif de poursuivre et de sanctionner les crimes internationaux est posé en axiome, l'hypothèse d'une justice restauratrice de paix sociale exclusivement s'avère vite irrecevable. Dans la perspective punitive qui est celle de toute justice pénale, une procédure parallèle d'apaisement social n'a de sens que si elle connaît des points de tangence, des zones de contact, des passerelles avec la juridiction judiciaire. Pensée en monade close, détachée de l'institution judiciaire, la justice transitionnelle pourrait vite tourner en cérémonial incantatoire impropre à saisir la globalité du traumatisme collectif. Le malaise social résulte aussi de comportements individuels, l'élucidation et la caractérisation de ceux-ci pourraient bien participer de la thérapie du groupe. Or, en plusieurs occasions, ce lien a fait défaut. Des commissions vérité réconciliation ont ainsi travaillé sans avoir la possibilité ne serait-ce que de suggérer l'apurement de la question des responsabilités individuelles. Ce fut le cas, entre autres, en Côte d'Ivoire, en Algérie, au Tchad ou en Ouganda[167].

Lorsque ce ne sont pas les contraintes statutaires, ce sont les carences du suivi des recommandations qui hypothèquent l'efficacité des institutions de la justice transitionnelle. Nombre d'entre elles se sont régulièrement plaintes de la suite réservée à leurs conclusions, à l'instar des commissions instituées au Ghana et en Sierra Léone[168]. Or, les enjeux du suivi sont ici décisifs. Bien plus qu'à une simple formalité « administrative », le suivi renvoie

---

[167] V. Guematcha E., « Les commissions vérité : maillon faible de la lutte contre l'impunité en Afrique ? », *in* Maia C. et autres (dir.), op. cit., pp.191 et s.

[168] Ibid.

à l'accomplissement du processus de la réconciliation sociale, ses insuffisances sont la marque de l'inachèvement de celle-ci : là où les recommandations n'ont pas été suivies, le rétablissement de l'harmonie sociale n'a pas été complet, la justice n'a pas été exercée jusqu'au bout. Ainsi, en restant dans la logique propre à une justice transitionnelle détachée de la judiciaire, en concédant même qu'une telle justice puisse avoir son utilité intrinsèque, il faut constater que son expérimentation sur le continent africain, dans certains cas tout au moins, suscite des interrogations. Ce doute devrait inciter à la circonspection, lorsqu'affleure la tentation de faire de cette forme de justice l'alpha et l'oméga du traitement des atrocités de masse sur le continent.

En conclusion, il convient donc de mesurer la difficulté de l'émergence d'une justice pénale endogène en Afrique. A la parcimonie des entreprises de construction de cette justice, s'ajoutent les redoutables problèmes que soulève le projet d'une juridiction permanente dotée de compétences en matière pénale. Non seulement celle-ci doit définir ses relations avec des entreprises ou projets préexistants, mais ce qu'on pourrait appeler sa politique répressive fait question, par l'importance quantitative de ses attributions comme par la place éminente qu'elle réserve au principe d'immunité. Des données adventices ajoutent au scepticisme, elles ont pour dénominateur commun la maigreur du bilan susceptible d'être dressé en matière d'avancées dans la sanction des crimes internationaux.

Le dossier du contentieux avec la justice internationale est particulièrement lourd. Des éléments de tension certaine existent, ils ont été passés en revue. Adossée à des rapports de puissance dont l'institution et la pratique du Conseil de sécurité de l'ONU donnent une idée, la justice pénale internationale incarnée par la CPI pourrait n'être que l'avatar judiciarisé d'un droit discriminatoire et injuste, la perpétuation apprêtée de la volonté de domination des puissants de ce monde. Cette justice tendrait au demeurant à faire litière d'exigences d'ordre symbolique dont la négation éclate dans la distanciation dont son exercice est empreint, et dont le terme d'extranéité rend bien compte : extranéité du juge par rapport aux faits et aux justiciables, extranéité du lieu où le procès se tient, censé pourtant, par sa localisation, revêtir des vertus rétributrices et dissuasives. Le malentendu s'aggrave, le différend s'exacerbe lorsque les tenants de cette justice-là font valoir, en réponse, leur mérite d'exister dans des contextes où rien ne garantit que leur absence serait suppléée, où rien n'indique la volonté des autorités du cru de sanctionner les coupables. Tels pourraient être les termes du contentieux qui oppose l'Afrique à la CPI.

Mais le contentieux n'est qu'une facette de la réalité, il en existe une autre. Celle-là est moins grimaçante, moins glauque, un peu plus roborative. Elle est faite non de dissensions, mais d'une forme de bienveillance, d'écoute et de respect réciproques, de volonté conjointe de dépasser les contradictions, de sortir de la funeste impasse des positions irréductibles. Cet aspect-là des choses est bien entendu moins connu, le grand public n'aimant pas forcément les nuances et les médias se délectant des oppositions simplifiées. L'heure est venue de s'intéresser à ce fait quelque peu voilé. Il nous révèle qu'à côté des facteurs de conflit, existent de discrètes convergences, que le pire n'est pas sûr et qu'à côté des raisons de la colère, il existe des raisons d'espérer.

# DEUXIÈME PARTIE

## *DECRESCENDO*

Ces éléments d'apaisement sont au nombre de trois :

- le premier rappelle que les États africains restent d'abord des États. A bien des égards, leur altérité doit être relativisée ; leur opposition nuancée. Le comportement qu'ils affichent s'inscrit, à bien des égards, dans une continuité plus que dans une rupture, ils reproduisent des logiques d'État somme toute classiques (chap. I) ;
- en deuxième lieu, le divorce n'a jamais eu lieu. En dépit de la dureté de leur opposition au système de justice internationale, les États africains ont toujours gardé le contact avec celui-ci et le risque de rupture a été conjuré (chap. II) ;
- enfin, un précédent existe, qui atteste que la résorption de ce contentieux reste du domaine du possible. Avec la Cour internationale de justice en effet, un mémorable contentieux s'est élevé au milieu des années soixante, avant que non seulement les relations reviennent au beau fixe, mais que les États du continent manifestent une sorte de dilection pour le règlement des différends par l'organe judiciaire des Nations Unies (chap. III).

-

# CHAPITRE I

# DEVANT LA JUSTICE PÉNALE INTERNATIONALE, LA PRATIQUE AFRICAINE EST GLOBALEMENT PLUS RÉVÉLATRICE DE CONTINUITÉ QUE DE RUPTURE

L'image d'un continent africain en conflit avec le système de justice universelle et choisissant de ce fait de se mettre au ban de la communauté internationale est assurément trompeuse. L'opposition à la CPI n'est qu'une des facettes d'une réalité beaucoup moins simple qu'on ne l'imagine ; la dénonciation du système n'induit pas, loin s'en faut, un divorce avec celui-ci. Il convient donc de ne pas conférer à cette dénonciation une portée qu'elle n'a pas. En bien des aspects du reste, la pratique africaine s'inscrit dans la continuité plutôt que dans la rupture.

On veut dire deux choses par là. D'une part, l'action menée par les États africains, loin de s'affranchir des règles du droit international général, s'insère au contraire parfaitement dans celles-ci ; la contestation de la CPI n'emporte jamais subversion des principes majeurs, établis au plan universel. Il est même possible d'affirmer que dans leur opposition au système de justice pénale internationale, les États africains ont clairement, positivement, marqué une adhésion à des règles fondamentales de l'ordre international.

Le classicisme de la réaction africaine ne se limite pas à cette adhésion positive. Il se manifeste aussi « négativement ». L'idée est qu'étant d'abord des entités étatiques, les contestataires auront tendance à se montrer telles quelles, à reproduire ce qu'on pourrait appeler des logiques d'État, à donc *ressembler aux autres*. L'on retrouve alors une forme d'atavisme - atavisme d'État pourrait-on dire – dont le propre est bien entendu de ramener le comportement affiché à son statut ordinaire, de renvoyer le sujet à sa propre banalité. La « démythification » de l'attitude des États africains va même plus loin. Il se trouve, en effet, que dans la perspective de notre étude, les États se rejoignent dans leur volonté de « contrôler » la justice internationale, de la « manipuler », de l'« instrumentaliser », et cette tentation existe bien entendu en Afrique. Anges et démons à la fois, tout uniment idéalistes et cyniques, tout à tour déférents et défiants à l'égard du droit, tels apparaissent les États, tous les États. La protestation contre l'injustice ne suffit donc pas à conférer le brevet de « juste », la dénonciation du vice ne garantit pas la vertu. Le tableau contribue ainsi à estomper l'« originalité » ou l'altérité des États contestataires : non seulement leur démarche s'insère parfaitement dans une certaine légalité universelle (Section 1), mais ils ne dédaignent pas, comme les autres, d'utiliser la justice pénale de façon sélective et instrumentale (Section 2).

## Section 1

## L'adhésion aux principes du système pénal international

Cette adhésion est remarquable à un double point de vue. Il apparaît d'abord clairement qu'aussi virulente soit-elle, et en dépit des actes posés pour instituer une justice alternative, l'action des États africains n'est nullement incompatible avec le système universel (§1). Si l'on va plus loin dans le détail, l'on découvre également une convergence entre justice universelle et justice régionale dans la détermination des agissements concurremment poursuivis (§2).

## §1. La compatibilité de principe des initiatives africaines avec le système universel

La première interrogation que suscite la dissidence des États africains est celle de sa possibilité juridique même. Deux questions se posent en réalité : est-il concevable que ces États élaborent leur propre système de justice sachant qu'ils sont parties prenantes au système universel ? Ont –ils, par ailleurs, compétence à investir le champ de la justice pénale eu égard au principe de spécialité des organisations internationales ? La première question renvoie au débat sur le régionalisme pénal (A), la seconde aux pouvoirs d'une organisation dont il est seulement acquis qu'elle est habilitée à traiter de paix et de sécurité (B).

### A. La justification du régionalisme

Le droit international actuel, permet-il aux États membres de l'UA, membres de la CPI, à élaborer leur propre système de justice ? Ou, si l'on préfère, peut-on concevoir un régionalisme judiciaire ? Envisagée sous cet angle précis, il semble qu'une réponse affirmative ne fasse aucun doute. Loin, en effet, de percevoir le développement de solidarités locales ou restreintes comme un obstacle dressé devant elle, l'Organisation des Nations Unies, qui a porté en elle la CPI comme on porte un bébé –on songe au projet de Cour criminelle conçu par sa Commission du droit international[169] - a toujours considéré le régionalisme comme le complément nécessaire de l'universalisme qu'elle incarne. Il faut rappeler qu'aux termes de la Charte, « le Conseil

---

[169] V. *Annuaire de la CDI 1994,* vol. II, p.23.

de sécurité encourage le développement du règlement pacifique des différends d'ordre local par le moyen de ces accords ou organismes régionaux »[170] et qu'il « utilise » également « les accords ou organismes régionaux pour l'application des mesures coercitives prises sous son autorité »[171]. Clairement, les initiatives régionales sont donc encouragées, elles sont mêmes susceptibles de constituer un « relais » de l'action universelle menée par l'ONU.

A cette compatibilité de principe du régionalisme et de l'universalisme, il faut ajouter une donnée plus conjoncturelle, liée au fait que depuis déjà presque trois décennies, l'échelon régional est perçu comme un élément indispensable de la stratégie onusienne de maintien de la paix au sens large. De sorte qu'il ne s'agit plus seulement d'indiquer la possibilité de leur alliance, mais d'exalter et de promouvoir les institutions régionales. Les initiatives locales apparaissent indispensables désormais, elles sont même, dans une large mesure, la condition de la réussite de l'action des Nations Unies. Il semble que l'Agenda pour la paix élaboré par le Secrétaire général de l'organisation en 1992 ait inauguré cette approche résolument partenariale, percevant non seulement les organismes régionaux comme des acteurs indispensables, mais procédant à une sorte d'élargissement de la définition de l'organe régional, comme si, confrontée à des nécessités précises, l'ONU voulait retenir dans son escarcelle la quasi-totalité des initiatives locales dans le monde. Le document est remarquable par la détermination très libérale des conditions de la collaboration avec les organisations régionales, précisément parce que la définition retenue a été considérablement assouplie. A la suite de la formulation doctrinale de la vision de l'organisation universelle, d'autres travaux viendront confirmer l'impératif régional, comme le Rapport des personnalités de haut

---

[170] Article 52 paragraphe 3 de la Charte des Nations Unies.

[171] Article 53 paragraphe 1 de la Charte des Nations Unies.

niveau, remis en 2005 au Secrétaire général. Plus spécifiquement encore, celui-ci réitérera, au sujet de la responsabilité de protéger, la nécessité d' « exploiter pleinement les synergies potentielles de la coopération aux niveaux mondial, régional et sous- régional afin de prévenir le génocide, les crimes de guerre, le nettoyage ethnique... »[172]. Or, il s'agit là de faits punissables devant les juridictions internationales, c'est -à- dire, au moins virtuellement, devant la future Cour africaine de justice.

Il est longuement question de l'ONU ici parce que la CPI est tout simplement indissociable de l'ONU. Génétiquement d'abord, on l'a entrevu : le Statut de Rome sort des entrailles de la Commission du droit international de l'ONU, plus précisément de ses travaux relatifs à la création d'une Cour criminelle mondiale. Dans son fonctionnement ensuite, la CPI a établi plusieurs passerelles avec l'organisation mondiale. On fera abstraction de la reproduction des méthodes de travail de celle-ci par la Cour[173], ainsi que de ce qu'on pourrait appeler l'intendance du Statut de Rome qui concerne le Secrétaire général de l'ONU comme dépositaire du traité[174] pour n'évoquer que deux autres aspects de ce lien substantiel : la saisine de la Cour et la définition des infractions. Sur le premier point, ce sont les relations du Conseil de sécurité avec la CPI qui sont en cause. Le Conseil peut saisir le Procureur, on l'a vu, pour que soit déférée à la Cour des situations mettant en péril la paix et la sécurité internationales. Il peut également exercer son pouvoir de suspension des poursuites en vertu de l'article 16 du Statut.

Quant au second point, il touche la définition des infractions dans la mesure où, pour le crime de guerre ou le crime

---

[172] Rapport du Secrétaire général de l'ONU sur *Le rôle des accords régionaux et sous- régionaux dans la mise en œuvre de la responsabilité de protéger* », A/65/877-S/2011/393 du 28 juin 2011.

[173] V. article 115 du Statut de Rome au sujet des ressources financières de la Cour et de l'Assemblée des États parties.

[174] V. articles 119 et s. du Statut de Rome.

d'agression, il est fait référence à la Charte de l'ONU ou au droit dérivé de celle-ci (résolution 3314 de l'Assemblée générale notamment). Il faut ajouter que conformément aux prévisions du Statut (article 2), un accord a été conclu entre l'ONU et la CPI le 4 octobre 2004. Cet accord stipule une obligation de collaboration et de consultation mutuelle aux fins de « faciliter l'exercice effectif de leurs responsabilités respectives », organise la représentation de chaque institution auprès de l'autre, et prévoit la participation aux travaux de l'une ou l'autre, notamment lorsqu'il est question de saisine par le Conseil de sécurité. Il existe donc un lien important, substantiel, entre l'organisation politique et l'organisation judiciaire. Nécessairement, la bienveillance onusienne à l'égard du régionalisme devrait se traduire par l'acceptation de principe des institutions judiciaires régionales. Et rien, dans le Statut de Rome, n'interdit cette démarche particulariste. Le projet africain n'est donc pas incompatible, de ce point de vue, avec la CPI. Il se trouve, au demeurant, que cette justice pénale endogène peut également se recommander d'une autre donnée : celle des compétences de l'UA en matière de gestion de la paix et de la sécurité.

### B. La justification par les compétences de l'UA

Le raisonnement est simple ici : la justice pénale étant une composante de la paix et de la sécurité internationales, tout organe investi d'une compétence en ce domaine peut y pourvoir. La relation entre paix et justice résulte de la pratique du Conseil de sécurité de l'ONU lui-même, lorsqu'il s'est agi de traiter de menaces liées à des violations massives des droits de l'homme. La restauration ou la consolidation de la paix passait alors, selon le Conseil, par la répression des crimes commis.

D'emblée, la création de juridictions pénales s'insérait donc dans l'exercice par les Nations Unies de leur responsabilité en matière de paix et de sécurité. Les résolutions par lesquelles les deux tribunaux ad-hoc majeurs ont été mis en place – TPIY et TPIR pour l'ex- Yougoslavie et pour le Rwanda – en témoignent explicitement puisqu'elles ont été adoptées dans le cadre de la sauvegarde de la paix internationale. La résolution 808 du 22 février 1993 part du principe que la situation dans l'ex-Yougoslavie « constitue une menace à la paix et à la sécurité internationales » (même si la référence nominale au chapitre VII est escamotée) et considère que « dans les circonstances qui prévalent dans l'ex – Yougoslavie, la création d'un tribunal international permettrait d'atteindre » l'objectif fixé c'est-à-dire le rétablissement de la paix. La résolution 955 du 8 novembre 1994 se rattache clairement au chapitre VII, et part elle aussi de l'idée que « dans les circonstances particulières qui règnent au Rwanda, des poursuites contre les personnes présumées responsables d'actes de génocide et d'autres violations graves du droit international humanitaires permettraient d'atteindre « l'objectif de la réconciliation nationale et du rétablissement de la paix ». Pour les Nations Unies, « la création d'un tribunal international pour juger les personnes présumées responsables de tels actes ou violations contribuera à les faire cesser et à en réparer dûment les effets ». La relation entre la paix et la justice est donc attestée par la pratique onusienne.

A vrai dire, cette démarche du Conseil de sécurité est loin d'être critiquable. Non seulement elle se conçoit en pure logique, mais elle est parfaitement conforme à l'inspiration téléologique de l'interprétation générale des pouvoirs de l'ONU et de leur mise en œuvre. Une perspective finaliste domine en effet l'usage des pouvoirs de l'organisation internationale dans le cadre du maintien de la paix et de la sécurité internationales, qui est son objet même. L'idée est que tout ce qui se rattache de près ou de loin à l'exécution de ce mandat n'est pas contraire à la Charte ; dans la mise en œuvre de ses pouvoirs, l'ONU ou le Conseil de sécurité en particulier peut utiliser tout moyen qui lui paraît approprié, tout mécanisme qu'il estime adéquat.

Cette espèce d'obsession de la finalité tire sa légitimité aussi bien des dispositions de la Charte – celles qui se réfèrent par exemple au pouvoir des organes principaux de créer des organes subsidiaires permettant d'atteindre les visées de l'organisation – que des théories doctrinales – la large interprétation faite de la notion de mesures conservatoires prévues à l'article 40, mesures qui peuvent consister non seulement en prescriptions juridiques « abstraites » mais en structures ou organes mis en place– ou encore par la jurisprudence – souvenons –nous de la justification des opérations de maintien de la paix et des dépenses y afférentes par la CIJ dans son Avis de 1962-. Il ne fait aucun doute que cette logique-là peut encore s'appliquer à la création de juridictions internationales comme modalité de préservation de la paix et de la sécurité internationales.

Mais c'est le Statut de Rome relatif à la CPI qui invite lui-même la thématique de la paix et de la sécurité dans son propre système. C'est là une justification supplémentaire de la corrélation établie entre paix et justice. En effet, c'est bien « en vertu du chapitre VII de la Charte des Nations Unies » que le Conseil de sécurité peut saisir la CPI via le Procureur (article 13). D'autre part, si le Conseil peut, conformément à l'article 16, suspendre des poursuites, il ne peut, à notre sens, le faire qu'en considération des impératifs de la paix et de la sécurité internationales. Le texte est muet sur la motivation d'une telle suspension, mais on ne voit pas, à vrai dire, quelles pourraient être les raisons de celle-ci en dehors des nécessités de la paix. L'objectif de l'article 16 est donc clair : il s'agit de soumettre la justice aux exigences de la paix, l'arrière-pensée étant qu'il arrive que l'exercice de cette justice desserve la paix, la première devant alors s'interrompre pour ne pas compromettre la seconde. Il faut donc convenir que l'objet de l'ONU affecte le fonctionnement de la CPI, l'intervention du Conseil de sécurité ayant toujours en arrière-plan cet objet. Voilà une autre manifestation des interactions entre le maintien de la paix et l'institution de juridictions pénales.

La question est alors de savoir si dans le cadre de ses attributions, l'UA peut en quelque sorte mimer l'ONU et reproduire cette dialectique entre paix et justice ; elle est de savoir, dans un premier temps, si l'UA est dotée de la capacité de maintenir la paix et la sécurité continentale. La réponse est bien entendu affirmative, si l'on s'en tient aux indications de son Acte constitutif. Il résulte en effet du Préambule de celui-ci que l'organisation cherche à « promouvoir et protéger les droits de l'homme et des peuples », ainsi que « la paix, la sécurité et la stabilité sur le continent ». Plus explicitement encore, il est cité au titre des « Principes » de l'UA le « droit des États membres de solliciter l'intervention de l'Union pour restaurer la paix et la sécurité » et surtout, « le droit de l'Union d'intervenir dans un État membre sur décision de la Conférence, dans certaines circonstances graves, à savoir : les crimes de guerre, le génocide et les crimes contre l'humanité » ainsi que le « respect du caractère sacro-saint de la vie humaine », la « condamnation » et le « rejet de l'impunité, des assassinats politiques, des actes de terrorisme et des activités subversives »[175]. Ajoutons qu'à l'énoncé des objectifs que voilà, fait écho la création de cet organe ad-hoc qu'est le Conseil de paix et de sécurité. Établi par un Protocole du 9 juillet 2002, cet organe dédié à « la prévention, la gestion et le règlement des conflits » a pour missions « de promouvoir et de mettre en œuvre des activités de consolidation de la paix et de reconstruction après les conflits pour consolider la paix et prévenir la résurgence de la violence ». La « protection des droits de l'homme et le respect du caractère sacré de la vie humaine » font également partie de ses objectifs[176].

Ces dispositions témoignent clairement de l'intégration de la paix et de la sécurité dans l'objet de l'UA. Sur leur base, il ne fait pas de doute que l'organisation panafricaine peut bien créer des

---

[175] Article 4 (j), (h) (o) de l'Acte constitutif de l'UA.

[176] Article 3 de l'Acte constitutif de l'UA.

juridictions pénales destinées à sanctionner des comportements criminels individuels. Cette possibilité est non seulement permise par le précédent onusien, mais elle pourrait tout simplement résulter de la lettre même de l'Acte constitutif de l'organisation autant que du Protocole relatif au CPS. Une conclusion majeure s'impose alors : le principe même d'un « séparatisme » africain en matière de justice pénale se conçoit parfaitement, il n'est pas en contradiction avec les principes du droit international. Cette compatibilité relativise alors le caractère iconoclaste de la démarche des États africains, il s'avère que la « révolte » est bien « encadrée », au sens littéral du terme, par l'ordre international : elle trouve un cadre pour l'accueillir, elle est circonvenue. Reste à savoir si, au-delà du contexte général et dans le champ de la pénalité elle-même, il existe vraiment une altérité africaine.

## §2. La réitération des principes pénaux universels par les États africains

Deux paramètres doivent être pris en compte à ce stade. Il s'agit dans un premier temps de s'interroger sur le comportement des États africains face au principe même de la justice pénale internationale. Ces États, admettent-ils une justice pour l'histoire, avec ses exigences en termes de concessions de souveraineté ? Conçoivent-ils l'existence de faits dont la gravité appelle un traitement judiciaire nécessairement international, précisément parce que les valeurs qu'ils subvertissent sont partagées par la communauté des États ? Faut-il garantir au maximum la répression de tels crimes, en écartant toute complaisance, politique ou judiciaire, à leur endroit ?

Ces interrogations-là constituent une sorte de test de la volonté politique des États africains de promouvoir une justice pénale internationale. Elles consistent, tout simplement, à les éprouver sur la question centrale de l'impunité, avec ses corollaires (A). Si des divergences de fond surgissent à ce stade, une conclusion s'impose : le projet de justice pénale alternative s'oppose, dans sa philosophie même, à l'entreprise universelle incarnée par la CPI. Dans l'hypothèse contraire, celle où des convergences se dessineraient, il faudrait aller plus loin et vérifier si l'accord sur les principes se prolonge dans le champ des infractions punissables, si le projet continental et le projet universel se rejoignent dans la détermination des crimes visés et de leurs éléments constitutifs (B).

### A. L'accord sur les principes

A l'aune de la lutte contre l'impunité des crimes internationaux – point nodal de ce qui est appelé ici le débat sur les principes -, les deux projets convergent certainement. Plus précisément, le soupçon, avoué ou larvé, de voir les États africains manifester une forme de complaisance à l'égard de ces crimes doit être promptement écarté, si l'on s'en tient du moins aux déclarations et prises de position de ceux-ci. En effet, parce que l'UA n'a eu de cesse de solliciter l'arrêt ou la suspension de poursuites engagées contre des dirigeants africains, le sentiment a pu naître que cette organisation ne souhaitait tout simplement pas que des poursuites aient lieu. Il s'y ajoute, il faut bien l'avouer, ce qui a été indiqué précédemment : que le bilan de la répression des crimes de l'histoire sur le continent est plutôt médiocre.

Une lecture attentive des prises de position de l'UA devrait dissiper cette suspicion. La lutte contre l'impunité des atrocités de masse est même une constante dans le comportement de l'organisation panafricaine. Elle se trouve d'abord exprimée dans le Protocole de Malabo, dont le Préambule évoque l'engagement des États parties « à combattre l'impunité conformément aux dispositions de l'article 4 (o) de l'Acte constitutif de l'UA ». Au plus fort de la crise avec la CPI, l'organisation africaine a toujours tenu à préciser sa position sur le traitement des crimes internationaux. Elle a, de nombreuses fois, réitéré « l'engagement inébranlable des États membres à lutter contre l'impunité »[177]. D'autre part, tout au long de leur opposition à la CPI, ces États ont régulièrement mis en exergue le fait que leur combat pour l'arrêt des poursuites se rapportait précisément à des gouvernants en exercice, à l'exclusion de toute autre personne. Cet aspect des choses n'a pas toujours été souligné. Il suffit pourtant de relire les actes adoptés pour vite s'en convaincre. Il est question de « l'immunité dont jouissent *les représentants de l'État* dans l'application du principe de compétence universelle »[178], de « l'immunité des *hauts fonctionnaires d'État* »[179], « d'inscrire à l'ordre du jour des prochaines sessions de l'Assemblée des États parties la question de l'inculpation de *chefs d'État et de gouvernement africains en exercice* par la CPI… »[180].

L'on a tout autant tendance à omettre le comportement des États africains lorsque des dirigeants politiques ayant cessé d'exercer leurs fonctions ont été confrontés à la justice internationale. Ces États n'ont élevé la moindre protestation, émis la plus petite critique. Ainsi, l'inculpation et le jugement de l'ancien président du Libéria Charles Taylor par le TPIR, puis de l'ex chef d'État ivoirien Laurent Gbagbo par la CPI ont eu lieu dans une sorte d'indifférence sur le continent, l'UA n'ayant jamais contesté les procédures qui les ont concernés. S'il n'en a pas été de même avec les présidents du Soudan et de la Libye, c'est précisément parce que ces derniers étaient en exercice et ne pouvaient, du point de vue de leurs homologues, être jugés.

A l'aune de la pratique qui vient d'être décrite, deux affirmations peuvent être avancées : les États africains, loin de revendiquer une quelconque impunité pour qui que ce soit, ont

---

177 Doc Assembly/AU/13 (XIII), 3 juillet 2009 ; Doc Assembly/AU/10 (XV), 27 juillet 2010 ; Doc EX.CL/952 (XXVIII).

178 Doc Assembly/AU/11 (XIII).

179 Doc EX.CL/606 (XVII), 27 juillet 2010.

180 Ext/Assembly/AU/dec.1 (octobre 2019).

au contraire « intériorisé » l'impératif de la répression des crimes internationaux ; et s'ils ont eu à s'émouvoir du déclenchement de procédures judiciaires, c'est seulement parce que celles-ci concernaient des dirigeants politiques en exercice. Ces faits – notamment le premier - tendraient à établir un accord sur les principes, à prouver que l'Afrique n'est pas hors du système de la justice pénale internationale. A la compatibilité foncière de son projet particulariste avec les principes du droit international, s'ajouterait sa convergence avec les autres sur la nécessité d'instituer des voies et moyens pour punir les violations majeures du droit. Jusque-là, aucune rupture, aucune « sortie du système » n'a été relevée. Le fait est important : il montre que le dissentiment, s'il existe, n'a pas débouché sur un divorce ; que la sédition, à supposer qu'elle ait eu lieu, a été « contenue ».

Il n'est pas question, ici, d'aller plus loin dans l'appréciation des positions africaines qui viennent d'être évoquées. L'on aurait pu, en effet, les évaluer à l'aune du droit ou de la pratique. Les passer au crible des principes juridiques aurait conduit à ressasser le débat sur le conflit, défendu par ces États mais rejeté par la CPI elle-même, entre la disposition de l'article 27 du Statut de Rome (sur la non- pertinence de toute immunité procédant d'une qualité officielle) et l'article 98 du même instrument (qui semble conférer quelque portée à cette immunité-là).

Quant à l'étalon de la pratique, sa mise en œuvre aurait inexorablement conduit à opposer un certain scepticisme à des États qui, tout en proclamant leur foi et leur engagement en la justice, n'ont pas, à ce jour, beaucoup agi pour la réaliser. Ces objections sont sérieuses, mais leur importance doit être relativisée dans la stricte perspective qui est la nôtre à ce stade : un débat sur les seules « postures », les seules prises de position, ce qui est bien la définition d'un « débat sur les principes ». Ce seul argument d'ordre théorique pourrait justifier le point de vue adopté ici.

Mais il faut aller plus loin et affirmer que le débat des principes n'est pas rien, que l'adhésion exprimée par l'UA ne doit pas être traitée avec condescendance ou mépris, pour au moins deux raisons. L'une est qu'elle aurait pu ne pas être ; les États africains auraient pu s'en tenir à la seule contestation de la CPI pour l'unique raison qu'elle exercerait une « justice à deux vitesses » : somme toutes, le refus de la discrimination ou de ce qui est perçu comme telle peut justifier lui seul que l'on mène un combat. Dès lors qu'une position positive d'adhésion à la lutte contre l'impunité est exprimée concomitamment au rejet de certains aspects de cette justice, la convergence doit être prise au sérieux et traitée comme une sorte de valeur ajoutée, d'apport qualitatif au débat. Elle doit d'autant plus l'être que le caractère systématique de la restriction de l'immunité que semble promouvoir la CPI pourrait être discutable en droit. Il est vrai que la Cour fonctionne selon un système propre, mais il est également vrai qu'en d'autres lieux tout aussi respectables d'expression du droit international positif – par exemple la CIJ -, des juges ont manifesté une plus grande bienveillance à l'égard du principe d'immunité des dirigeants politiques des États.

La tentation pour un État de se prévaloir d'autorités doctrinales aussi éminentes existe donc, et elle n'est pas absurde, même si, encore une fois, le Statut de Rome semble s'y opposer. Ajoutons du reste qu'au sein même de la CPI, la rigueur de la non-pertinence de la qualité officielle a été atténuée par la modification, précédemment entrevue, du Règlement de procédure et de preuves à travers l'insertion d'un nouvel article 134 *quater* accordant une dispense conditionnelle de comparution aux accusés exerçant des « fonctions publiques extraordinaires au plus haut échelon national ».

Il est enfin clair qu'en renfermant le si controversé article 98, le Statut de Rome sème quelque peu le doute en procédant à une sorte de réhabilitation du principe d'immunité. La ligne de défense adoptée par les États africains n'est donc pas absurde.

Voilà pourquoi en tenant malgré tout à proclamer une sorte d'attachement à l'idée de justice pénale, ces États expriment une position qui a objectivement pour résultat d'atténuer la virulence de leur opposition, de relativiser leur désaccord.

L'accord sur les principes existe donc. Il consiste en une convergence sur la nécessité de combattre les crimes internationaux, en un consensus sur la lutte contre l'impunité. Une telle entente pourrait cependant être d'une portée aléatoire si elle devait achopper sur des divergences dans l'appréhension même des crimes, dans l'élucidation précise des actes incriminés. En d'autres termes, pour qu'il soit fécond, l'accord sur les principes doit se prolonger et se retrouver dans la définition des faits punissables. C'est à cet autre test de compatibilité qu'il faut donc procéder.

### B. L'accord sur les agissements punissables

Le Statut de Rome et le Protocole de Malabo, s'accordent-ils sur les faits qu'ils poursuivent ? Il suffit, pour répondre à la question, de lire les dispositions respectives y afférentes. C'est à l'« intersection » de ces deux instruments juridiques qu'il faut effectuer le test de compatibilité, c'est-à-dire sur les quatre crimes qu'ils traitent conjointement, et qui sont ceux dont connaît la CPI : le génocide, le crime contre l'humanité, le crime de guerre et l'agression.

Sur le crime de génocide, les deux traités internationaux se recoupent entièrement, à l'exception d'un ajout opéré dans le Protocole de Malabo, qui est le dernier crime énoncé : les « viols et autres formes de violence sexuelle » (article 28B f)). Mais les cinq autres agissements constitutifs de génocide sont rigoureusement les mêmes, ils sont définis avec les mêmes mots, avec les mêmes phrases. Que penser de l'extension à laquelle procède l'instrument africain ? A vrai dire, telle qu'elle est formulée, elle nous semble quelque peu malheureuse pour la simple raison qu'elle omet le caractère groupusculaire de l'atteinte commise. Un acte de génocide est nécessairement un acte dirigé contre un groupe, il offense une pluralité de personnes, il a une dimension identitaire, laquelle identité peut être d'ordre national, ethnique, racial ou religieux, conformément à la définition adoptée par la convention des Nations Unies pour la prévention et la répression du crime de génocide du 9 décembre 1948 (article II). Le projet africain a donc quelque chose d'hétérodoxe en ce qu'il escamote un élément important de la définition du génocide et prend quelque liberté avec les références traditionnelles en la matière. Mais pour l'essentiel, le Protocole de Malabo rejoint le Statut de Rome : dans cinq cas sur six, on l'a relevé, ils convergent.

Dans le cas du crime contre l'humanité, l'homologie, sinon la confusion est tout aussi remarquable. S'agissant d'une disposition qui s'étale sur au moins trois pages, on ne relève que deux dissonances. Le document de l'UA pose que le crime contre l'humanité n'est pas seulement commis dans le cadre d'une « attaque » (seul cas envisagé par le Statut de Rome), mais également dans celui d'une simple « activité ». D'autre part, au sujet des actes spécifiquement visés dans le cadre de l'« attaque » ou de l' « activité », les États africains ont ajouté « la torture, les traitements cruels, inhumains ou dégradants ou punitions » (article 28C f)). L'élargissement du crime contre l'humanité à la simple « activité » - et non plus son cantonnement à la seule « attaque » - constitue une différence importante entre l'approche de la CPI et celle de l'UA. Pour autant, la similarité des deux projets ne doit être occultée : sur vingt spécifications qui permettent de cerner le crime en cause, dix - neuf sont partagées...

Le crime de guerre occupe quant à lui cinq à six pages, c'est le crime dont la définition est la plus longue. Là également, l'essentiel est fait de convergences, les phrases utilisées sont rigoureusement les mêmes. L'on note cependant que le Protocole de Malabo procède à quelques ajouts, comme la référence au Protocole additionnel aux Conventions de Genève du 8 juin 1977 (article 28D b)) ou la limite de dix-huit ans au sujet des enfants enrôlés (et non quinze, comme dans le Statut de Rome). Pour le reste, les États africains ont ajouté huit actes aux violations graves des lois et coutumes de guerre, sachant qu'ils partagent avec le Statut de Rome vingt-cinq agissements stigmatisés[181].

De même, s'agissant des violations commises dans le cadre d'un conflit armé n'ayant pas un caractère international, le Protocole de Malabo converge avec le Statut de Rome sur quatorze points et procède à huit ajouts[182]. Pour qui douterait encore de la ressemblance entre les deux traités, il faut évoquer un fait cocasse : dans la version du Protocole de Malabo accessible au grand public, et au sujet précisément de la définition du crime de guerre, il est fait référence aux articles 121 et 123 (article 28D b) xxi)) puis à l'article 7 paragraphe 2 alinéa f) (article 28D b) xxiii). Or, il s'agit là de dispositions …qui ne se trouvent pas dans le Protocole lui-même mais dans le Statut de Rome ! Il s'agit clairement d'une méprise, mais qui en dit long sur l'influence exercée par le traité de la CPI sur la convention africaine.

Enfin au sujet du crime d'agression, les États africains ont clairement entendu manifester une certaine autonomie en se référant non seulement à la Charte des Nations Unies, mais à l'Acte constitutif de l'UA. Ce renvoi, qui n'existe pour aucun des trois autres crimes, est fait deux fois à l'article 28 M consacré à l'agression. Dans le même temps, les acquis du droit international général en la matière sont escamotés, l'UA ne se référant nullement à la résolution 3314 (XXIX) du 14 décembre 1974 adoptée par l'Assemblée générale de l'ONU, laquelle a longtemps cristallisé une définition consensuelle de l'agression dans les relations internationales. Le traité de Rome, pour sa part, y

---

181 Pour les huit actes ajoutés, v. article 28D b) v) et vi) puis xxviii) à xxxiii)

182 V. article 28D c) xvi) à xxii). D'autre part, La clause finale de la disposition pertinente du traité de Rome relative à la responsabilité de l'État dans le maintien de l'ordre public national ne figure pas dans le Protocole de l'UA.

renvoie expressément (article bis § 2). Pour le surplus, le Protocole de Malabo ajoute un seul agissement à la liste qu'il partage avec la CPI, qui comporte alors sept actes répréhensibles visés de part et d'autre[183]. Faut-il conférer à la relative autonomie de la définition africaine une portée décisive, en y voyant la preuve d'une volonté d'isolement des États qui l'ont promue ? Une réponse négative s'impose. D'abord parce que la relégation des acquis du droit international général, soulignée précédemment, n'est pas si absolue que cela : par deux fois, il est fait référence aux principes de la Charte des Nations Unies dans la définition du crime d'agression (§1er et §2 a)) ; de plus, le second renvoi a été fait relativement à un acte « ajouté » par les États africains, qui ne figure donc pas dans le traité de Rome.

En d'autres termes, même dans la quête de l'autonomie, même lorsqu'ils apportent quelque chose de nouveau, ces États n'échappent pas tout à fait à la contrainte juridique antérieure, restent toujours les légataires d'un patrimoine juridique qu'ils ont par ailleurs contribué à constituer. Le désir d'altérité a donc des limites. Dans la détermination des faits punissables, les États africains s'inscrivent dans une certaine continuité, développent une sorte de réflexe atavique, se passent difficilement de certains acquis universels.

L'on pourrait alors objecter que les convergences définitionnelles ne sont pas les seules données et qu'à côté d'elles, il existe une autre différence dans les approches, le projet de justice pénale endogène visant, on l'a vu, près de quatorze infractions quand la justice universelle n'en saisit que quatre. L'on pourrait même ajouter, pour faire valoir cette autonomie apparente, que la liste des crimes en Afrique reste seulement indicative puisqu'il est admis que l'organe des chefs d'État et de gouvernement de l'UA peut toujours étendre la compétence de la

---

[183] L'acte ajouté est relatif à l'utilisation de la force contre la souveraineté d'un État (article 28 M a)).

future Cour à « d'autres crimes » (article 28 A 2.). Mais ce serait oublier que le problème n'est pas dans la capacité à définir localement des crimes, dans le droit d'une organisation internationale exprimant des solidarités locales d'ériger certains agissements en crimes. Ce droit existe de façon certaine et il ne fait pas à vrai dire question. La critique ou la réserve que peut susciter l'inflation des comportements répréhensibles – réserve que nous avons exprimée – porte sur le risque d'encombrement du prétoire ou de déperdition des moyens eu égard précisément à la relative faiblesse de ceux-ci, elle ne porte pas, loin s'en faut, sur la possibilité même, le droit ou la pertinence de la formulation régionale d'une politique criminelle. Dans la perspective de la compatibilité des approches, qui est la nôtre, le débat ne peut donc porter que sur ce en quoi les deux projets se rencontrent, s'inspirent mutuellement ou se contredisent. Ce sont leurs dénominateurs communs qui sont en jeu, c'est à leur « intersection » - terme emprunté à la théorie mathématique des ensembles, mais décidément approprié – que le débat se noue. Pour le reste, le principe de souveraineté autant que l'évidence sociologique s'accommodent parfaitement de trajectoires régionales s'éloignant plus ou moins d'un standard universel.

Le projet de justice pénale endogène de l'UA est, au total, loin de subvertir les principes et le fonctionnement de la société internationale. Il s'avère, on l'a vu, que non seulement il s'insère sans problème dans le droit international général, mais les règles sur lesquelles il repose - lutte contre l'impunité et définition des crimes punissables – ne sont pas en contradiction avec les institutions de la justice pénale internationale.

Mais il y a autre chose, qui concerne non la proclamation des principes, mais l'observation empirique du comportement des États africains face à la CPI. L'examen de la pratique, de leur pratique, tend à attester que loin d'être les victimes expiatoires du système qu'ils stigmatisent, ils en tirent au contraire quelque peu profit, ils en utilisent certaines potentialités quand celles-ci peuvent leur être bénéfiques. Pour qui rêve d'un grand soir politico- judiciaire, pour qui voyait dans le désir de justice pénale endogène une promesse absolument prométhéenne, le réveil est alors un peu dur, la désillusion cruelle. Retrouvant des logiques d'État, renouant avec une Realpolitik toujours empreinte de cynisme et de l'intelligence avisée de leurs propres intérêts, ces États, par ailleurs acteurs du système, c'est-à-dire parties au Statut de Rome, utilisent de façon stratégique et volontiers retorse l'institution qu'ils critiquent. Le fait met en évidence le principe de réalité qui les guide, en même temps qu'il atténue considérablement l'image qu'ils se forgent d'adversaires ou d'ennemis du système international. D'autre part, cette image est forcément écornée lorsque se produit une sorte d'estompement de la singularité africaine, et qu'il apparaît que les problématiques soulevées dans le conflit avec la CPI existent ailleurs, sont reprises par des États qui ne sont pas africains.

## Section 2

## L'utilisation sélective et instrumentale des principes du système pénal international

Les États africains sont des États comme tous les autres : telle pourrait être la moralité des développements qui suivent. La mise à nu des logiques d'État qu'ils développent dans leur comportement face à la CPI confère un certain classicisme à ce comportement et le fait apparaître comme assez « routinier », donc peu révolutionnaire. L'analyse des attitudes affichées met en évidence le souci de « contrôler » la justice internationale, en en exploitant les virtualités bénéfiques. Le comportement opportuniste, qui a été aussi celui d'États africains, a connu un terrain de prédilection, qui est celui de l'usage inattendu qui a été fait de la procédure de renvoi d'une situation par un État partie (§1).

L'analyse met également en exergue le fait que le face-à-face avec le continent africain s'estompe un peu et que celui-ci n'a plus, pour ainsi dire, le monopole des débats qu'il a soulevés ; bref, il n'y a pas que sur le continent africain que les rapports de la CPI avec les États peuvent être difficiles. Or, ce déplacement de l'axe géographique du débat ne tarde pas à révéler que les États africains, à l'instar de leurs homologues, ont une tendance naturelle à circonvenir leur propre justiciabilité, à refuser, en quelque sorte, de subir la justice internationale. Ces États redeviennent ainsi comme tous les autres, nivellement qui a pour effet d'atténuer l'âpreté de leur conflit avec le système pénal international (§2).

## §1. Le détournement de la procédure du renvoi

Nous sommes ici dans l'hypothèse de l'article 17 du Statut de Rome. Cette disposition est consacrée à l'une des voies par lesquelles la Cour pourrait être saisie. A côté de l'ouverture d'une enquête déclenchée par le Procureur lui-même (article 15) et du renvoi par le Conseil de sécurité (article 15 ter), tout État partie peut en effet déférer au Procureur toute situation dans laquelle il estime que la CPI pourrait être compétente. Il est précisé que l'État requérant doit étayer sa demande par des informations corroborant ses soupçons. A l'expérience, la procédure du renvoi par un État a été utilisée, par les États africains notamment, dans un sens quelque peu déroutant et à des fins politiques (A). Loin de s'émouvoir d'un tel usage, la CPI a validé l'interprétation déconcertante qui a été faite par les saisissants, suggérant une forme de connivence dont pâtit forcément l'imagerie révolutionnaire véhiculée par les États protestataires (B).

### A. Le trouble jeu des États africains

Il semble qu'à l'origine la disposition de l'article 17 du Statut de Rome avait vocation à s'appliquer non à l'État qui saisit la CPI lui-même, mais à un autre État partie. En d'autres termes, il s'agissait que toute partie au traité pût saisir la Cour d'une situation se déroulant dans un autre État partie. Le mécanisme était donc celui d'une « dénonciation », comme les systèmes de protection des droits de l'homme en connaissent classiquement. A l'expérience cependant, il est apparu que les États ont utilisé cette possibilité de dénonciation pour eux-mêmes : on saisit la CPI pour qu'elle enquête sur des faits s'étant déroulés non sur le territoire d'un autre État, mais sur son propre territoire. A vrai dire, ce curieux destin du texte peut surprendre, mais il n'est pas absurde eu égard à la rédaction de la disposition en cause. Rien, en effet, dans la lettre de l'article 17 du Statut, n'interdit à un État partie d'effectuer un « auto renvoi ».

Très vite, il est alors apparu que les États – presque exclusivement africains – procédaient à cet « auto renvoi » pour des raisons stratégiques et politiques. Lorsqu'un État requiert de la CPI qu'elle s'intéresse à son propre cas, il le fait parce qu'une telle démarche peut être politiquement bénéfique. En utilisant le principe de complémentarité contre soi-même si l'on ose dire, c'est-à-dire en renonçant à juger une situation nationale au profit d'une CPI appelée à la rescousse, un gouvernement peut réaliser plusieurs gains politiques, notamment dans l'hypothèse où les présumés responsables sont ses adversaires politiques, ce qui est presque systématiquement le cas. D'une part, un procès devant la CPI a toujours un retentissement médiatique qu'un procès national n'a pas toujours. D'autre part, le traitement d'une affaire par la CPI éloigne le spectre d'une « justice des vainqueurs », cette critique que l'on adresse si souvent à la justice pénale quand elle s'applique à des adversaires politiques. Par ailleurs, le procès devant une instance judiciaire internationale met en relief la gravité des faits poursuivis, l'internationalisation accroît la stupeur que la perpétration des atrocités de masse peut susciter, elle scelle réellement la perpétration d'un crime contre l'humanité : si c'est une instance internationale qui juge l'affaire, est-on porté à penser, c'est que celle-ci concerne, justement, tous les hommes. Il faut ajouter à tout cela une autre dimension. Elle tient au crédit de la Cour et, conséquemment, à celui des jugements qu'elle délivre. L'idée qui est en filigrane, c'est que si une instance comme celle-là – qui bénéficie d'une présomption et de sérieux et qui applique les standards internationaux du procès équitable – estime qu'une personne est coupable de faits aussi graves, c'est sans doute parce que l'accusé est réellement coupable. Tel est le préjugé qui pourrait habiter une bonne partie de l'opinion. S'il s'agit d'un adversaire du gouvernement en place, cet opposant se trouve ainsi jeté en pâture à l'indignation internationale.

Déférer sa propre situation aux juges de La Haye comporte alors, on le voit bien, bien des avantages. Les États qui procèdent aux « auto- renvois » n'en sont pas dupes. Le calcul est vite fait : la sentence de la juridiction internationale discrédite le coupable autant qu'elle « valorise » le gouvernement auquel il s'est opposé, l'ennemi d'un ennemi détestable ne peut être que désirable. En s'abstenant de traiter des crimes commis sur leur propre territoire, les gouvernements qui ont saisi la CPI avaient, cela est évident, considéré tous ces paramètres et jaugé le bénéfice politique d'un transfert de leur dossier aux Pays Bas[184].

Il va de soi, par exemple, que dans le cas de la RDC, l'auto – renvoi opéré par les autorités s'est traduit presque automatiquement par l'ouverture d'enquêtes visant des opposants notoires, comme Thomas Lubanga ou Jean Pierre Bemba, dirigeants, il est vrai, de groupes armés, mais également

---

184 Sur la question en général, v. Toussignant M.C., « L'instrumentalisation du principe de complémentarité de la CPI : une question d'actualité », *Revue Québécoise de droit international,* 2012, pp.88 et s ; Mouangue J., « L'Afrique et les juridictions pénales », *Cahier Thucydide,* n°10, fev.2012.

connus pour leur opposition au régime en place. L'enchaînement des circonstances révèle une célérité forcément suspecte. Le 10 février 2006, un mandat d'arrêt est lancé contre Thomas Lubanga. Un mois plus tard, il est effectivement arrêté par les autorités du pays (17 mars 2006). Le 2 juillet 2007, un autre mandat d'arrêt est émis, visant Germain Katanga. Trois mois plus tard (le 17 octobre), ce dernier est arrêté. Enfin, s'agissant de Mathieu Guidjolo, sept mois séparent l'émission du mandat d'arrêt (6 juillet 2007) de son arrestation effective (le 6 février 2008).

Dans le traitement de l'affaire ivoirienne, plusieurs indices tendent à établir qu'en saisissant la Cour, le gouvernement ivoirien a également entendu engranger le bénéfice politique de l'action judiciaire. Il y a d'abord la lettre par laquelle la CPI est saisie : les autorités nationales y affirment de manière quelque peu paradoxale que le système judiciaire ivoirien « n'est pas le mieux placé pour connaître des crimes les plus graves commis au cours derniers mois » mais que « le ministre de la justice (…) a déjà pris des mesures pour faire la lumière sur un certain nombre d'infractions commises au cours des derniers mois et des années précédents »[185]. L'on a tout autant relevé la rapidité inhabituelle de l'enchaînement des actes de procédure, de l'ouverture de l'enquête (3 octobre 2011) à l'audience de première comparution (5 décembre) en passant par la délivrance du mandat d'arrêt (23 novembre)[186]. Il convient enfin relever la curieuse disjonction des procédures concernant le couple Gbagbo : alors que l'ex chef d'État était transféré à La Haye pour y être jugé, les autorités ivoiriennes ont tenu à organiser un procès national pour son épouse, entendant se prévaloir au maximum, dans ce dernier cas, du principe de complémentarité[187].

---

185 Lette du président de la République de Côte d'Ivoire datée du 3 mai 2011 adressée à la CPI.

186 Toussignant M.C., op cit., p.93.

187 Ce débat a été esquissé dans la décision CPI, Ch. Prelim I, « Le Procureur c. Simone Gbagbo », Dec relative à l'exception d'irrecevabilité soulevée par la Côte d'Ivoire, ICC-02/11-01/12, 11 décembre 2014.

Les vicissitudes du dossier ougandais devant la CPI révèlent également qu'à travers la saisine du juge, les États entendent aussi jouer une carte politique. Ici, le gouvernement ougandais a clairement utilisé la procédure de l'article 17 du Statut pour pratiquer une sorte de « chantage » à la négociation. L'État saisissant a expressément déclaré qu'il pouvait « retirer » sa saisine ou demander au Conseil de sécurité de mettre en œuvre son pouvoir de suspension des poursuites (article 16 du Statut) en cas de signature d'un accord de paix avec les rebelles de l'Armée de résistance du Seigneur. Autant dire que l'alternative suivante leur était proposée : aller à la table des négociations et voir s'éloigner la perspective de leur jugement, ou refuser la main tendue et encourir les foudres de la justice pénale[188].

L'on voit bien qu'une forme insidieuse de connivence tend à s'établir entre le gouvernement qui livre un suspect et la CPI. Les poursuites menées par celle-ci tendent alors à se détourner des dirigeants de l'État et de leurs partisans : l'enquête est ainsi « orientée », au sens propre du terme, les investigations internationales visent, dès le départ, des personnes précises. Il est vrai qu'une telle réalité renvoie à une carence consubstantielle de la justice pénale internationale, qui est sa dépendance à l'égard des États. Ce sont en effet les États qui non seulement donnent le signal du déploiement de cette justice, l'autorisent en quelque sorte à se mettre en branle, mais ce sont eux qui lui fournissent sa matière, lui ménagent la possibilité d'enquêter et l'alimentent en preuves. Il va de soi que cette subordination structurelle suscite un malaise car on ne voit pas un gouvernement, susceptible d'être mis en cause dans des crimes internationaux, travailler à sa propre stigmatisation judiciaire en ne collaborant pas de façon sélective avec une juridiction internationale.

---

[188] Apuuli K.ph., « The ICC's Possible Deferral of the LRA Case to Uganda », *Journal of International Criminal Justice*, 2008, vol.6, pp.801-813.

A l'épreuve des faits, le détournement de la procédure de l'article 17 du Statut de Rome sert ce dessein opportuniste et s'inscrit dans une logique d'instrumentalisation des institutions judiciaires internationales. L'on aurait alors pu s'attendre à ce que la CPI elle-même désavouât une telle dérive, restaurât une interprétation moins tributaire d'arrières pensées politiques et stratégiques, livrât une lecture plus épurée de son Statut. Cette espérance va pourtant être vite déçue.

### B. Les accommodements de la CPI

Il fallait bien entendu s'attendre à ce que l'usage qui a été fait de la procédure du renvoi fût contesté devant la Cour. Il l'a notamment été dans l'affaire « Le Procureur c. Germain Katanga et Mathieu Ngudjolo Chui » (arrêt du 16 juin 2009 rendu par la Chambre de première instance II). La Chambre était invitée à se prononcer sur la situation d'un État qui entend pratiquer l'« auto-renvoi » en manifestant clairement son intention de ne pas juger une affaire.

Les termes par lesquels elle valide la pratique observée méritent d'être longuement cités. Pour la Cour, « le Statut prévoit explicitement le cas de l'État qui n'entend pas traduire une personne en justice afin de le soustraire à sa responsabilité pénale. Il s'agit alors d'un manque de volonté manifestant le souhait d'entraver le cours de la justice. Il existe également le cas de l'État qui, sans vouloir protéger une personne, préfère pour diverses raisons ne pas exercer sa compétence à son égard. Cette seconde forme du « manque de volonté », non explicitement prévue par l'article 17 du Statut, correspond au souhait de voir la personne traduite en justice, mais devant une autre juridiction que les juridictions nationales. La Chambre estime que l'État qui choisit ainsi de ne pas mener une enquête ou de ne pas poursuivre une personne devant ses propres juridictions, mais qui se montre par ailleurs déterminé à ce que justice soit faite, doit être considéré comme étant dépourvu de la volonté évoquée à l'article 17 du

Statut. En effet, il apparaît à la Chambre que cette seconde forme du « manque de volonté » est conforme à l'objet et au but du Statut car elle respecte l'intention des rédacteurs de « mettre un terme à l'impunité », tout en adhérant au principe de complémentarité. Ce principe vise à protéger le droit souverain des États d'exercer leur compétence de bonne foi lorsqu'ils souhaitent le faire. Etant titulaire de ce droit, l'État peut y renoncer, de la même manière qu'il peut choisir de ne pas contester la recevabilité d'une affaire alors même qu'il existerait des motifs objectifs de soulever une exception (...). Si un État juge plus opportun que la Cour mène les enquêtes et les poursuites, il n'en remplit pas moins ses obligations au regard du principe de complémentarité s'il assure le transfert du suspect dans les meilleurs délais et apporte à la Cour sa coopération pleine et entière conformément au chapitre IX du Statut. La Chambre ne peut savoir pour quels motifs exacts un État exprime sa volonté de ne pas poursuivre dans une affaire donnée. Sans pour autant que soit méconnu le principe de complémentarité, un État peut, s'il le juge opportun, déférer à la Cour une situation concernant son propre territoire, de la même manière qu'il peut décider de ne pas mener une enquête ou de ne pas engager des poursuites relatives à une affaire donnée. L'État peut prendre une telle décision s'il estime être dans l'incapacité de conduire un procs rapide et équitable, ou s'il considère que les circonstances ne sont pas propices à un exercice efficace des enquêtes ou la conduite équitable d'un procès »[189].

L'extrait que voilà résume et éclaire la politique jurisprudentielle de la CPI en matière d'« auto renvoi ». En substance, la Cour laisse l'État libre de ne pas poursuivre et de lui transférer une affaire nationale. Certes, la doctrine ainsi exposée laisse apparaître un certain malaise, le juge oscillant entre l'affirmation d'une liberté totale des États et la nécessité d'objectiver le recours à l'« auto - renvoi ». De cette tentative

[189] ICC-01/04-01/07, *Le Procureur c. Germain Katanga et Matthieu Ngudjolo Chui*, 16 juin 2009, §§ 77 à 80.

d'objectivation, procède le passage terminal de l'extrait, qui évoque, pour justifier le recours à la CPI, l'impossibilité dans laquelle l'État saisissant se trouverait de mener « un procès rapide et équitable ». Par ce bout de phrase, la Cour esquisse la nécessité de motiver l'« auto-renvoi ». Mais dans le même temps, elle suggère, par trois fois au moins, que la liberté de l'État est totale, la notion d'opportunité même revenant régulièrement sous sa plume, de même que la formule finale évoquant des « circonstances » qui ne seraient pas « propices ». Le lecteur ne doit cependant pas être dupe de ce balancement : c'est bien la liberté de l'État qui est le principe, c'est à cet État de juger seul de l'opportunité de renvoyer « son » affaire à la Cour. En adoptant une position aussi libérale, la CPI ouvre la boîte de Pandore de la politisation des renvois, l'opportunité dont il est question pouvant volontiers être politique.

Certes, cette espèce de capitulation devant le facteur politique pourrait paraître choquante, mais à la décharge de la Cour, il faut s'imaginer le scénario auquel une interprétation contraire aurait abouti : un État saisissant le juge mais s'entendant rétorquer qu'il doit lui-même juger...alors précisément qu'il ne souhaite pas cela. Outre l'étrangeté du cas de figure, ce déclinatoire de compétence de la juridiction internationale serait quelque peu irréaliste car ne correspondant pas tout à fait à la loi sociologique de l'expansionnisme des compétences des organisations internationales. En effet, par une sorte de loi naturelle, ces organisations ont tendance à interpréter extensivement leurs compétences, notamment dans l'hypothèse où des considérations quantitatives – la quantité de jugements rendus – entre en jeu dans l'appréciation de leur bilan et de la pertinence de leur création. Or, cette perspective productiviste entre forcément en compte dans le jugement que l'on peut porter sur la première juridiction pénale internationale permanente de l'histoire. L'on se gardera donc de critiquer outre mesure la Cour.

Il n'en demeure pas moins qu'en livrant de la procédure de renvoi une interprétation qui en valide l'usage politique, la CPI ouvre un boulevard pour les gouvernements qui seraient tentés d'utiliser l'institution judiciaire pour circonvenir des adversaires politiques. Or, les États africains qui ont saisi la Cour ne se sont pas privés, dans un certain nombre de cas tout au moins, de tirer profit des ressources stratégiques de l'article 17 du Statut de Rome. Leurs motivations apparaissent alors sous un jour moins « romantique » et plus prosaïque. Tour à tour contempteurs et profiteurs, contestataires et bénéficiaires, censeurs et rentiers d'un système dont décidément rien n'est simple, ces saisissants « rusent » avec les règles et reproduisent ce faisant des logiques communes aux États.

Ce réflexe pavlovien altère bien entendu le caractère révolutionnaire de leur posture. En agissant comme les autres, ils révèlent que leur action obéit à des ressorts moins prométhéens et plus triviaux qu'on aurait pu le croire. Le débat n'est pas ici d'ordre moral. Il suffit, dans la perspective qui est la nôtre, de seulement relever cette soumission de l'exigence de justice aux intérêts des États, et de noter que cette résurgence du réalisme rappelle que le comportement de l'UA devant la justice reste d'abord celui d'êtres étatiques, reproduisant des logiques d'État et essentiellement mus par des intérêts. Au demeurant, il n'y a pas que ces États qui s'irritent des prétentions des institutions judiciaires internationales. Hors du continent aussi, cette justice butte sur des préventions gouvernementales.

## §2. L'inexistence d'un monopole de la contestation : les limites d'une « originalité africaine »

La contestation de la justice pénale internationale n'est pas l'apanage de l'Afrique. A l'analyse, il s'avère d'abord que les États sont au moins tentés de faire un large usage du principe d'immunité, ce cheval de bataille des États membres de l'UA dans leur conflit avec les institutions pénales internationales. Contrairement à ce que l'on pourrait croire en effet, des États qui ont revendiqué une compétence universelle ont simultanément consenti à une restriction de leur juridiction par le principe d'immunité, rejoignant donc sur ce point précis l'attitude de l'UA (A). Plus spécifiquement encore, en dehors du continent africain, l'action de la CPI a été critiquée lorsque celle-ci a voulu mener des enquêtes ou des poursuites (B).

### A. D'autres États revendiquent le principe d'immunité

Les « autres » sont ici les États du Nord. Le fait qu'ils aient, à l'instar des États africains, tenu à faire respecter le principe d'immunité dans des circonstances précises atteste qu'il n'y a pas que les États membres de l'UA qui considèrent que ce principe reste encore vivace. En tout état de cause, la persistance de cette restriction à l'exercice de la justice internationale indique que les réticences africaines ne sont ni « marginales » ni absurdes en droit. Mais là n'est pas le propos. Il s'agit ici, non de tenter de justifier l'attachement des États africains à l'immunité, mais de mettre en évidence le fait que la défense de ce principe peut constituer un point de convergence de pratiques étatiques, et qu'elle est assez largement partagée. Cet autre dénominateur commun dans le comportement affiché devant le développement de la justice pénale montre qu'il n'existe pas tout à fait une « insularité » africaine en la matière. Dès lors, la singularité des positions de l'UA doit être relativisée, c'est la ressemblance des comportements étatiques et non leur dissemblance qui doit être mise en exergue. Les illustrations de cet alignement des pays du Nord sur le principe de l'immunité sont nombreuses.

La Belgique, chantre s'il en est du principe de compétence universelle, au point que son système judiciaire a été vite débordé par une pléthore de requêtes, a eu à rejeter des demandes en vertu de l'immunité de juridiction des personnes que celles-ci visaient.

Dans l'affaire « Abbas Hijazi et al. c. Sharon et al » (arrêt du 12 février 2003), le juge belge a classé sans suite des plaintes qui lui ont été adressées. Il importe de préciser que ce rejet est intervenu avant la modification de la loi intervenue en 2003 et restreignant précisément la mise en œuvre de la compétence universelle. Au nom du principe de l'immunité du chef d'État étranger, des requêtes visant les chefs d'État de Cuba, de la Côte d'Ivoire ou de la Mauritanie et du Congo Brazzaville ont connu le même sort[190].

En France, un arrêt de la Cour de cassation du 13 mars 2001 (« SOS attentats et B. Castelnau d'Esnault c. Khadafi ») a déclaré l'impossibilité de poursuivre un chef d'État en exercice. Quelques années plus tôt, le Procureur de la République près le Tribunal de grande instance de Paris avait annoncé le classement sans suite d'une plainte visant le Secrétaire d'État américain à la Défense Donald Rumsfeld, accusé d'avoir autorisé le recours à la torture. Dans une lettre du 27 février 2007, le Procureur général près la Cour d'appel de Paris a estimé que ce rejet était fondé sur l'immunité dont jouissait l'officiel américain[191].

En Espagne, une décision de l' « Audiencia Nacional » du 23 décembre 1998 (concernant le roi du Maroc Hassan II), une autre du 4 mars 1999 (concernant le chef de l'État cubain) et enfin un arrêt du 6 février 2008 (à la suite d'une plainte contre le président rwandais Kagame) ont tous débouché sur le constat de l'impossibilité de déclencher des poursuites eu égard au fait que toutes les personnes visées bénéficiaient d'une immunité de juridiction[192].

---

190 V. *Rapport du Groupe d'experts techniques ad hoc sur le principe de compétence universelle, UA-UE*, 2009, pp.22-23.

191 Ibid. p. 23.

192 Ibid.

En Allemagne, le Procureur fédéral a, le 24 juin 2005, pris la décision de rejeter la demande d'ouverture d'enquête pour crimes contre l'humanité visant l'ex président chinois Jiang Zemin, lorsqu'il était en fonction. La même décision avait été appliquée quelques semaines auparavant au vice- président tchétchène Ramzan Kadyrov[193].

L'ambassadeur israélien accrédité au Danemark a vu la plainte qui le visait rejetée, il y était accusé d'avoir été responsable des actes de torture pratiqués alors qu'il était chef des services de sécurité. Il convient de préciser que le gouvernement danois a tenu à préciser, dans cette affaire, qu'en cas de contrariété entre les règles relatives à l'immunité diplomatique stipulées dans la convention de Vienne de 1961 et les dispositions de la convention contre la torture de 1984 – qui était visée dans l'espèce - , ce sont les premières qui s'imposent[194].

Au Royaume Uni enfin, les « Magistrates'Courts » ont décidé de rejeter la plainte visant le président Mugabe du Zimbabwe alors qu'il était en fonction (arrêt du 14 janvier 2004)[195].

Il existe ainsi une pratique étatique occidentale non négligeable, tendant à reconnaître au principe d'immunité des dirigeants officiels des États une pertinence, contrairement à ce que l'on pourrait croire. Le champ de l'immunité n'est certes pas, dans le droit international actuel, d'une clarté cristalline. Les positions peuvent varier d'une juridiction à l'autre, d'un domaine précis à un autre. Parfois, à l'intérieur d'un même système judiciaire, des dissonances ont pu être perçues. A l'échelle d'une aire régionale donnée, les divergences peuvent devenir plus franches. Dans les pays comme l'Italie, les Pays Bas et même le

---

193 Ibid.

194 Ibid.

195 Ibid.

Royaume Uni, les jurisprudences ne sont pas nécessairement à l'avenant de celles qui ont été précédemment citées[196]. D'autre part, la valorisation du principe d'immunité telle que nous l'avons vue peut se recommander de considérations plus logiques qu'idéologiques, plus factuelles que formelles. La difficulté d'établir les preuves des allégations des plaignants s'agissant de présumés responsables si haut placés, la susceptibilité nationale pouvant naître de la mise en cause d'un dirigeant constituent sans doute des facteurs qui ont pu jouer dans le classement sans suite des plaintes.

Tout cela est vrai, mais n'est pas l'essentiel. La seule chose qu'il importe de retenir ici, au-delà des motivations des juges qui rendent les décisions et des variations de leurs jurisprudences, c'est la vivacité du principe d'immunité et sa présence persistante dans les relations internationales. Il faut le redire : cette présence atteste que, juridiquement parlant, les thèses défendues par les États africains ne manquent pas forcément de pertinence. Mais la défense de ce principe, quand elle devient répandue ou partagée, affaiblit justement la théorie d'une exception africaine en la matière, elle jette une ombre sur la posture tribunicienne que prennent ces États, c'est la mythologie révolutionnaire qui prend un coup. La raison en est simple : ces États contestataires –là ne sont pas les seuls à défendre une telle position. Dans la conflictualité globale avec la justice pénale internationale, la pratique étatique générale en matière d'immunité a pour effet de réduire la virulence de la contradiction africaine, de faire craqueler le vernis de l'opposition irréductible et de l'adversité systématique, il pourrait même exister des convergences souterraines entre des camps perçus jusque-là comme opposés. L'inexistence d'une singularité africaine substantielle est encore vérifiée dans les rapports que la CPI a entretenus avec d'autres États, avec d'autres régions du monde. Lorsque la Cour a voulu y

---

196 Ibid. p.22.

déclencher des enquêtes ou des poursuites, les mêmes préventions que celles qu'on a observées sur le continent africain s'y sont promptement fait jour.

### B. D'autres États contestent l'action de la CPI

L'idée que l'action de la CPI reste cantonnée au continent africain a pu être crédible à un moment donné, elle ne l'est plus tout à fait aujourd'hui. Au début de l'année 2019, le rapport sur les enquêtes préliminaires menées par le Procureur de la Cour faisait état de quelques investigations en Afrique (notamment en Guinée, au Nigéria et au Gabon, sans préjudice, bien entendu, des enquêtes entamées depuis quelques années dans d'autres pays africains), mais ces enquêtes concernaient également d'autres régions du monde.

Ainsi, la situation au Bengladesh et en Birmanie fait l'objet d'un examen préliminaire depuis le 18 septembre 2018, peu après que la Chambre préliminaire eût confirmé que la Cour pouvait exercer sa compétence à l'égard des faits de déportation présumée du peuple rohingya de la Birmanie vers le Bengladesh. La Chambre a fondé la compétence de la Cour sur l'article 12-2 a) du Statut de Rome, relatif au cas de figure en cause : l'un au moins des éléments constitutifs d'un crime relevant de la compétence de la Cour est commis sur le territoire d'un État partie (le Bengladesh)[197]. L'ouverture d'un examen préliminaire a également eu lieu au sujet de la situation aux Philippines, depuis le 8 février 2018. Sont en cause ici les actes de répression visant les trafiquants de drogue, le président de la République nouvellement élu ayant déclaré priorité nationale la lutte contre le phénomène[198]. De la même manière, le Procureur a ouvert un examen préliminaire s'agissant de l'Ukraine, depuis le 25 avril

---

[197] Bureau du Procureur de la CPI, *Rapport sur les activités menées en 2018 en matière d'enquêtes préliminaires*, 5 décembre 2018, pp. 11-12.

[198] Ibid. pp.15-16.

2014. Il s'agit ici de la procédure d'« auto-renvoi », cet État n'étant pas partie au Statut mais ayant souscrit deux déclarations au titre de l'article 12-3 du Statut, par lesquelles il ouvrait la voie à la compétence de la Cour. Les faits visés étaient consécutifs à la répression d'un mouvement de contestation intérieure sous la présidence Ianoukovitch ainsi que les troubles consécutifs à l'annexion de la Crimée et de la ville de Sébastopol par la Fédération de Russie[199]. Le Venezuela est un autre pays visé par la Cour. L'examen préliminaire y est déclenché depuis le 8 février 2018. La procédure a été celle d'une « dénonciation », qui était, semble-t-il, celle que les rédacteurs du Statut avaient en vue en concevant la procédure de renvoi telle qu'elle figure à l'article 14. Ce sont l'Argentine, la Canada, le Chili, la Colombie, le Paraguay et le Pérou qui ont saisi le Procureur aux fins d'enquête sur la situation au Venezuela où des crimes auraient été commis depuis le 12 février 2014 par le gouvernement Maduro[200]. En Colombie, où un examen préliminaire est ouvert depuis juin 2004, la CPI souhaite enquêter sur de présumés actes criminels dont se seraient rendus coupables aussi bien les rebelles des FARC que les forces de sécurité elles-mêmes[201]. Enfin, la CPI s'est penchée sur les actes commis en Irak par les forces britanniques de la coalition anglo-américaine qui a mené une attaque contre le régime irakien en mars 2003. Elle a considéré qu'il existe « une base raisonnable permettant de croire qu'au cours de la période allant du 20 mars 2003 au 28 juillet 2009, des militaires britanniques ont commis des crimes de guerre (…) »[202].

La CPI s'intéresse donc à d'autres régions du monde. Mais le plus remarquable est que la réaction des États qui viennent d'être évoqués rappellent, à bien des égards, celle de leurs homologues

---

199 Ibid., pp.19-22.

200 Ibid. pp.31-32.

201 Ibid. pp.37-39.

202 Ibid. p.56.

africains. L'atavisme des logiques d'État s'est manifesté presque systématiquement, la susceptibilité politique ou nationale a resurgi devant la perspective d'une enquête judiciaire. Les États africains, décidément, ressemblent aux autres. On rappellera que les Philippines ont, le 17 mars 2018, notifié au Secrétaire général de l'ONU leur retrait du Statut de Rome, ce retrait devant prendre effet un an après conformément à l'article 127 de celui-ci[203]. Le Venezuela pour sa part a manifesté sa mauvaise humeur en annonçant qu'il avait entamé son retrait de l'Organisation des États américains, dont étaient membres la quasi-totalité des saisissants de la CPI dans la procédure en cause, et qui avait tenu une session spéciale consacrée à la situation de ce pays[204]. La Russie également, visée dans l'enquête consécutive à l'annexion de la Crimée, a clairement indiqué qu'elle « se retirait » de la CPI. Les autorités russes ont signé le Statut mais ne l'ont jamais ratifié. Reprochant à la Cour « son manque d'indépendance » à la suite de cette déclaration de compétence, le président Poutine a signé un décret procédant à ce retrait. L'acte, dont la portée juridique est discutable, revêt incontestablement un cachet politique : il éloigne la perspective d'une adhésion russe au projet de juridiction pénale permanente[205]. La Grande Bretagne et l'Afghanistan, visés, ont également pris leurs distances vis-à-vis de la Cour. Cette distanciation s'est traduite par l'opposition britannique à toute « activation de la compétence de la CPI sur le crime d'agression », laquelle pourrait ouvrir la voie à des poursuites contre des dirigeants du pays au moment de la seconde guerre d'Irak[206]. L'Afghanistan a pour ce qui le concerne fait valoir la règle de la complémentarité pour s'opposer à toute intervention de la justice

---

[203] Ibid. p.15.

[204] Ibid.p.32.

[205] https://www.letemps.ch/russie-se-retire-cour-penale-internationale.

[206] https://www.derechos.org/nikor/aggression/doc/aggression124.html

internationale, estimant qu'il pouvait lui-même juger les faits en cause[207].

La thèse d'une exception africaine devant la justice pénale internationale doit être relativisée au regard des réactions qui viennent d'être évoquées. A l'instar des autres États, les membres de l'UA rechignent toujours quelque peu à se soumettre à une justice internationale perçue, à tort ou à raison, comme intrusive, notamment dans un contexte où sa juridiction devrait être supplétive de celle des États. Mais l'émoi que suscite l'interventionnisme judiciaire ne doit pas faire illusion. Face à la justice internationale, les réactions des États ne s'épuisent pas dans le désir d'indépendance. Elles sont aussi faites de tactique, d'opportunisme, on allait dire de ruse. Les institutions judiciaires sont repoussées par moments, sollicitées en d'autres circonstances. Le caractère quelque peu « cynique » de cet usage de la justice se dévoile encore lorsqu'on sait, comme on l'a vu, que cette sollicitation a volontiers lieu lorsque l'intervention extérieure devient le moyen de discréditer une adversité politique interne. Et parce qu'il a besoin, pour exister, de la collaboration des États, le système pénal international se plie volontiers à ce déséquilibre qui peut régir son fonctionnement, s'accommode de cette carence constitutionnelle. En tout état de cause, la régularité des comportements étatiques comme l'usage stratégique des institutions judiciaires témoignent de la permanence des logiques d'État, attestent une continuité et non une discontinuité africaine.

C'est de bonne guerre, dira-t-on, tant il est vrai qu'on ne saurait demander à des États d'être autre chose que ce qu'ils sont. Mais la vraie question, au-delà de l'exploitation opportuniste de la justice internationale, est de savoir si l'Afrique veut réellement rompre avec le système pénal international, si elle désire vraiment assumer jusqu'au bout ses velléités de dissidence, si la logique

---

[207] V. l'article de Stéphanie Maupas au journal « Le Monde » du 6 décembre 2019.

oppositionnelle peut ou doit être conduite jusqu'à ses conséquences ultimes. L'interrogation n'est pas absurde car il apparaît, à l'examen, que les États africains n'ont jamais rompu les amarres, ont toujours gardé des liens avec des institutions par ailleurs critiquées. La perspective d'une réconciliation n'est donc pas irréaliste.

# CHAPITRE II

# L'AFRIQUE A TOUJOURS MAINTENU LES LIENS AVEC LES ORGANES DE LA JUSTICE PÉNALE INTERNATIONALE

En dépit des mésintelligences et même des diatribes, il apparaît que les États africains ont toujours maintenu des liens avec les institutions pénales en général, et avec la CPI en particulier. Cette politique de bon voisinage s'est traduite dans le cadre global et classique des relations diplomatiques, dans un contexte de normalité, peut-on dire (Section 1). Mais le bon voisinage s'est perpétué à l'épreuve des saisines, dans un cadre qu'on qualifiera donc de péri-contentieux (Section 2).

Il s'agit là, en somme, de la partie non visible de l'iceberg, de l'en-deçà de l'écume médiatique. Il va au rebours, assurément, d'une vision conflictuelle bipolaire et irréductible des relations entre les États africains et de la justice pénale internationale.

## Section 1

## Les relations diplomatiques

Le continent africain n'est pas absent des institutions de la justice internationale. Rien ne serait plus réducteur que la croyance en une marginalisation de cette région du monde, dans les lieux où se noue cette justice. La CPI en particulier, n'est pas « étrangère » à l'Afrique (§1). D'autre part, au plus profond de la crise qui les a opposées, aucune de ces parties n'a commis l'irréparable, la logique de l'escalade a été maîtrisée, chacune a entendu laisser intactes les chances d'une réconciliation (§2).

## §1. L'intégration de l'Afrique dans le système de la justice pénale internationale

Les facettes de cette réalité-là sont trop souvent occultées ou oubliées. L'on a tendance à méconnaître que l'Afrique a non seulement été aux avant-postes dans la création de la Cour pénale internationale, mais que certains membres de l'UA ont eu à apporter explicitement leur soutien à cette juridiction. Contrairement aux apparences donc, le continent peut ainsi valablement revendiquer une forme de parrainage de cette justice (A). En outre, les États africains sont amplement représentés dans l'administration de la CPI en particulier (B).

### A. Dans la réalisation de la justice

Il faut remonter ici aux sources mêmes de cette justice, c'est-à-dire à la naissance de la CPI. Le contraste est alors saisissant, entre l'acerbité des critiques actuelles et ce qui fut la position globale des États africains. Aux négociations de Rome, cette position est franchement favorable à la création d'une juridiction pénale permanente. Les statistiques, d'abord, parlent d'elles-mêmes : quarante - sept États africains sur les cinquante - trois que compte le continent étaient présents à la Conférence ; sur les soixante ratifications nécessaires à l'entrée en vigueur du Statut, vingt étaient « africaines »[208] et le premier État à avoir ratifié le traité est africain, c'est le Sénégal.

Sur le fond, si l'on peut dire, c'est-à-dire sur les positions de principe affichées au sujet des pouvoirs de la nouvelle juridiction, les États africains ont également manifesté un certain enthousiasme. Il suffit de rappeler les discours qu'ils ont tenus. Le conseiller juridique de l'ex OUA a insisté sur le parti qu'un continent comme l'Afrique, victime de tant de « crimes », pouvait tirer de la création d'une Cour chargée de réprimer lesdites transgressions. Pour lui, « Africa had a particular interest in the establishment of the Court, since its peoples had been the victims of large-scale violations of human rights over the centuries : slavery, wars of colonial conquest and continued acts of war and violence, even in the post-colonial era »[209]. Le représentant de l'UA insistait quant à lui sur la large liberté dont devait bénéficier la CPI: "The Court should be able to intervene unrestrictedly and its jurisdiction should extend to any place at any time (...). It should be strong but just, impartial and accessible, should have sufficient resources, eradicate impunity, render justice, create scope for freedom and forge trust between citizens and Governments for the real development of States"[210]. La mise en place de la Cour était même présentée comme une « urgence » par le délégué du Burkina Faso[211] et, dans une perspective plus évocatrice encore, le représentant du Lesotho voyait dans l'avènement de la juridiction un signe annonciateur de la substitution de l'empire du droit au règne de la force[212].

---

[208] Coalition for an International Criminal Court, *Africa and the International Criminal Court,* 2009; Manirakiza P., "L'Afrique et le système de justice pénale internationale", *African Journal of Legal Studies,* 3.2009, p.28.

[209] Official Records of the United Nations Diplomatic Conference of Plenipotentiaries on the Establishment of an International Criminal Court, Doc.ONU A/CONF.183/13 (vol II), p.104, §116.

[210] Ibid., p.89, §75.

[211] Ibid., p.84, § 32.

[212] Ibid., p.69,§74

L'ironie de l'histoire, c'est que ces États sont restés fidèles à leur vision très « militante » de la justice internationale lorsqu'il a fallu débattre du statut et des pouvoirs du Procureur, devenu avec le temps, on l'a vu, l'incarnation à leurs yeux de l'hégémonie de cette justice. Au nom de la Communauté de développement de l'Afrique australe (SADC), le ministre sud-africain de la Justice s'est clairement prononcé pour un renforcement des pouvoirs du Procureur. Il déclarait que « The SADC States believed that the Prosecutor should be independent and have authority to initiate investigations and prosecutions on his or her own initiative without interference from States or the Security Council, subject to appropriate judicial scrutiny. The independence of the Court must not be prejudiced by political considerations"[213]. Il était suivi dans cette proposition par les délégués de la Sierra Léone et du la Namibie[214]. Un État comme le Ghana est allé encore plus loin en préconisant que l'exercice de la justice s'affranchisse pour ainsi dire du consentement préalable des États : « The requirement of State consent as a precondition to the exercise of jurisdiction would render the Court ineffective and unacceptable »[215].

Rien ne serait donc plus inexact que de s'imaginer que le conflit qui existe entre la CPI et les États membres de l'UA a toujours existé. Le continent africain a au contraire été aux avant-postes de la création de la Cour et il a eu une conception plutôt ambitieuse des compétences et pouvoirs de celle-ci. L'on pourrait alors imaginer que la désaffection actuelle se traduise par un délaissement de la Cour, de ses activités et de tout ce qu'elle représente. Une telle distanciation serait d'autant plus concevable que l'UA a elle-même appelé à une sorte de « boycott » de l'institution, si ce n'est à un retrait massif de ses membres. Or, ce divorce n'a pas eu lieu. L'Afrique reste, en dépit de tout, présente

---

213 Ibid., p.65, §16.

214 Ibid., p.87, §§ 53 et 58.

215 Ibid. p.85,§38.

dans le fonctionnement de cette justice. Celle-ci continue donc d'être un peu la sienne, en dépit des diatribes qu'elle lui destine.

### B. Dans l'administration de la justice

Il faut, là également, laisser parler les chiffres. Un document du Bureau du Procureur de la Cour relatif à la répartition géographique des postes laisse apparaître qu'au 31 juillet 2018, les effectifs du personnel se présentaient comme suit : 79 fonctionnaires étaient originaires de pays africains, contre 31 de la région Asie-Pacifique, 46 de l'Europe centrale, 32 d'Amérique latine et Caraïbes, et 272 de la région Europe occidentale et autres pays. Une lecture affinée de cette première statistique permet de se rendre compte que sur les six catégories professionnelles recensées, l'Afrique est sur représentée pour quatre catégories (postes P5, P4, P3 et P1). Sur ces quatre cas, elle arrive systématiquement deuxième, derrière la région Europe occidentale et autres pays, pour les trois catégories suivantes : P5, P3 et P1. Elle est classée troisième, derrière la région Europe occidentale et autres pays et Europe orientale[216]. Il en résulte que la place de l'Afrique dans l'administration de la justice internationale est loin d'être marginale. En tout état de cause, cette présence est certainement plus importante que ne pourrait le laisser supposer la thèse d'une rupture ou d'une adversité irréductible avec l'institution judiciaire internationale.

Il faut ajouter à ces données quantitatives des éléments d'ordre qualitatif, qui revêtent une certaine importance symbolique. Les plus hautes instances de la Cour sont, ou ont été dirigées par des ressortissants de pays africains. La Cour elle-même est présidée depuis 2018 par un africain, le nigérian Chile Eboe-Osuji. Précédemment simple juge à la Cour, il a également travaillé aux

---

[216] Pour l'ensemble des statistiques, v. Assemblée des États parties, *Rapport du Bureau concernant la représentation géographique équitable et la parité hommes-femmes dans le recrutement du personnel de la Cour pénale internationale*, ICC-ASP/17/36, 7 décembre 2018.

Tribunaux spéciaux pour le Rwanda et pour la Sierra Léone. Avant lui, la CPI a connu trois présidents : le canadien Philippe Kirsch, le coréen Song Sang-Hyun et l'argentine Silvia Fernandez de Gurmendi. Le poste de Procureur de la CPI n'a été occupé à ce jour que par deux personnes : l'argentin Luis Moreno Ocampo et la gambienne Fatou Bensouda. Quant à l'Assemblée des États parties, organe de la CPI composé des représentants des États parties au Statut de Rome, elle a d'abord été présidée par le jordanien Al Hussein, le Costa Ricain Ugarte, l'Ambassadeur du Lichtenstein Wenaweser et l'Estonienne Intelmann avant de l'être par le ministre sénégalais de la Justice Sidiki Kaba. L'Afrique a donc été associée, d'emblée, à l'administration de la Cour. Le fait doit être souligné dans la mesure où il n'en a pas été de même dans d'autres instances juridictionnelles internationales, comme l'autre grande Cour qui siège à La Haye : la Cour internationale de justice. Organe judiciaire principal des Nations Unies aux termes de la Charte, cette juridiction a connu une assez longue période sans comporter dans sa composition un juge originaire d'Afrique. En 1960, elle ne comptait qu'un africain, qui était égyptien. Il a fallu attendre l'année 1964 pour que le continent africain y acquière un second siège, le juge Forster du Sénégal rejoignant l'égyptien Badawi[217]. En sorte qu'il est bien pertinent d'établir un lien entre la sous- représentation du continent africain à la CIJ et l'orientation jurisprudentielle qui a été celle de la juridiction, notamment à l'occasion de l'affaire bien connue du « Sud – Ouest africain »[218].

Rien de tel ici, donc. Si la jurisprudence de la CPI a pu être critiquée par les États d'Afrique, si le conflit qui est né de ce dissentiment a pu paraître quelque peu spectaculaire et volontiers très politisé, on gardera à l'esprit qu'il n'est nullement rattachable à une quelconque crise de représentativité de la justice

[217] Sur tous ces points, v. le chapitre suivant.

[218] Ibid.

internationale. Cela ne signifie pas que le point de vue des États récalcitrants a été pris en compte comme il se devait. L'accent a été mis, dans des développements antérieurs, sur le caractère quelque peu désincarné d'une justice non seulement détachée du contexte géographique de la commission des crimes, mais rendue par des hommes qui n'étaient pas toujours préparés à saisir l'arrière-plan culturel des faits jugés, dans des configurations où cet élément subjectif ou sociologique entrait en compte. Mais la critique s'arrête là. Elle ne peut établir une relation entre les déficiences jurisprudentielles et la composition de la Cour, elle ne peut arguer d'une sous – représentation des cultures en cause, sachant, au demeurant, qu'à la CPI aussi, il est question d'une « représentation des principaux systèmes juridiques du monde » (article 36.8 a i) du Statut de Rome). D'une certaine manière, d'ailleurs, la satisfaction du critère humain par la CPI place celle-ci dans une situation un peu plus confortable que celle qui fut celle de son homologue, la CIJ. La sous-représentation opère en effet de façon péremptoire, elle joue à la manière d'une fin de non-recevoir, elle frappe d'illégitimité les décisions rendues, de façon presque automatique. La faiblesse de la jurisprudence est directement imputée à la faiblesse de la représentation. Et pour corriger cette limite, la modification de la composition de l'institution devient inévitable. La CPI reste quelque peu préservée de ces révisions déchirantes, elle a toujours l'avantage de pouvoir revendiquer une fidélité au principe d'inclusion et de représentativité qui doit être le sien.

A cela, s'ajoute, comme on va le voir le désir partagé avec les États africains de ne pas aggraver le différend. Comme si, au-delà de la conflictualité théâtralisée, au-delà de l'intransigeance de la Cour et des récriminations outrées des États, tous s'interdisaient de briser le rêve de retrouvailles, d'éteindre la flamme de la réconciliation, de fermer la porte à l'apaisement.

## §2. Le souci partagé de ne pas aggraver le différend

Cette préoccupation ressort de deux faits. Il est apparu en premier lieu que les protagonistes de l'affaire, conscients que le durcissement des dissentiments n'était pas une perspective viable, ont précisément cherché à sortir de l'impasse, à trouver une issue à l'enfermement (A). En attendant de parvenir au meilleur, la CPI et l'UA ont au moins tenté de ne pas empirer les choses, de ne pas aller jusqu'au bout de l'usage de leurs capacités de nuisance réciproques (B).

### A. La volonté conjointe de sortir de l'impasse

Les indices de la bonne volonté des protagonistes de la crise peuvent être décelés dans la demande de collaboration explicitement formulée par l'UA. L'on a du mal à imaginer ce qui est pourtant avéré : au cœur de la crise, l'UA a fait part de son souhait de voir d'autres organisations internationales aider à trouver une solution au différend. Cette préoccupation a même été satisfaite en partie dans la mesure où un organe a été mis en place pour déceler les axes de la discorde et proposer des solutions.

Par deux fois au moins, les États membres de l'organisation panafricaine ont sollicité une intervention extérieure pour dénouer la crise avec la CPI. Dans une Décision adoptée le 27 juillet 2010, l'organisation « exhorte l'Union européenne et ses États membres à prêter le concours nécessaire à l'Union africaine pour faciliter la recherche d'une solution durable à la question de l'utilisation abusive du principe de compétence universelle (…) »[219]. Une autre fois, la requête s'adresse au Conseil de sécurité de l'ONU. En octobre 2013, la Conférence des chefs d'État et de gouvernement de l'UA décide de « créer un Groupe de contact du Conseil exécutif (organe ministériel), présidé par le président en

---

[219] EX.CL/606 (XVII), 27 juillet 2010.

exercice du Conseil et composé de cinq (5) membres (un par région), pour entreprendre des consultations avec les membres du Conseil de sécurité des Nations Unies, en particulier ses cinq membres permanents, en vue d'aborder avec le Conseil de sécurité des Nations Unies toutes les préoccupations de l'UA concernant ses relations avec la Cour pénale internationale »[220].

La concrétisation la plus nette de la bonne volonté des États africains a cependant été la mise en place d'un « Groupe d'experts techniques ad-hoc sur le principe de compétence universelle » qui a tenu deux sessions, l'une à Bruxelles (en septembre 2008) et l'autre à Addis- Abéba, siège de l'UA (en novembre de la même année). Le communiqué conjoint publié à la fin de la seconde réunion fait état de l'accord des ministres sur la nécessité de continuer les discussions et de mettre en place un « groupe d'experts techniques ad-hoc pour clarifier les compréhensions des deux parties du principe de compétence universelle ». La définition conjointe du mandat de ce groupe d'experts eut lieu en janvier 2009, après quoi celui-ci s'est attelé à sa tâche. Le rapport issu de ces travaux a été rendu la même année. Il est possible de le résumer autour de quatre points, dont chacun, en vérité, s'adresse, en filigrane, soit à l'une des parties, soit aux deux.

L'accent est d'abord mis sur l'obligation générale de lutte contre l'impunité[221]. A vrai dire, l'on devine aisément que cet impératif est rappelé surtout à l'attention des États africains : les dispositions pertinentes de l'Acte constitutif de l'UA sont rappelées (notamment l'article 4 h) ; les États africains sont encouragés à adopter des mesures nationales de lutte contre les crimes les plus graves, la Commission de l'UA préparera un modèle de législation – type pour assurer la prévention et la répression desdits crimes, l'obligation de poursuivre ou d'extrader est rappelée au titres d'obligation fondamentale des

---

[220] EXT/Assembly/AU/dec.1 (octobre 2013).

[221] Recommandations 1, 2 et 4 du Rapport, précité.

États. L'on peut comprendre de telles objurgations eu égard, on l'a souligné, au faible taux de poursuites pénales engagées sur le continent, et en dépit des pétitions de principe qui y sont exprimées.

Le rapport opère une sorte de redimensionnement du principe de la compétence universelle, précision dont les destinataires sont sans doute les États européens. Dans le cadre des poursuites engagées contre les responsables de crimes, la primauté du critère territorial est rétablie, au rebours de la conception belge longtemps restée « pure » ou « absolue » en ce qu'elle s'affranchissait de tout critère de rattachement traditionnel. Le réalisme territorialiste est en quelque sorte restauré, un système judiciaire national n'ayant de chances d'appréhender des personnes que lorsque celles-ci se trouvent sur son sol.

Au demeurant, ce n'est pas seulement de ce réalisme répressif que se recommande la réhabilitation du critère territorial. Le rapport semble également prendre en compte l'importance du lieu du procès, à laquelle des développements ont été précédemment consacrés. Le devoir de délivrer une justice qui ne soit pas « hors-sol », pour reprendre le mot de Pierre Hazan[222], est rappelé aux États. La critique de la justice pénale internationale sur ce point serait alors plutôt fondée, tant il est vrai, concède le Groupe d'experts, que si les crimes en cause « nuisent à la communauté internationale dans son ensemble en bafouant des valeurs universelles », ils « portent principalement atteinte à la communauté au sein de laquelle ils ont été perpétrés et violent non seulement les droits des victimes mais vont également à l'encontre du besoin d'ordre et de sécurité de ladite communauté »[223].

---

[222] Hazan P., *La justice face à la guerre,* Paris, Stock, 2000, p.240.

[223] Recommandation n°9 du Rapport.

La nouvelle compréhension de la notion de compétence universelle confine par moments à la réécriture, dans un sens propre à rassurer les États africains et à rectifier la pratique européenne. A l'intérieur de cette compétence, un principe de complémentarité est introduit, dont l'effet est donc de dessaisir un État. Celui-ci doit en effet s'incliner devant la volonté de juger exprimée par un autre État « ayant un lien significatif » avec la personne ou les faits en cause[224].

Les experts vont encore plus loin en introduisant des éléments proprement subjectifs dans la mise en œuvre de la compétence universelle. L'une des recommandations considère que « lorsqu'ils exercent la compétence universelle à l'égard de crimes graves (...), les États ne devraient pas perdre de vue qu'il est nécessaire de ne pas mettre en péril les relations amicales entre États ». Il n'est pas certain, à vrai dire, que l'ouverture d'une telle Boîte de Pandore serve les intérêts de la répression des violations éminentes du droit. Le paramètre de l'amitié entre États donne cependant la mesure de la volonté de ménager les susceptibilités étatiques, de tenir compte d'une certaine dimension sentimentale lorsqu'un État s'arroge en quelque sorte le droit de juger à la place d'un autre. Manifestement, l'invite que voilà tend à circonvenir les préventions africaines. La concurrence des compétences, la diffusion du droit de réprimer suggérée par le principe de compétence universelle en ressort transfigurée : c'est d'un rééchelonnement de compétences qu'il s'agit plutôt, d'un étagement des interventions qui cache mal une certaine hiérarchisation. En sorte que les autres États pourraient n'intervenir qu'à titre supplétif, c'est-à-dire en cas de renoncement ou de défaillance manifeste d'un État pressenti[225].

Le Groupe d'experts ad-hoc s'est enfin montré sensible aux positions africaines sur la question centrale de l'immunité. Alors

---

[224] Recommandation n°12 du Rapport.

[225] Recommandations n°10, 12 et 13 du Rapport.

que l'on sait que celle-ci était au cœur de tous les procès menés en Europe contre la presque totalité des ressortissants d'États africains, que la saisine de la CIJ consécutive à ces procès tenait principalement à ce point –là, le rapport énonce tout simplement que « les autorités nationales compétentes en matière pénale qui envisagent d'exercer la compétence universelle à l'égard de personnes soupçonnées de crimes grave de portée internationale sont juridiquement tenues de prendre en compte toutes les immunités dont peuvent jouir les responsables d'États étrangers en vertu du droit international et ont par conséquent l'obligation de s'abstenir de poursuivre les responsables qui bénéficient de telles immunités »[226].

En dépit de ces multiples brèches ouvertes dans la conception originelle de la compétence universelle, il a été recommandé, enfin, de laisser ouvertes des possibilités d'arrangements bilatéraux dans la mise en œuvre de cette compétence. Le partenariat bilatéral introduit bien entendu un risque de fragmentation des règles juridiques, d'institution de « sous-systèmes » susceptibles de signer la fin de la compétence universelle. Rien de précis dans les conclusions du Groupe d'experts n'en fait craindre la survenance à court terme, mais il est certainement permis de redouter l'insertion d'une logique relationnelle dans une règle aussi pénétrée de logique institutionnelle que la compétence universelle, d'appréhender l'introduction d'une logique du « contrat » au détriment de la logique originelle de la « loi ». La recommandation faite va au-delà d'un simple ajustement technique ou d'une commodité bilatérale. Sa portée est considérable. En effet, en répandant des germes contractualistes dans une institution substantiellement solidariste, universaliste jusqu'à son appellation même, le souci conciliateur du Groupe d'experts pourrait ruiner la compétence

[226] Recommandation n°8. V. également la Recommandation n°7.

universelle. Somme toutes, il reste possible de « recadrer » celle-ci sans en altérer la nature indissolublement communautariste.

Il reste que ce rapport demeure remarquable par la bienveillance qu'il affiche à l'égard des préoccupations des États africains. Au point, a-t-on remarqué, que la question de « l'utilisation abusive du principe de compétence universelle » ne semble plus être à l'ordre du jour des délibérations de l'UA[227]. Même si la possibilité de résurgence des tensions n'est pas tout à fait écartée du fait d'autres mentions qu'on trouve dans le même rapport[228], on conviendra que la mise en place d'un groupe de travail conjoint a non seulement apaisé le différend mais a réservé un accueil plutôt favorable aux critiques africaines. Il se trouve que ces bonnes dispositions respectives se retrouvent également dans les rapports des États africains avec la CPI même. Elles se sont traduites de part et d'autre par un « self-control », une sagesse avisée, une certaine retenue dans l'usage des moyens de nuisance disponibles.

### B. L'usage modéré des capacités de nuisance réciproques

Les États membres de l'UA ont eu à brandir la menace de leur retrait collectif de la Cour. A sa vingt-huitième session ordinaire tenue les 30 et 31 janvier 2017, les chefs d'État et de gouvernement ont explicitement adopté une « stratégie de retrait de la CPI » en même temps qu'ils ont lancé « un appel aux États membres pour qu'ils mettent en œuvre » les recommandations subséquentes[229].

---

227 Mouangue J., op. cit., p.38.

228 A la page 35 du rapport, il est précisé que les États européens restent attachés au principe d'indépendance de leur justice, dont ils soulignent en outre le « caractère intangible ». En clair, ces États ne sauraient être comptables des agissements de leurs systèmes judiciaires nationaux, et ne sauraient donc se voir demander de limiter ou de neutraliser des poursuites. En second lieu, le caractère résiduel des compétences de l'UE en matière pénale est également affirmé. Cela sous –entend que ce sont les États qui gardent l'essentiel de ces compétences ; or, le Rapport et ses conclusions ne sont opposables qu'à l'UE, et pas nécessairement à ses États membres.

229 Doc.EX.CL/1006 (XXX).

A ce jour pourtant, ces exhortations n'ont pas été vraiment suivies puisque sur la trentaine d'États parties au Statut de Rome, seul le Burundi s'est effectivement retiré de la Cour. Deux autres États avaient exprimé des velléités de retrait mais n'ont finalement pas exécuté leur projet : l'Afrique du Sud et la Gambie. S'agissant du premier, une notification de la volonté de se retirer avait été faite en octobre 2016 mais le 22 février 2017, la Haute Cour du pays avait considéré que la procédure entreprise n'était pas conforme à la Constitution. En définitive, le 7 mars 2017, les autorités sud-africaines ont décidé de « révoquer » leur décision de retrait et l'ont notifié au dépositaire du traité[230]. L'État de Gambie a également brandi la menace d'une dénonciation du Statut de Rome, presque au même moment que la décision initiale de l'Afrique de Sud (novembre 2016). Mais la tenue d'élections ayant consacré une alternance et le départ du président Jammey, les nouvelles autorités ont décidé de rester au sein de la CPI[231]. Le cas de la Gambie est intéressant en ce qu'il ressemble à celui du Soudan, État qui a été au cœur du conflit avec la CPI du fait du mandat d'arrêt lancé contre le président El Béchir. Or, chassé du pouvoir en avril 2019 par une révolte populaire, ce dernier a été arrêté et les nouvelles autorités, après avoir semblé y être réticents, ont finalement décidé de ne pas exclure son transfèrement à la CPI[232].

Ces deux derniers cas sont parlants. Ils révèlent une espèce de fragilité de l'opposition à la CPI. Il a en effet suffi que des régimes disparaissent, que des chefs d'État soient évincés pour que la politique étatique à l'égard de la Cour change. Il y a donc lieu de se demander si la défiance manifestée à l'égard de la justice internationale tient véritablement à des questions de principe ou, pour le dire vertement, si la menace du retrait ne s'explique pas

---

[230] ONU, Secrétariat, Notification dépositaire, C.N. 62.2017.TREATIES-XVIII.10, 10 février 2017, p.1.

[231] Journal « The Point », 8 février 2017.

[232] https://www.liberation.fr, 11 février 2020.

tout simplement par le fait que les dirigeants qui l'expriment sont ou pourraient être visés par des enquêtes ou poursuites.

Même dans le seul cas concluant – celui du Burundi -, il est permis d'être dubitatif sur les véritables raisons qui ont conduit au retrait. Sans doute la situation politique particulière de ce pays a –t-il joué. Depuis que le président P. Nkurinziza a décidé de briguer un troisième mandat, au mépris des dispositions de l'accord de paix d'Arusha de 2000, le Burundi a fait l'objet d'une forme d'ostracisme de la communauté internationale. Au bilan dramatique de la guerre civile (entre cinq cents et deux mille morts en 2017), font écho des rapports très critiques sur la situation du pays, qu'il s'agisse de celui de la FIDH[233], de l'International Refugee Right Initiative[234], de la Commission d'enquête des Nations Unies[235] ou de l'Assemblée parlementaire de la Francophonie[236]. L'UA elle-même avait eu à exprimer ses vives préoccupations au sujet du climat de violence qui régnait dans le pays.

Il convient donc de resituer le retrait burundais dans son contexte. Tout conspire à mettre en exergue son caractère topique, « localisé » ; tout incline à penser qu'il n'est pas exempt d'arrières-pensées rigoureusement nationales. Il en résulte que si des raisons de principe peuvent bien expliquer la défiance à l'égard de la CPI, la pratique subséquente des États tend à altérer la nature principielle de cette opposition et à colorer celle-ci de considérations relativistes et conjoncturelles, voire personnelles. Il faut garder à l'esprit cette part d'aléa lorsqu'on cherche à évaluer le comportement des États africains. Pour certains d'entre eux, la critique de la Cour a bien été commode, elle a servi de paravent à

---

[233] FIDH, *Le Burundi au bord du gouffre : retour sur deux années de terreur*, juillet 2017.

[234] Rapport sur le Burundi, août 2017.

[235] Rapport de la Commission d'enquête de l'ONU sur le Burundi, septembre 2017.

[236] Rapport de février 2018.

des déficiences démocratiques nationales, elle a masqué des préoccupations éminemment politiques.

Le conflit avec la CPI doit encore être relativisé au regard d'un autre phénomène, également passé quelque peu inaperçu : le soutien explicite que des États africains ont eu à apporter à la justice pénale internationale. L'on oublie ainsi que la présidente de transition de la République centrafricaine a publiquement remercié la Cour pour son intervention après les massacres connus dans le pays dans les années 2010. Le Sénégal, prenant la présidence de l'Assemblée des États parties, a évoqué sa « détermination inébranlable à défendre les principes et valeurs essentiels » incarnés par la Cour. Le Ghana, le Lesotho, le Nigéria, le Burkina Faso, la Namibie, ont réitéré leur soutien au cours de la session de l'Assemblée des États parties qui s'est tenue en décembre 2014 au siège des Nations Unies à New York. Une déclaration de groupe présentée par le Lesotho a relevé que les exhortations exprimées au sein de l'UA, tendant à suspendre la coopération avec la Cour, « ne devraient pas obscurcir le soutien cohérent et actif à l'égard de la CPI au sein des gouvernements africains et de la société civile dans tout le continent africain »[237]. En visite en France, le chef de l'État ivoirien a déclaré que « la Côte d'Ivoire ne quittera pas la CPI »[238].

Globalement donc, il est possible d'avancer que les États africains ne sont pas allés jusqu'au bout de la logique de rupture, logique pourtant revendiquée de façon claire et itérative. Réciproquement, la CPI a été plutôt mesurée dans l'exercice de son magistère, au point qu'il lui a été même reproché la faiblesse de son bilan en matière de poursuites et de répression. Tout se passe comme si, craignant de rompre le climat relativement pacifique suscité par la retenue des États membres de l'UA, la

---

[237] https://www.hrw.org/fr/news/2014/12/22/cpi- les-pays-africains-soutiennent-la-cour-penale-internationale

[238] https://youtu.be/oPrdKtjRYxl

Cour s'évertuait, en réponse à cette espèce de bienveillance, à faire preuve, en retour, d'un « self-restraint » propre à ménager une réconciliation. Elle l'a fait en sacrifiant quelque peu la vocation répressive de son office, elle a semblé avoir intégré une dimension politique dans l'exercice de sa mission.

Et de fait, la justice internationale n'est pas tout à fait comme les autres. Elle s'exerce en effet dans un contexte particulier, qui fait quelque peu de ses acteurs des « diplomates ». Au rebours d'une conception purement technicienne de leurs fonctions, ces juges prennent en compte des facteurs « subjectifs », mâtinent volontiers leurs décisions de considérations politiques, subjectives, contextuelles. Conscients de la fragilité du cadre dans lequel ils officient – qui est le cadre d'une justice facultative et dépourvue de voies d'exécution forcée -, ils n'oublient jamais qu'une certaine circonspection est consubstantielle à leur activité. A ce conditionnement structurel, inscrit par nature dans l'ordre international, s'ajoute, ici, la conjoncture de relations difficiles avec des États qui sont, ou étaient, les interlocuteurs quasi-exclusifs de la CPI. Dans un contexte tendu, il suffisait de peu pour mettre le feu et compromettre tout espoir de retour à la normale.

La prudence judiciaire s'est concrètement traduite par une série de déclarations d'acquittements ou de « non-lieux » à poursuites, même si, bien entendu, de telles déclarations tiennent aussi à une certaine faiblesse des preuves de culpabilité des justiciables. Plusieurs personnes attraites devant la Cour ont été acquittées ou remises en liberté[239], sans compter les présumés responsables non détenus, parmi lesquels beaucoup échapperont vraisemblablement aux poursuites. Le sentiment pourrait donc être que « la montagne a accouché d'une souris » et ce constat de

---

[239] Cas de Mathieu Ngudjolo Chui et Calixte Mbarushimana (dossier de la RDC) ; Bahar Idriss Abu Garda (dossier du Darfour), Jean Pierre Bemba, Aimé Kilolo Musamba, Jean Jacques Mangenda (dossier de la RCA) ; William Samoei Ruto, Joshua Arap Sang, Uhuru Muigai Kenyatta (dossier du Kenya) ; Abdullah Al Senussi (dossier de la Libye), Laurent Gbagbo et Charles Blé Goudé (dossier de la Côte d'Ivoire).

carence peut nourrir un sentiment également critique à l'égard de la CPI. Au demeurant, certains ne se privent pas d'exprimer leur déception à la lecture d'un tel bilan. Il est tout aussi établi que ces résultats ne sont pas tous imputables à la Cour (comme le nombre de personnes non détenues, qui échappent donc à sa juridiction). Mais le fait est que la faible sévérité pénale plaide objectivement pour la possibilité de retrouvailles, elle permet de garder l'espoir d'une réconciliation. Il n'est pas interdit de penser que dans ce qui relève d'elle dans le bilan, la Cour a agi en gardant à l'esprit le climat de défiance qu'elle suscitait et la nécessité de ne pas aggraver celui-ci.

Dans le même ordre d'idées, il faut rappeler qu'il existe au moins deux dossiers dans lesquels les États africains et la CPI ont collaboré de façon presque exemplaire, et dont le pilotage a parfaitement satisfait les attentes des deux parties. Le premier dossier est celui de la Guinée et il est relatif à la répression de la manifestation organisée par l'opposition le 28 septembre 2009. Une commission nationale d'enquête, mise en place par les autorités nationales, avait conclu à l'existence de meurtres, viols et disparitions forcées. Les autorités guinéennes avaient clairement indiqué leur volonté de juger les faits en cause et au moins trois juges d'instruction avaient été désignés dans ce cadre, un appui international a également été apporté aux procédures judiciaires menées sur place. La CPI relève dans son rapport que des « progrès encourageants »[240] ont été enregistrés dans les investigations et la conclusion à laquelle elle parvient est une sorte de « satisfecit » : « malgré des obstacles de taille », note -t – elle, « les mesures d'enquête concrètes et progressives prises par les juges d'instruction ont permis de réaliser des progrès significatifs

---

[240] Bureau du Procureur, Rapport sur les activités menées en 2015 en matière d'examen préliminaire, 12 novembre 2015, p.47.

au cours de la période visée (...). On peut également attribuer en partie ces résultats à la dynamique positive et constructive établie entre le Bureau du Procureur, l'Organisation des Nations Unies, la société civile et les autorités guinéennes »[241].

Le traitement de la situation du Gabon se conclut également sur une note qui convient aux deux parties. Ce sont les autorités gabonaises elles-mêmes qui avaient sollicité une intervention de la Cour, à la suite des incidents consécutifs à l'élection présidentielle d'août 2016. Mais au terme des premières investigations menées, le Bureau du Procureur arrivait à la conclusion que « les renseignements disponibles ne fournissaient pas de base raisonnable permettant de croire que des crimes visés au Statut de Rome avaient été commis au Gabon depuis mai 2016 »[242]. Les cas de la Guinée et du Gabon prouvent ainsi qu'il peut advenir qu'une coopération sincère et mutuellement respectueuse s'instaure entre la CPI et un État africain. Ces occurrences plutôt réjouissantes sont hélas occultées dans la mise en scène du conflit.

Révélatrice, encore, des bonnes dispositions judiciaires, a été l'abondante jurisprudence de la CPI sur la non-coopération des États africains, au sujet précis de la demande d'arrestation du président El Béchir. Pas moins de cinq procédures, visant des pays dans lesquels ce dernier s'était rendu, ont été initiées[243]. Il était reproché à ces États parties d'avoir notamment méconnu leur obligation de coopération en s'abstenant délibérément de procéder à l'arrestation du chef de l'État soudanais en visite sur leur territoire. Dans le traitement qu'elle a fait de ces dossiers de non-coopération, la CPI s'est montrée plutôt circonspecte. Tout en

---

241 Ibid. p.48.

242 Bureau du Procureur, Rapport sur les activités menées en 2018 en matière d'examens préliminaires, 5 décembre 2018, p.81.

243 De telles procédures ont été notamment dirigées contre le Malawi, Djibouti, le Tchad, la RDC, l'Afrique du Sud, entre 2011 et 2017.

affirmant, comme l'on devait s'y attendre, le caractère essentiel de l'obligation de coopérer avec elle et tout en contestant les thèses de l'UA fondées sur l'opposition entre l'article 27 du Statut (non-pertinence de la qualité officielle) et l'article 98 de celui-ci (qui tendrait à rétablir le principe de l'immunité), la Cour a évité de formuler son sentiment en termes stigmatisants ou véhéments. A l'occasion d'une jurisprudence qui aurait pu sceller le divorce et obérer les perspectives de retrouvailles, elle a fait preuve d'un tact et d'une mesure que n'explique, précisément, que le souci de ménager l'avenir.

Bref, sa retenue a fait écho à celle de ses opposants, l'irréparable a été ainsi conjuré.

Relevons encore, pour finir, qu'au plus fort du conflit, les parties n'ont jamais tout à fait rompu les liens. Elles ont continué à se voir et à se parler, si l'on ose dire, comme le prouve cette réunion conjointe tenue les 22 et 23 novembre 2017 à l'initiative de la CPI, avec tous les États africains parties au Statut de Rome. La « retraite » a eu lieu au siège de l'UA même, à Addis – Abéba. Il était question de « partager des expériences » et cette session faisait suite à une série de « séminaires » bilatéraux tenus entre 2011 et 2016, toujours dans la capitale éthiopienne. Pour leur part, les États africains ont manifesté leur désir de ne pas rompre leurs relations avec la Cour à travers des appels sporadiques mais explicites à la « collaboration » (oui, à la collaboration !). L'écume des contradictions médiatisées l'a quelque peu occulté, mais il convient de rappeler que dans une résolution du 27 juillet 2010, alors même que certaines proclamations des États membres adoptées dans la même période étaient aux antipodes, l'UA a exhorté « l'UE et ses États membres à prêter le concours nécessaire (…) pour faciliter la recherche d'une solution durable à la question de l'utilisation abusive du principe de compétence universelle »[244]. Une autre fois, c'est le Conseil de sécurité qui est destinataire de cet appel. Les États africains ont sollicité cet organe des Nations Unies aux fins d'entrer « en consultations » avec le « Groupe de contact » qu'ils avaient créé « en vue d'aborder toutes les préoccupations de l'UA concernant ses relations avec la CPI »[245].

Même dans le traitement du dossier soudanais, qui a pourtant représenté le moment paroxystique de la tension entre la CPI et l'UA, il y a eu des périodes de collaboration entre la Cour et l'État du Soudan. Alors qu'au moment où le Conseil de sécurité adoptait la résolution 1593 déférant le cas à la Cour, le représentant du Soudan avait vertement fustigé une juridiction qualifiée d' « outil pour ceux qui pensent avoir le monopole de la vertu dans ce monde »[246], neuf mois plus tard, le Procureur faisait état d'actes de collaboration accomplis par les autorités soudanaises. Ces actes allaient des progrès dans l'application des accords de paix à la formulation d'une demande d'assistance de la CPI en passant par l'organisation de rencontres avec les autorités judiciaires nationales en charge des poursuites et l'engagement, pris par le gouvernement, de faire un rapport périodique sur tous les points soulevés par le Procureur de la CPI au cours de sa visite dans le pays[247]. En sorte que ce même Procureur arrivait à la conclusion suivant laquelle « une relation de coopération est engagée » et exprimait le souhait que se réalisent, « au cours de la prochaine phase, une assistance et une collaboration supplémentaires de la part du gouvernement soudanais »[248].

La vision dichotomique et même manichéenne qui a parfois présidé à la présentation du conflit entre l'Afrique et la CPI sort

---

[244] Doc EX.CL/606 (XVII), 27 juillet 2010.

[245] Ext/Assembly/AU/Dec.1 (octobre 2013).

[246] Débats au Conseil de sécurité, S/PV.5158, p.13.

[247] Débats au Conseil de sécurité de l'ONU, S/PV 5321, p. 4

[248] Ibid.

édulcorée d'un tableau si contrasté. Les vérités premières vacillent, les certitudes perdent de leur éclat simpliste et rassurant. Il apparaît non seulement que des logiques d'État ont présidé au comportement des États africains – logiques dont le propre est précisément qu'elles sont partagées avec d'autres États, d'autres régions du monde – mais il se dégage l'impression, par ailleurs avérée, qu'aucun des protagonistes de la crise n'a voulu aller jusqu'au bout de sa logique, aller jusqu'à la rupture totale. Ce sentiment, perceptible dans les relations entre l'UA et la CPI « en temps de paix », se confirme si l'on se penche dans les rapports « en temps de contentieux », c'est-à-dire dans le contexte du traitement des différentes affaires soumises au juge. Les relations péri-contentieuses sont à l'avenant des relations diplomatiques.

## Section 2
## Les relations péri-contentieuses

Que la CPI ait été saisie à l'initiative des États eux-mêmes (§1) ou par le biais du Conseil de sécurité (§2), les États membres de l'UA ont rarement exprimé une franche opposition à l'occasion des débats qui ont entouré ces saisines. Il pourrait donc y avoir un déphasage entre les positions affichées par les États membres au sein de l'organisation panafricaine et les actes individuels posés par ceux-ci dans d'autres enceintes internationales.

### §1. La saisine par les États eux-mêmes

L'hypothèse est celle, précédemment abordée, de l'« auto-référé » : un État décide de déférer à la CPI sa propre situation nationale et renonce ainsi à confier le dossier à ses juridictions. Le cas de figure révèle non seulement que l'intervention judiciaire a lieu à la demande expresse des États mais que celle-ci dissimule deux carences. L'une n'est jamais avouée mais reste sous-jacente à la sollicitation adressée à la CPI, elle renvoie à l'impuissance de l'État lui-même, à sa capacité à maîtriser le territoire national, à juguler la situation génératrice de la commission des crimes : elle pose en dernière analyse le problème de la souveraineté même de cet État. L'autre carence est volontiers avouée dans la saisine de la Cour, elle est plus « localisée » puisqu'elle concerne le seul système judiciaire national, dont le gouvernement requérant admet alors clairement l'impuissance à traiter les faits dénoncés. La pratique africaine de l'auto-renvoi met donc en évidence une carence implicite (A) et une carence explicite (B). Mais dans tous les cas, elle fait ressortir l'avantage que les autorités nationales ont à saisir la justice internationale. Dès lors, elle contribue à relativiser la thèse d'une justice pénale internationale abusive.

### A. L'aveu implicite d'une carence

Pour l'essentiel, c'est donc à leur propre demande que les États africains ont vu les institutions judiciaires internationales traiter de « leurs » cas. On l'oublie souvent, mais même dans les affaires où c'est le Conseil de sécurité de l'ONU qui est entré en jeu, usant de sa prérogative souveraine de qualification et de son pouvoir coercitif, c'est à la requête des États que les organes onusiens sont intervenus. Cela ne date pas du Statut de Rome. Au lendemain de guerres internes qui les avaient touchés et qui avaient provoqué des crimes sur une grande échelle, la Sierra Léone et le Rwanda avaient explicitement demandé à l'ONU de les assister pour juger les responsables des infractions en question. C'est le président de la République Sierra léonaise en personne, M. Kaba, qui a écrit au président du Conseil de sécurité une lettre du 12 juin 2000[249] à cette fin, et la résolution 955 du 8 novembre 1994 créant le TPIR note bien qu'elle intervient à la suite de « la demande (…) reçue du gouvernement rwandais ».

---

[249] S/2000/786.

S'agissant de la CPI, il convient également de relever que c'est le gouvernement ougandais qui, inaugurant la pratique africaine de l'auto-référé, a saisi la Cour en décembre 2003 peu de temps avant qu'une conférence de presse commune entre le chef de l'État ougandais et le procureur de la CPI soit solennellement tenue le 29 janvier 2004[250]. A peu près à la même période, c'est la République Démocratique du Congo qui saisit la Cour en mars 2004[251]. Puis c'est la RCA qui, à la fin de cette année 2004, défère au Procureur sa propre situation[252]. Enfin, le gouvernement malien a demandé à la Cour, en juillet 2012, de se pencher sur les crimes liés à l'occupation d'une partie de son territoire depuis 2012[253].

Les cas d'auto-renvoi qui viennent d'être cités ont, à l'exception de celui de la Côte d'Ivoire, la particularité de se dérouler dans des contextes conflictuels, avec des guerres civiles plus ou moins longues, présentant un état plus ou moins endémique. La commission des crimes s'insère dans le cadre d'un affaiblissement de l'autorité de l'État, d'une remise en question de sa souveraineté. Les gouvernements africains évoqués ici ont une caractéristique commune, celle de ne pouvoir se prévaloir d'une maîtrise totale de leurs territoires respectifs. Les conflits auxquels ils doivent face débordent souvent le cadre géographique national, ils sont transfrontaliers et peuvent même aller, comme dans le cas de la RDC, jusqu'à concerner près de neuf pays. Dans le cas de l'Ouganda, la guerre qui oppose le gouvernement du pays aux rebelles de l'Armée de libération du Seigneur (ALS) connaît des prolongements dans au moins trois autres pays : la RDC, le Soudan du Sud et la RCA. L'effondrement des structures étatiques dans le Nord du Mali révèle également un conflit avec

---

[250] Communiqué de presse de la CPI, ICC-20040129-44 du 29 janvier 2004.

[251] CPI, aff « Le Procureur c Callixte Mbarushimana », aff ICC601/04-01/10, 28 septembre 2010, §5.

[252] Lettre de la présidente de la République de transition du 30 mai 2004.

[253] Lettre du ministre de la Justice du Mali datée du 13 juillet 2012.

des forces djihadistes traversant allègrement les frontières voisines du Burkina Faso et du Niger.

Dans de telles conditions, la saisine de la CPI présente au moins l'avantage d'appeler l'attention de la communauté internationale sur sa propre situation, d'associer en quelque sorte les autres États à son propre sort. En s'adjoignant les services d'une institution internationale, les États requérants pratiquent une sorte de sous-traitance de la restauration de leur souveraineté. Plus précisément, le volet judiciaire de la réhabilitation de leur autorité se trouve confié à la justice pénale internationale. Saisir le juge devient une manière d'attirer l'attention sur soi autant que la délégation d'un droit de punir dont l'exercice est devenu illusoire dans le contexte qui est en cause. L'on serait presque tenté d'énoncer une sorte de loi, de théorème de l'auto-référé : celui-ci se développe dans les zones ou des périodes d'affaiblissement de l'État (donnée objective) et constitue alors un biais par lequel cet État se déleste d'une fonction de punir dont il n'a plus les moyens (donnée subjective). Un État en crise a donc toutes les raisons de déférer son cas à la CPI. Il faut, au demeurant, y ajouter l'usage « politique » auquel se prête cette procédure, dont il a été question plus haut : en invitant une justice tributaire de la bonne volonté coopérative de l'État, les autorités nationales ont la latitude d' « orienter » les enquêtes et de préserver ainsi de toute poursuite les personnes qui leur sont favorables.

Indubitablement, la saisine de la Cour par les gouvernements, aux fins de traitement de leur propre situation, met en exergue le jeu de ce que nous avons appelé des logiques d'État. Mais dans les développements qui viennent d'être faits, la faiblesse ou la carence de l'autorité étatique n'est jamais énoncée, elle est toujours « voilée », escamotée, innommée. Il arrive toutefois que dans le processus du renvoi, les gouvernements avouent une carence, admettent une défaillance. Ce sera non celle de leur souveraineté même, mais celle de leur système judiciaire. Ce comportement mérite bien entendu d'être analysé en profondeur.

### B. L'aveu explicite d'une carence

Il convient d'abord d'insister sur cet élément : quasi-systématiquement, les États saisissants tiennent à affirmer qu'ils sont, judiciairement parlant, dans l'incapacité d'agir. Un tel comportement peut être imputable, en premier lieu, à de simples exigences légales. Aux termes du Statut de Rome en effet, « l'État qui procède au renvoi indique autant que possible les circonstances pertinentes de l'affaire et produit les pièces à l'appui dont il dispose » (article 14§2). Cette disposition peut ne pas s'entendre comme renfermant les seules exigences probatoires qui doivent accompagner une demande adressée à la Cour. « Les circonstances pertinentes de l'affaire », expression très large et susceptible d'interprétations diverses, pourraient aussi englober les raisons pour lesquelles les autorités nationales ont décidé de ne pas juger elles-mêmes, mais de renvoyer à la CPI. En tout état de cause, une telle compréhension de l'expression n'aurait rien d'absurde, sachant que cette disposition est la seule qui traite de la procédure du renvoi par un État partie.

Au reste, le principe de complémentarité, sur lequel repose le Statut de Rome tout entier, pourrait tout aussi expliquer les justifications avancées par les autorités nationales. Puisque l'intervention de la Cour est nécessairement subordonnée à la renonciation par l'État de son droit de juger, la demande adressée à la Cour devrait objectiver cette renonciation, motiver celle-ci en énonçant les raisons pour lesquelles le principe de complémentarité – c'est-à-dire l'intervention de la Cour - doit jouer.

En dernier lieu, il faut revenir à une considération générale, déjà évoquée et qui pourrait aussi expliquer l'attachement des États à motiver l'auto -renvoi. Les crimes de masse ont la particularité de toujours désarçonner les systèmes judiciaires nationaux. La délinquance que ces crimes induisent sort de l'ordinaire, elle pose, on l'a vu, des défis inouïs, tant du point de vue quantitatif que qualitatif si l'on ose dire. D'un point de vue statistique, les infractions commises l'ont été sur une échelle incommensurable, elles ont été nombreuses au point que leur « absorption » par la justice ordinaire nationale s'avère tout simplement impossible. Les crimes ont en outre ceci de particulier que, s'insérant dans un projet politique ou idéologique, ils revêtent un caractère vénéneux particulier, ils sont des « crimes contre l'humanité », leur toxicité les désigne en adversaires du genre humain. Nécessairement donc, leur commission aura pour conséquence de disqualifier la justice ordinaire nationale, d'appeler une autre justice, une justice appuyée sur d'autres normes de référence et d'autres moyens. Dans ces conditions, l'évocation de la carence des systèmes judiciaires nationaux pourrait aller de soi, tenir du truisme ou de la clause de style.

La récurrence de l'aveu de carence, son caractère presque systématique, ne doivent pourtant pas faire illusion. La question de leur nécessité même peut être posée. En d'autres termes, un État qui pratique l'auto-renvoi, est-il contraint d'évoquer la défaillance ou l'incapacité de son système judiciaire ? Plus généralement, un tel État, est-il tenu à l'obligation de motiver, même laconiquement, sa demande ? Rien, à notre sens, n'est moins sûr. D'abord parce qu'une autre lecture de l'article 14, différente de celle qui a été évoquée plus haut, est parfaitement possible. Si l'on part du principe, défendu par certains, que le renvoi par un État ne visait pas à l'origine l'auto-référé, on peut, en toute logique, défendre l'idée que l'évocation des « circonstances pertinentes » ne saurait viser une hypothèse non intégrée par les rédacteurs du Statut. Autrement dit, un texte ne peut pas, par définition, s'appliquer à une hypothèse qu'il n'avait pas en vue. En deuxième lieu, dans le cas même où l'article 14 devrait régir la pratique de l'auto – renvoi, l'obligation de se justifier pourrait être comprise en termes plutôt faibles. Tel est la compréhension d'une partie de doctrine qui voit dans la directive de l'article 14§2 une « obligation très soft ». En troisième et dernier lieu, l'idée que l'État saisissant n'est pas obligé de motiver sa démarche ressort de la jurisprudence de la CPI elle-même. L'on a vu comment dans la décision rendue le 16 juin 2009, la Cour a presque dispensé l'État partie du devoir de s'expliquer sur sa démarche. Les juges y déclarent clairement que « la Chambre ne peut savoir pour quels motifs exacts un État exprime sa volonté de ne pas poursuivre dans une affaire donnée » et qu'il peut, « s'il le juge opportun, déférer à la Cour une situation concernant son propre territoire, de la même manière qu'il peut décider de ne pas mener une enquête ou de ne pas engager de poursuites relatives à une affaire donnée »[254]. Ces passages suggèrent bien une large liberté de l'État, ils donnent à penser que celui-ci n'a pas « de comptes à rendre » lorsqu'il décide de recourir à l'article 14. Il suffit, d'ailleurs, de mesurer l'excentricité du cas de figure inverse, celui dans lequel la CPI refuserait de bouger en dépit d'un appel émis par un État, sous prétexte que celui-ci n'a pas suffisamment expliqué les raisons pour lesquelles il saisit la Cour…

Dans ces conditions, la motivation, même sommaire, de l'auto-renvoi doit être prise au sérieux. Jaloux de leur souveraineté, sourcilleux lorsqu'il s'agit de leur liberté, les États restent attachés aux non-dits, aux silences qui leur ménage une marge de manœuvre pour le futur, aux équivoques et arrière-pensées dont Paul Valéry disait qu'elles caractérisent les seuls traités qui comptent. Il faut donc considérer que leur expression – plutôt que leur mutisme – n'est jamais banale, que leur communication – plutôt que leur non-communication, silence confortable – revêt toujours une certaine portée. Or, les États membres de l'UA qui ont saisi la Cour de leur propre situation ont tous tenu à indiquer, de façon directe ou indirecte, la raison de leur démarche. Cette volonté de s'expliquer, même très succinctement, pourrait, pour une fois, sinon refléter la vérité des choses, du moins accréditer une réelle volonté de s'en remettre au juge international. Nous

---

[254] Décision précitée du 16 juin 2009, aff « Le Procureur c. Germain Katanga et autres », §80.

serions alors dans une configuration authentiquement coopérative et non conflictuelle.

Aussi bien, dans sa lettre du 3 mars 2004, le président de la RDC a souligné « l'incapacité » dans laquelle se trouvait son pays de mener des enquêtes sur les crimes en cause. Son homologue centrafricain a également souligné que « les juridictions centrafricaines, durablement affectées par la violence et les crises qu'a connues le pays depuis plusieurs années, ne sont pas en mesure de mener à bien les enquêtes et les poursuites nécessaires sur ces crimes. L'intervention de la Cour pénale internationale paraît aujourd'hui indispensable à la poursuite et au jugement des acteurs des plus graves de ces crimes qui ne sauraient rester impunis »[255]. Le chef de l'État de la Côte d'Ivoire a pour sa part adressé une lettre au Procureur de la Cour, datée du 3 mai 2011, par laquelle il estime que « la justice ivoirienne n'est, à ce jour, pas la mieux placée pour connaître des crimes les plus graves commis au cours des derniers mois…Toute tentative (de) traduire en justice les plus hauts responsables risquerait de se heurter à des difficultés de tous ordres ». La correspondance du 13 juillet 2012 que le ministre malien de la Justice a adressée au Procureur de la CPI est de la même veine puisque l'officiel y justifiait ce recours par le fait que « les juridictions maliennes sont dans l'impossibilité de poursuivre ou juger les auteurs » des crimes.

Au demeurant, ce n'est pas qu'avec la CPI que les États africains ont justifié leur appel par les carences de leurs systèmes judiciaires. La mise en place du Tribunal spécial pour la Sierra Léone avait été notamment précédée, comme on l'a vu, d'une sollicitation expresse du président Kaba, chef de l'État, adressée au président du Conseil de sécurité, dans laquelle il estimait que « with regard to the magnitude and extent of the crimes committed, Sierra Leone does not have the ressources or expertise

[255] Lettre précitée du 30 mai 2004.

to conduct trials for such crimes. This is one of the consequences of the civil conflict, which has destroyed the infrastructure, including the legal and judicial infrastructure ». Quant au TPIR, sa mise en place fait suite à une lettre du 28 septembre 1994 que le représentant permanent du Rwanda auprès de l'ONU a adressée au président du Conseil de sécurité ; il y était question « d'appuyer les efforts du gouvernement » pour juger les responsables du génocide[256].

L'aveu de la carence des institutions judiciaires nationales intéresse notre réflexion parce qu'il a pour effet de légitimer l'intervention de la justice internationale, et donc, d'affaiblir quelque peu la thèse de l'impérialisme de cette justice-là. Tout se passe comme si en concédant leur incapacité, ne serait-ce que provisoire, les États africains installaient un dilemme, suscitaient une alternative simple : la justice internationale ou l'impunité, la CPI ou rien. Certes, il ne faut pas se faire d'illusions, cela a été dit : d'évidentes arrière-pensées ont pu présider aux différents cas d'auto-renvois, le jugement de ses propres adversaires politiques au plan international présentant bien des avantages pour certains gouvernements. Il n'en demeure pas moins que dans l'analyse de la conflictualité globale UA-CPI, la présentation de l'intervention de la Cour comme « *ultima ratio* » par les États africains eux-mêmes a pour effet de réduire la pertinence de certaines critiques formulées par ces États. L'on ne peut, en quelque sorte, vouloir une chose et son contraire : récuser la justice pénale certaines fois, la solliciter en d'autres occasions, tenir des positions critiques au sein de l'organisation panafricaine, adopter un point de vue bienveillant voire connivent dans des déclarations individuelles ou unilatérales. Cette impression d'inconstance est encore perceptible si l'on examine le comportement des États africains

[256] Lettre du 28 septembre 1994, S/1994/1115.

dans les autres cas de saisine de la CPI, notamment par le Conseil de sécurité.

## §2. La saisine par le Conseil de sécurité

Comme membres du Conseil de sécurité de l'ONU, les États africains ont bien entendu la latitude de se prononcer sur la saisine du Procureur par cet organe des Nations Unies. Aux termes du Statut de Rome en effet, le Conseil peut, sur la base du chapitre VII de la Charte, décider de déférer à la Cour des situations dans lesquelles des crimes relevant de la compétence de la CPI pourraient avoir été commis (article 13 §2). Les débats qui suivi l'adoption des résolutions 1593 et 1970, relatifs au Darfour et à la Libye – seuls cas d'usage de cette disposition par le Conseil - ont été l'occasion pour les États africains présents d'exprimer leur sentiment. Il s'avère que ce sentiment est plutôt en déphasage avec les positions de l'UA puisque ces États ont presque tous non seulement exprimé une position favorable aux résolutions en question (A), mais ont fait des déclarations clairement favorables au parti pris par le Conseil de sécurité (B).

### A. L'adoption de la résolution

Dans le cas de la résolution 1593 du 31 mars 2005 relative au Darfour, aucun vote négatif n'a été enregistré. Parmi les trois États africains présents, un seul s'est abstenu de voter – l'Algérie – et deux ont voté pour – le Bénin et la Tanzanie -. La position affichée par l'Algérie est intéressante en termes de cohérence dans la mesure où elle se recommande directement des vues exprimées par l'UA. Cet État a clairement indiqué qu'il n'était pas satisfait de la manière dont les propositions de l'organisation panafricaine, relayées par l'ancien président nigérian Obasanjo, ont été accueillies par le Conseil[257]. En vérité, lesdites propositions n'ont pas été vraiment suivies par l'organe restreint de l'ONU.

Dans le cas libyen, la résolution 1970 du 26 février 2011 a été adoptée à l'unanimité des quinze membres, dont trois États africains : l'Afrique du Sud, le Gabon et le Nigéria[258].

Le plus remarquable reste cependant que les États membres de l'UA ont tenu à justifier leurs positions et à argumenter leur soutien aux résolutions adoptées.

### B. Le soutien à la résolution

Dans le cas du Darfour, il est intéressant de relever les propos tenus devant le Conseil de sécurité par les représentants de la Tanzanie et du Bénin.

Le premier a exprimé un soulagement « que le Conseil se soit finalement prononcé sur la question », avant d'affirmer que « la Tanzanie est un État partie à la Cour pénale internationale – une cour créée pour traduire en justice ceux qui sont accusés de génocide et d'autres crimes graves contre l'humanité. Nous sommes fermement convaincus », poursuit-il, « que la Cour est l'organe international le plus compétent pour connaître de la situation au Darfour, comme l'a recommandé la commission internationale d'enquête ».

L'intervention du représentant du Bénin est parlante en ce qu'elle semble avoir pris conscience du décalage entre la position de l'UA et celle que défend cet État devant le Conseil. Tout son effort consistera ainsi à montrer que le vote en faveur de la résolution reste en cohérence avec la position groupusculaire et même, qu'en décidant de saisir le Procureur, le Conseil de sécurité aurait pour ainsi dire appuyé et concrétisé la doctrine de l'organisation panafricaine sur le sujet. Agir au Darfour, déclare-

---

[257] S/PV.5158, 31 mars 2005.

[258] S/PV.6491.

t-il, est « une obligation d'ailleurs reconnue par l'Union africaine dans le consensus d'Ezulwini, qui vient d'être adopté par le Conseil exécutif de l'UA réuni en session extraordinaire les 7 et 8 mars 2005. Par le consensus d'Ezulwini, l'Union africaine reconnaît au Conseil de sécurité le droit d'exercer envers les populations la responsabilité de les protéger (…) lorsque leur gouvernement ne peut pas ou ne veut pas leur assurer cette protection. Rendre justice participe de cette obligation ».

S'agissant de l'adoption de la résolution 1970 sur la Libye, les déclarations faites par les trois États africains membres du Conseil de sécurité méritent également d'être rapportées. Pour l'Afrique du Sud, « les mesures adoptées dans cette résolution contribueront à l'objectif à long terme du rétablissement de la paix et de la stabilité dans ce pays frère ». Le représentant du Nigéria, après s'être félicité de l'adoption de la résolution, considérait qu'« il est opportun que le Conseil ait pris (…) des mesures décisives pour répondre à cette crise. Nous appuyons l'ensemble des sanctions adoptées dans cette résolution, dans la mesure où sont ciblées et n'imposent pas un fardeau supplémentaire au peuple libyen ». Pour sa part, le Gabon estime que « la situation qui règne en Libye depuis près de deux semaines appelait une réponse et un message fort et clair de la part du Conseil de sécurité, conformément aux responsabilités que lui confère la Charte de notre organisation. C'est dans ce sens que le Gabon s'est joint au vote des autres membres du Conseil, non seulement pour condamner les tueries perpétrées contre des manifestants pacifiques, mais aussi pour avertir le régime libyen des conséquences de tels agissements. Le Gabon se tient prêt à s'associer à d'autres trains de mesures que pourrait prendre encore la communauté internationale à l'effet de sauvegarder des vies innocentes en Libye et de garantir le droit des libyens à l'expression, ainsi que la paix dans ce pays ».

Faut-il, à la lumière de telles prises de position, suspecter une schizophrénie ou une duplicité des États africains ? Ce serait engager le débat sur un terrain normativiste ou axiologique dont l'utilité nous semble sujette à caution. A la vérité, ces États font ce que tous leurs semblables font : une appréciation opportuniste de leurs intérêts, une évaluation modulée de la portée de leurs déclarations publiques. Nul ne songe, bien entendu, à le leur reprocher. Mais une telle casuistique participe, là encore, à « banaliser » les positions africaines. Outre qu'elle met en évidence l'implacable réalisme des prises de position étatiques, elle affecte le dualisme simpliste et manichéen qui a pu présider à la présentation du conflit entre l'UA et la CPI. Les arêtes pourraient donc n'être pas si vives, les oppositions pas si tranchées qu'on les suppose. Ensuite il y a l'histoire, l'éclairage des précédents, les leçons du passé. Les tensions qui caractérisent les relations entre ces États relativement jeunes et des institutions pénales tout aussi balbutiantes ne constituent pas, en soi, une nouveauté. Il y a eu, naguère, des incompréhensions tout aussi âpres entre les États africains et l'autre juridiction de La Haye, la Cour internationale de justice. Le retour sur cet événement tendrait à établir, dans l'ordre des rapports entre les États et la justice internationale, que non seulement il n'y a rien de nouveau sous le soleil, mais qu'il ne faut jamais désespérer d'une réconciliation.

# CHAPITRE III

# L'AUTRE QUERELLE APAISÉE : LE PRÉCÉDENT DE LA COUR INTERNATIONALE DE JUSTICE

La tension qui empreint les rapports entre les États africains et la justice internationale ne commence pas avec l'avènement de la CPI. Avec l'organe judiciaire principal des Nations Unies qu'est la CIJ, les relations n'ont pas, non plus, toujours été au beau fixe. Le retour sur ce précédent s'impose dans la mesure où il éclaire d'une lumière particulière les ressorts des comportements étatiques face à la justice internationale.

Il dévoile également la rationalité qui, plus spécifiquement, a présidé aux préventions africaines puis à leur dissipation. Loin de révéler une sorte d'hostilité de principe ou de phobie immotivée à l'égard de la justice internationale, l'évolution des rapports entre l'Afrique et la CPI met au contraire en évidence le caractère objectif des raisons de la répulsion ou de l'attraction que cette justice exerce sur les États. Pour saisir ce fil d'Ariane, rien ne s'impose mieux qu'un flash-back, c'est-à-dire le repérage des événements associés au désenchantement africain (Section 1).

La réconciliation prétendue doit se prouver tout autant, elle doit être objectivement évaluée et le seul baromètre concevable à cet égard reste celui de l'acceptation de la juridiction de la Cour, que ce consentement soit exprimé préalablement à tout litige ou qu'il se manifeste pour des différends nés et actuels, que les parties décident conjointement de soumettre à l'arbitrage de la CIJ (Section 2).

## Section 1

## Aux sources du conflit

L'incompréhension que les États africains ont éprouvée à l'égard de la CIJ est née de deux événements jurisprudentiels précis : l'affaire du « Cameroun septentrional » (§1) et l'affaire du « Sud-Ouest africain » (§2). Ces litiges avaient en commun d'opposer des États fraîchement indépendants à des puissances coloniales, et touchaient précisément l'administration des colonies. Symboliquement, elles étaient donc dotées d'une certaine charge. Derrière ces différends, se profilait une espèce de procès des méthodes coloniales. L'oracle de l'organe judiciaire de l'ONU était attendu. Il sera vite ressenti comme décevant, timoré, passéiste.

### §1. L'affaire du « Cameroun septentrional »

Elle a opposé le Cameroun au Royaume Uni et a notamment donné lieu à un arrêt du 2 décembre 1963 relatif à une exception préliminaire soulevée par l'ancienne puissance coloniale. Le 30 mai 1961 en effet, le Cameroun, qui venait d'accéder à la souveraineté internationale, a déposé une requête devant la CIJ, à l'effet « de dire et juger en témoignage vital pour le peuple camerounais » que le Royaume Uni ne s'était pas conformé aux prescriptions de l'accord de tutelle relatif au territoire du Cameroun sous administration britannique approuvé par l'Assemblée générale de l'ONU le 13 décembre 1946, et dont l'article 19 établissait précisément la compétence de la juridiction. Plus précisément, la Cour était invitée à constater notamment que la puissance coloniale n'avait pas satisfait à ses obligations de développer des « institutions politiques libres », de favoriser l'unité du Cameroun et la décentralisation. La solution donnée par la Cour (A) est vite apparue comme critiquable et sujette à caution (B).

### A. La réponse judiciaire

La juridiction de la Haye va répondre à deux questions. La première concernait l'intérêt à agir. Cette question s'est posée eu égard au fait que l'État requérant n'était pas membre des Nations Unies au moment où l'accord litigieux était conclu. Mais le juge accueille en définitive l'action en justice, en raison de la proximité géographique et des intérêts communs que l'État demandeur avait avec la région dite du Cameroun septentrional. C'est sur l'autre question que la solution judiciaire va cristalliser les mécontentements. Le juge rejette en effet la demande camerounaise au motif qu'une décision rendue serait sans objet. Un tel arrêt, selon la CIJ, serait « purement déclaratoire », il n'aurait pas de conséquence concrète à vrai dire, il ne modifierait aucun état de droit ou de fait. La possibilité d'une décision n'ayant de portée que théorique n'est certes pas exclue dans son principe – le juge affirmant bien que « dans des cas appropriés, il peut prononcer une décision déclaratoire » - mais en l'espèce, poursuit-il, « il n'y a aucune possibilité que (le) traité fasse à l'avenir l'objet d'un acte d'interprétation ou d'application conforme à un jugement rendu par la Cour ». La CIJ estime qu'au regard de l'évolution des choses (fin de l'accord de tutelle et rattachement du Cameroun septentrional à la République fédérale du Nigéria), toute prescription judiciaire serait inappropriée parce que ne pouvant avoir aucun effet sur la réalité.

La contextualité de tout acte de juridiction est ainsi rappelée, ainsi que la vocation même de toute intervention judiciaire, qui est d'opérer sur le réel, de modifier un ordonnancement juridique ou factuel. Un réalisme foncier est ainsi sous-jacent à l'office du juge. Agissant sur les circonstances, auréolé d'une fonction essentiellement transformatrice, le juge est nécessairement préoccupé par l'impact de ses actes. Lorsque les configurations circonstancielles sont de nature à compromettre la vocation pratique ou pragmatique des décisions qu'il rend, il doit suspendre son oracle, retenir son jugement car une justice qui ne touche pas à l'ordre des choses n'est pas une justice. On serait presque tenté de paraphraser le poète René Char : une justice qui ne modifie rien au monde ne mérite ni égards ni patience. Une philosophie utilitariste, une perception résolument ambitieuse de la fonction judiciaire traverse ainsi rendu dans l'affaire du « Cameroun septentrional » : la décision judiciaire s'inscrit dans une stratégie actante, elle est appelée au soutien d'une politique inquiète d'efficacité, le juge est un acteur de la transformation des choses. Il faut cependant se demander si les justifications d'une telle conception sont toujours recevables.

### B. Appréciation critique

L'on peut concevoir qu'une juridiction s'inquiète en général des effets pratiques de ses décisions. La question est de savoir si ce souci d'efficacité doit éclipser l'impératif de justice, lequel peut précisément s'épuiser dans une déclaration judiciaire. Notre thèse est la suivante : lorsque dans une situation donnée, l'intervention judiciaire s'avère ou risque de s'avérer superflue parce que le litige est en voie d'extinction *à la satisfaction des deux parties* – par la voie d'un règlement amiable ou par toute autre solution extra-judiciaire -, on peut concevoir que le juge s'abstienne d'intervenir. En effet, une immixtion judiciaire dans un tel contexte court le risque d'être inopportune, voire contre-productive en étant susceptible d'introduire une cacophonie, en concurrençant un processus qui accomplit son cours. Se rappelant que l'exercice d'une mission juridictionnelle n'est pas une fin en soi mais tend à terminer un litige et à pacifier des relations sociales, le juge pourra alors, au nom d'une conception de la fonction judiciaire axée sur un principe d'utilité, mais surtout sur un principe d'économie des moyens pour parvenir à une fin souhaitée par tous, s'abstenir d'exercer son office.

Tout autre nous semble le contexte dans lequel une situation est certes « dépassée » du fait de l'évolution des circonstances, mais qui a laissé des traces perçues comme injustes ou appelant une réparation du point de vue de l'une des parties. Cette hypothèse-ci diffère de la précédente sur deux points. D'abord, l'évolution de la situation ne résulte pas de la volonté concordante des parties. Dans l'affaire du « Cameroun septentrional », l'extinction de l'accord de tutelle résulte de l'échéance du terme qui lui a été fixé.

En second lieu, du point de vue psychologique, une des parties exprime une frustration ou un mécontentement lié à cette situation passée. Or, ce sentiment de frustration doit être purgé, de notre point de vue. Cela veut dire que le juge est tenu, non de satisfaire la partie plaignante, mais simplement de se prononcer. Dans une telle configuration, l'impératif de justice doit l'emporter sur le souci de faire produire des effets concrets à la décision. Plus précisément, le juge doit se contenter de prendre acte d'une frustration, d'y apporter une réponse et non de refuser de rendre la justice au nom de l'inexistence d'effets concrets de sa décision. En d'autres termes, dans l'appréhension de la solution qu'il doit donner, le juge a le devoir de s' autolimiter quelque peu, le devoir de ne pas substituer son analyse à celle du demandeur dans l'appréciation même du préjudice allégué, dans le *ressenti* de ce préjudice : la fonction judiciaire doit être respectueuse des offenses éprouvées, elle ne doit pas entrer outre mesure dans la subjectivité blessée des plaideurs, elle doit en être quelque peu éloignée, le respect s'incarnant alors dans la distanciation.

Au reste, il est advenu que cette variante du principe dispositif soit rappelée par la Cour de La Haye elle-même. Elle a eu à déclarer qu'elle « a le devoir de répondre aux demandes des parties, telles qu'elles s'expriment dans leurs conclusions finales, mais aussi de s'abstenir de statuer sur des points non compris dans lesdites demandes ainsi exprimées »[259]. D'autre part, le droit international connaît bien des formes de réparation détachées de tout effet concret, comme, précisément, la « satisfaction » qui peut consister en la simple reconnaissance d'une faute ou en la présentation d'excuses[260]. La thèse de la nécessité de l'effet concret des décisions de justice ignore la dimension psychologique de la réparation, tellement importante dans des contextes litigieux où une position victimaire se dégage nettement. Poussée à ses limites extrêmes, cette thèse conduit à une ingérence judiciaire indue dans le sentiment de lésion qui motive cette action en justice.

Il est enfin permis, plus généralement, de douter de la doctrine de l'arrêt « Cameroun septentrional » à l'aune de l'essence même de la fonction juridictionnelle. Un juge, n'est-il tenu de ne rendre que des arrêts à effet « concret » ? Au contraire même, la mission du juge, ne tient –elle pas toute entière dans la simple juris-dictio ? Ne s'épuise-t-elle pas, justement, dans la simple délivrance d'un oracle, dans la seule articulation d'une parole, abstraction faite de toute préoccupation d'efficacité ? Sans aller jusqu'à soutenir fermement une telle position, l'on peut tout de même estimer que le débat pourrait être ouvert sur le sujet. « Le pouvoir judiciaire n'est ni décisionniste, ni discrétionnaire », écrivent J. Allard et A. Garapon[261]. Le second ajoute : « Juger n'est pas une action, mais

---

[259] CIJ, Rec. 1950, p.402 (« Demande en interprétation de l'arrêt du 20 novembre 1950 en l'affaire du droit d'asile »).

[260] Article 37 du Projet d'articles de la Commission du Droit International (CDI) sur la responsabilité des États : « 1. L'État responsable d'un fait internationalement illicite est tenu de donner satisfaction pour le préjudice causé par ce fait dans la mesure où il ne peut pas être réparé par la restitution ou l'indemnisation.

2. La satisfaction peut consister en une reconnaissance de la violation, une expression de regrets, des excuses formelles ou toute autre modalité appropriée.

3. La satisfaction ne doit pas être hors de proportion avec le préjudice et ne peut pas prendre une forme humiliante pour l'Etat responsable ».

[261] Allard J. et Garapon A., *Les juges dans la mondialisation,* Seuil, 2005, p.85.

un acte de parole (…). La décision de justice évolue dans le ciel éthéré des principes »[262], avant de relever, dans certains contextes, « la centralité du jugement », un jugement au moins « implicite sur le passé »[263].

Certes, la CIJ, dont il est question, n'exerce qu'une justice interétatique et non une justice « reconstructive », comme les juridictions pénales. Mais il arrive aux États ce qui advient aux individus : qu'ils se présentent en victimes et qu'ils souhaitent apurer un passé à travers de simples déclarations judiciaires de responsabilité. L'affaire du « Cameroun septentrional » était caractéristique de cette asymétrie des parties au procès mais la Cour n'a pas voulu suivre l'État requérant. En tout état de cause, le souci de rendre des décisions judiciaires ne doit pas sacrifier la nécessité de rendre la justice tout court, c'est-à-dire, non de donner nécessairement raison à celui qui réclame cette justice, mais de dire son mot sur une contestation et de résorber ainsi toute frustration pouvant naître d'un déni de justice. Un tel sentiment a tout aussi profondément été ressenti par les États africains trois ans plus tard, à l'occasion de l'affaire du « Sud-Ouest africain ».

## §2. L'affaire du « Sud-Ouest africain »

Le 4 novembre 1960, l'Éthiopie et le Libéria – deux pays africains qui n'ont jamais été colonisés – ont sollicité de la CIJ qu'elle déclare les mesures prises et la politique adoptée par l'Afrique du Sud dans le Sud-Ouest africain illégales et contraires aux obligations pesant sur cet État en tant que puissance mandataire. Un premier arrêt rendu le 21 décembre 1962 a statué sur les exceptions préliminaires et déclaré la Cour compétente pour connaître de l'affaire sur le fond. Le 18 juillet 1966, une

---

[262] Garapon A., *Des crimes…*, précité, pp.66-67.

[263] Ibid. p.305.

seconde décision est rendue, qui, curieusement, ne statue pas sur le fond mais porte exclusivement sur la qualité des requérants et plus précisément sur leur intérêt à agir. La Cour considère en définitive que l'Éthiopie et le Libéria n'ont pas d'intérêt juridique à intenter un procès.

### A. La réponse judiciaire

L'arrêt rendu du 18 juillet 1966 se focalise sur cette notion d'intérêt à agir. Les considérations sur lesquelles la Cour se fonde pour rejeter l'action des deux États africains témoigne d'une conception systématique du procès international, reposant sur des postulats précis et dont certains extraits méritent d'être rappelés.

Pour la Cour, « ces droits ou intérêts juridiques ne sauraient exister que s'ils ont été clairement conférés à ceux qui les revendiquent par un texte, un instrument ou une règle de droit et qu'en l'espèce, on n'en a jamais conféré aux Membres de la SDN à titre individuel, que ce soit par l'un des instruments pertinents ou dans le cadre général du système des Mandats ou d'une autre manière »[264]. Plus loin encore, les juges relèvent que « les demandeurs ne sauraient être considérés comme ayant établi l'existence, à leur profit, d'un droit ou d'un intérêt juridique au regard de l'objet des présentes demandes ; en conséquence, la Cour doit refuser d'y donner suite »[265]. Si elle accueillait les demandes qui lui sont soumises, la Cour consacrerait la notion d' « actio popularis », notion que le droit international « ne reconnaît pas »[266].

Le raisonnement que voilà n'a toutefois pas reçu l'onction de tous les juges. L'arrêt rendu est même connu pour être l'un des plus controversés au sein de la juridiction, ayant été acquis à une rigoureuse égalité - sept voix pour, sept contre – et seulement

---

[264] CIJ ; Rec. 1966, pp.32-33.

[265] Ibid. p.51.

[266] Ibid. p.47.

grâce à la voix prépondérante du président. Des juges dissidents – Forster, Nervo – n'hésiteront pas, dans leurs opinions jointes, à insister sur cette division de la Cour en deux camps franchement opposés.

### B. Appréciation critique

En tout état de cause, la jurisprudence « Sud-Ouest africain » de 1966 a signé la rupture avec les États africains. Trois ordres de griefs pouvaient en effet être adressés à la CIJ.

Sur le plan symbolique d'abord, l'on remarquera que, comme dans l'affaire du « Cameron septentrional », le procès mettait en cause une ancienne puissance coloniale – ou mandataire- et concernait l'administration de colonies. Dans les deux cas, il était question du procès de la colonisation dans une certaine mesure, du moins les choses étaient-elles perçues comme telles. Or, dans les deux occurrences, les décisions rendues ont été plutôt favorables aux puissances administrantes. Les arrêts rendus convergent dans leur conception conservatrice et même inique du droit, et la CIJ a été perçue comme un sanctuaire du conservatisme, une institution caractéristique d'un droit international résolument tourné vers le passé et réfractaire aux thèses réformistes des nouveaux États. Dès lors, l'idée s'est installée que ce n'est pas de son prétoire que jaillirait l'ordre nouveau appelé par ces nouveaux membres de la société internationale, l'ordre espéré par ces pays. Dans l'affaire du « Sud-Ouest africain », il existe une dimension supplémentaire qui contribuait à accroître la charge symbolique des choses. Il y était question, en effet, d'apartheid, de politique de discrimination raciale.

Plus généralement, l'onde de choc produite par l'arrêt de 1966 a été remarquable, la décision a eu des effets sismiques, tant elle paraissait prendre position sur une conflictualité essentielle, celle qui opposait les États nantis à ceux du Tiers monde. Des réunions spéciales ont eu lieu dans le cadre des Nations- Unies, qui portaient exclusivement sur l'arrêt rendu. La véhémence des critiques adressées à la juridiction atteste de la grande déception des États africains. Ceux-ci ont considéré que la décision de la CIJ a « encouragé l'Afrique du Sud à poursuivre l'application de sa politique malfaisante ». Les déclarations des représentants des États africains étaient à l'avenant. L'ambassadeur d'Algérie déplorait l'attachement de la Cour « à une conception statique du droit découlant tout naturellement d'une certaine nostalgie de l'époque victorienne » et celui du Mali estimait que la juridiction « reflète la crise de l'ONU, celle du système colonial et de l'impérialisme ». Alors que le président Senghor dénonçait « un vrai scandale », son homologue malgache stigmatisait un « grossier faux fuyant permettant à la Cour d'échapper à ses responsabilités ». Le risque d'une défiance des États africains en particulier était pressenti par d'autres États comme la République Arabe Unie – déclarant craindre que la foi des nouveaux États soit « ébranlée » - et le Tchad – qui voit dans la décision judiciaire le « risque de porter atteinte à la confiance des peuples » -[267].

Au-delà des symboles, l'affaire du Sud-Ouest africain a nourri deux critiques d'ordre plus technique. L'une vaut d'ailleurs, également, pour l'arrêt « Cameroun septentrional ». Ce que les deux décisions ont de commun, c'est une conception excessivement pragmatique, purement utilitaire, de l'intervention judiciaire. Dans l'affaire du « Sud-Ouest africain » également, était aussi en cause, de façon sous-jacente, l'idée de jugement déclaratoire. Un membre de la Cour, le juge Jessup a bien vu cet aspect des choses. Dans son Opinion dissidente, il relève que « les demandeurs n'ont sollicité ni dommages – intérêts ni une autre compensation matérielle pour eux-mêmes. Ils ont en réalité et en

[267] Pour l'ensemble de ces réactions, v. Fischer G., « Les réactions devant l'arrêt de la Cour internationale de justice concernant le Sud- Ouest africain », *Annuaire français de droit international,* 1966, pp.145 et s.

partie sollicité un jugement déclaratoire qui interpréterait certaines dispositions du Mandat pour le Sud-Ouest africain (…). Ils sont maintenant fondés à obtenir un jugement déclaratoire sans avoir à prouver l'existence d'un autre intérêt »[268]. Le propos fait écho à celui du juge Fitzmaurice dans l'autre affaire, celle du « Cameroun septentrional » : « En ne réclamant aucune indemnisation, l'État demandeur s'est placé dans une situation telle que, si la Cour avait statué sur le fond, il aurait pu obtenir une décision en sa faveur en établissant simplement que des violations de l'accord de tutelle avaient été commises (…) »[269].

La CIJ a systématiquement refusé d'entrer dans la logique du jugement déclaratoire, elle a érigé en dogme la finalité pratique de la décision judiciaire et dénié toute visée symbolique aux arrêts qu'elle rend. Mais cette approche résolument positiviste nous semble contestable.

En second lieu, l'affaire du « Sud – Ouest africain » a mis en évidence une approche par trop intersubjective des rapports sociaux. Arc-boutée à une appréhension rigoriste de l'intérêt à agir, laquelle semble n'entrevoir la société internationale que sous le prisme d'un enchevêtrement de bilatéralités, la Cour a évacué de son raisonnement toute perception institutionnelle, solidariste. L'action en justice doit non seulement être expressément stipulée, prévue, mais elle semble s'inscrire, selon l'arrêt, dans la perspective privilégiée de la défense d'un intérêt individuel. A cet égard, la décision de la CIJ exprime aussi une conception rabougrie, rapetissée, des relations entre États. Car l'un au moins des litiges évoqués ici revêtait une certaine dimension sociale. Il y était d'abord question d'un mandat, opération juridique qui postule détermination d'une tâche et reddition des comptes. Cette

---

[268] Rec. CIJ 1966, p.328.

[269] Ibid.

mission était confiée par une organisation mondiale, l'ONU, dont l'existence comme les missions portent un halo d'objectivisme que l'Avis de 1949 sur la personnalité de l'organisation avait mis en évidence[270]. Il était enfin question d'une « mission sacrée de civilisation », sacerdoce aux relents colonialistes et paternalistes évidents, mais sacerdoce précisément : c'est-à-dire une habilitation communautaire, une mission à finalité sociale, humaniste – ne serait-ce qu'en apparence – et donc transcendant les intérêts particuliers des États. A ces trois égards au moins, la CIJ aurait pu rompre avec la logique de l'intersubjectivité outrancière, elle ne l'a pas fait.

Quoiqu'il en soit, si elle a jamais pu se justifier, la conception très relationnelle des rapports sociaux et de l'action en justice qui se dégage de la jurisprudence de 1966 est aujourd'hui battue en brèche par l'évolution du droit international. La CIJ elle-même a évolué. Non seulement elle est revenue sur sa décision de 1966, comme on va le voir, mais, air du temps oblige, elle s'est ralliée à une conception plus institutionnelle, moins contractualiste. L'obiter dictum de l'arrêt « Barcelona Traction » de 1970, tant de fois rappelé, en dit long. « Vu l'importance des droits en cause », y déclare la Cour, « tous les États peuvent être considérés comme ayant un intérêt juridique à ce que ces droits soient protégés ; les droits dont il s'agit sont des obligations *erga omnes* »[271]. Les travaux de la Commission du droit international des Nations Unies consacrent clairement cette approche. L'article 48 du Projet d'articles élaboré à cet effet et achevé au milieu des années 2000-pose que « tout État autre qu'un État lésé est en droit d'invoquer la responsabilité d'un autre État si : (…) b) l'obligation violée est due à la communauté internationale dans son ensemble ».

---

[270] Il s'agit de l'Avis du 11 avril1949 sur la réparation de certains dommages subis par les Nations-Unies.

[271] CIJ, Rec. 1970, p.32.

C'est dire que les facteurs de crise entre la CIJ et les États africains se sont résorbés. L'embellie s'est au demeurant produite quelques années seulement après la controversée décision de 1966. Il s'agit d'examiner les tenants et les aboutissants de cette réconciliation. Il en ressort qu'il n'y a pas de miracle, que la crise n'est pas une fatalité et qu'il suffit, pour établir ou rétablir les bonnes relations, que la justice internationale rassérène les États à travers ses décisions et son sens de l'écoute, sans évidemment jamais compromettre l'intégrité de la fonction judiciaire.

## Section 2

## L'accalmie

Le rétablissement de bonnes relations entre les États africains et l'organe judiciaire principal des Nations Unies tient à des facteurs précis (§1) et peut être évalué à l'aune de plusieurs éléments (§2).

### §1. Facteurs explicatifs

La première explication du dégel se trouve, naturellement, dans le revirement de jurisprudence de la Cour, au sujet de la même affaire du « Sud-Ouest africain ». Il est en effet logique que l'abandon de la jurisprudence de 1966, par quoi le scandale est arrivé, se traduise immédiatement par le désarmorçage des préventions africaines. De fait, saisie de nouveau sur la même question, mais cette fois par le Conseil de sécurité, la CIJ va non seulement assumer sa compétence, mais tirer toutes les conséquences de la politique illégale de l'Afrique du Sud. La question posée aux juges était la suivante : « quelles sont les conséquences juridiques pour les États de la présence continue de l'Afrique du Sud en Namibie, nonobstant la résolution 276 (1970) du Conseil de sécurité ? ».

Après avoir écarté les objections soulevées par l'Afrique du Sud, la Cour va répondre en trois temps. Elle souligne d'abord l'importance qui s'attache à la constatation d'une illégalité par un organe de l'ONU : une telle constatation ne peut pas être « neutre », elle déclenche nécessairement des conséquences. En l'espèce, précisément, l'Afrique du Sud, responsable de la perpétuation de la situation illégale relevée, doit faire cesser celle-ci, la prolongation de sa présence en Namibie équivalant à une violation persistante de ses obligations internationales. Enfin, et en forme d'invite ultime, la Cour estime que « les États membres ont l'obligation de reconnaître l'illégalité et le défaut de validité du maintien de la présence sud-africaine en Namibie et ils sont tenus de n'accorder à l'Afrique du Sud, pour son occupation de la Namibie, aucune aide ou aucune assistance, quelle qu'en soit la forme »[272].

La voie était dès lors tracée pour une « normalisation » des relations de la CIJ et de l'Afrique. Mais il n'y a pas que cet événement topique. La réconciliation a été également favorisée par des options politiques, des choix systématiques relatifs à la composition ou à la représentativité de la Cour (A) ainsi qu'à la jurisprudence même de la Cour, donc à la politique jurisprudentielle de celle-ci (B).

### A. La représentativité de la Cour

Aussitôt après la décision controversée de 1966 sur le « Sud – Ouest africain », la question de la représentativité de la CIJ a été posée par les États africains notamment. En principe et comme il se doit, la composition de la Cour doit refléter « dans l'ensemble la représentation des grandes formes de civilisation et des principaux systèmes juridiques du monde » (article 9 du Statut de la CIJ). Devant l'Assemblée générale de l'ONU, le représentant de la Tanzanie a alors insisté sur la nécessité d'une « représentation

[272] Arrêt du 21 juin 1971, Rec. 1971, §133.

équitable » des régions du monde dans la Cour. Celui du Ghana a déclaré que « la composition de la Cour doit être conforme à la composition réelle des Nations - Unies », et l'ambassadeur de la Tchécoslovaquie regrettait la sous-représentation des États communistes européens et africains[273].

De fait, la composition de la juridiction n'a pas toujours satisfait à l'impératif universaliste évoqué dans son Statut. En 1922, en un temps où n'existaient certes pas les États du « Tiers monde », la Cour comptait dix membres européens, deux latino-américains, deux asiatiques et un américain. C'est en 1960 seulement qu'un premier juge africain entre à la Cour, en la personne de l'Egyptien Badawi. Et en 1964 qu'un second membre africain est désigné, le sénégalais Forster.

A ce stade, plusieurs remarques générales peuvent être formulées. En remontant au lendemain de la guerre, en 1945 précisément, il n'existait pas de juge africain à la Cour. Pendant huit ans (1946-1964), un seul juge originaire du continent a officié (Badawi). Au moment où l'arrêt « Cameroun septentrional » est rendu (1963), il n'y a donc que ce seul juge africain à La Haye. Il y en aura deux en 1966, lorsque l'affaire du « Sud - Ouest africain » est traitée (il s'agit donc des juges Badawi et Forster). Ce n'est qu'à partir de 1970 (soit près de vingt-cinq ans après la mise en place de la CIJ, la CPJI étant exclue), que trois juges d'Afrique noire en particulier siègent à la Cour. Cet état de fait dure de 1970 à 1976 et concerne un sénégalais (Forster), un nigérian (Onyeama) et un (ex) dahoméen (Ignacio Pinto). Depuis, cette moyenne de trois juges semble maintenue.

Le débat sur la représentativité de la Cour n'est pas négligeable. D'abord parce que, stipulée comme exigence dans le Statut de la juridiction, cette représentativité est une question de principe, elle est donc toujours digne d'une réflexion. En outre, les États sont

---

[273] V. Fischer G., op cit. p.153.

soucieux de la qualité de l'écoute qui sera réservée à leurs thèses juridiques. L'institution du juge ad-hoc – qui est souvent un national de l'État relève bien de ce souci. On ne reviendra pas ici sur la nécessité, pour les États, de s'assurer qu'ils sont « bien connus » de leurs juges. La question a été abordée plus haut, précisément pour montrer en quoi le système pénal international semblait faire litière de cette préoccupation. La prévention conçue contre la CIJ s'est nourrie de cet élément-là également.

Non seulement la polémique sur la représentativité s'est tarie, mais la Cour a eu à instituer un système de « chambres ad-hoc » (inaugurée en 1982 et dont la dernière application date de 2002) dont le trait caractéristique majeur est qu'il laisse aux Parties en procès une grande liberté dans la détermination des juges devant composer la juridiction. Le système qui a été adopté résulte de la combinaison des dispositions du Statut et du Règlement de la Cour. Alors que le Statut prévoit que dans la constitution des chambres ad-hoc « le nombre de juges sera fixé par la Cour avec l'assentiment des Parties » (article 26), le Règlement ajoute qu'« une fois acquis l'accord des Parties, le Président s'informe de leurs vues au sujet de la composition de la Chambre et rend compte à la Cour » avant que celle-ci ne procède à l'élection des membres.

L'inspiration consensualiste du procédé éclate. Il s'agit bien de rendre la juridiction attrayante aux justiciables que sont les États en leur garantissant une sorte d'assurance sur la composition de la Cour. On peut donc comprendre les appréhensions de ceux qui ont pu estimer qu'une telle réforme procède d'une « arbitralisation » outrancière de la Cour, laquelle demeure en principe une institution judiciaire permanente, s'insérant dans un cadre institutionnel précis – celui des Nations Unies - et échappant en principe aux déterminations conjoncturelles d'une juridiction ad-hoc. Mais du point de vue d'États, sinon soucieux de « contrôler » la composition de la Cour, du moins échaudés par l'absence de représentativité de celle-ci, une telle réforme ne peut qu'être rassurante. Il y a lieu de penser que la part qui leur est ainsi faite dans la désignation de ceux qui les jugeront a pu compter dans la confiance retrouvée des États africains. Plus fondamentalement encore, la jurisprudence même de la CIJ est venue rassurer ces justiciables en leur conférant, là encore et de façon subtile, un pouvoir de contrôle sur l'application des solutions arrêtées par le juge.

### B. La politique jurisprudentielle de la Cour

Pour bien mesurer le chemin parcouru, il convient d'abord de souligner l'ancrage de la préférence africaine pour les solutions extra-judiciaires. Cet ancrage est sans doute le fruit de la déception née des décisions précédemment abordées de la CIJ. Il résulte aussi, il faut bien le dire, d'une sorte de préférence pour les mérites intrinsèques du mode de résolution politique – plutôt que judiciaire – des différends entre États. Des facteurs conjoncturels et structurels se conjuguent ainsi pour expliquer le comportement des États africains devant les institutions judiciaires internationales.

Rien n'illustre mieux ce parti-pris que le destin des deux institutions créées dans le cadre de l'Organisation de l'unité africaine pour résoudre les différends entre États. La Commission des juristes africains, conçue au lendemain de la mise en place de l'OUA constitue une structure intergouvernementale plutôt qu'un organe judiciaire indépendant. Elle se compose en effet de délégations nationales consistant en deux ministres ou plénipotentiaires et en experts. L'on imagine alors aisément le mode de fonctionnement d'une telle instance : aux experts de livrer les éclairages du droit, aux représentants des États, titulaires ultimes du pouvoir de décision, d'apprécier le principe et l'étendue d'une application des règles juridiques. Quelque temps après l'établissement de cet organisme, c'est une Commission de médiation, de conciliation et d'arbitrage (CMCA) qui est créée. Il appartenait aux États en litige de choisir parmi les moyens de règlement pacifique des différends ainsi énoncés. Le recours à des considérations de droit était donc aléatoire puisqu'il n'était nullement obligatoire. Au demeurant, cette Commission n'a jamais vraiment fonctionné, au point qu'il n'est pas excessif de dire que son bilan a été nul.

Durant toute cette période, les cadres formels de résolution des litiges ont été délaissés au profit de procédures plus informelles et volontiers « personnalisés » : sessions extraordinaires du Conseil des ministres, commissions ad-hoc constituées de représentants d'États, médiations confiées à un ou plusieurs chefs d'États etc. L'évitement de l'approche judiciaire est même présenté comme une « victoire », comme une visée délibérée. Le secrétaire général administratif de l'OUA, dans un rapport daté de septembre 1968, se réjouit clairement de qu'aucun litige inter- africain n'a connu d'issue judiciaire. Ces litiges, écrit-il, « n'ont à nul moment été soumis à des instances extra-africaines dont les interventions sont en général loin de se conformer aux intérêts des peuples du continent. Cette réussite certaine sur laquelle on n'insistera jamais assez est le résultat de la discipline librement acceptée par tous les responsables africains de déployer, dans le cadre africain de l'OUA et conformément à ses procédures, tous les efforts en vue de régler fraternellement les différends susceptibles de les opposer »[274]. Le règlement des différends n'est ainsi pas seulement éloigné des théâtres judiciaires, préservé d'intrusion juridictionnelle, il se déroule aussi dans un huis-clos vecteur, proclame-t-on, de proximité mutuelle, dans une intimité « fraternelle » propre à éteindre les désaccords.

L'on comprend alors mieux le processus qui a mené les États africains à déserter le prétoire de La Haye, puis à y revenir. Le rôle de la Cour dans ce dégel est primordial. L'orientation jurisprudentielle qui a contribué à dissiper les préventions

---

[274] Cité par Bedjaoui M., « Le règlement pacifique des différends africains », *Annuaire français de droit international*,1972, pp.89 et s. V. cet article pour tous les aspects traités ici.

africaines consiste d'abord en la promotion d'un droit souple, symbolisé par le recours aux « principes équitables ». Ce qui relie ces principes à la préférence pour le règlement politique, c'est une méthode – une approche casuelle, délibérément tâtonnante – et une fin – la satisfaction de toutes les parties -.

Le choix de solutions transactionnelles, le recours à des sortes de compromis judiciaires est en effet remarquable dans la jurisprudence de la CIJ à partir des années quatre-vingts. C'est sous la bannière de l'« équité » ou des « principes équitables » que cette politique jurisprudentielle consensualiste se fera. Son terrain de prédilection est le contentieux des délimitations, qu'il s'agisse de frontières terrestres ou maritimes. Or, c'est bien là l'essentiel du contentieux « africain ». D'autre part, la CIJ s'est montrée très bienveillante à l'égard d'autres modes de règlement des différends – modes politiques – allant même jusqu'à encourager les États à y recourir. Ces deux tendances ont ceci de commun qu'elles redonnent en quelque sorte le pouvoir aux États, en faisant d'eux les véritables acteurs de la solution judiciaire. Elles ont une autre vertu : celle de composer avec les susceptibilités nationales, d'éviter l'humiliation d'une stigmatisation judiciaire lorsque la décision du juge désigne clairement un État comme « coupable ». Recours aux principes équitables et encouragement à utiliser les voies diplomatiques ont donc l'avantage de rendre attrayant le prétoire de la Cour autant que de « ménager » les États, tous les États.

Échaudée par l'affaire du « Sud –Ouest africain », l'Afrique a mis du temps avant de soumettre ses différends à la Cour. De 1966 à 1980, c'est-à-dire en quinze années, aucun État du continent n'est venu devant la CIJ. C'est avec le différend « Tunisie- Libye » relatif à la délimitation de leur plateau continental que l'Afrique retourne à La Haye. L'arrêt du 24 février 1982 rendu à cette occasion va être le prologue d'une politique jurisprudentielle marquée par la promotion d'un « droit souple ». La CIJ exclut dans sa décision tout recours aux critères physiques pour procéder à la délimitation en cause, elle préfère le recours aux « principes équitables ». La fameuse méthode de l'équidistance est donc promptement évincée au profit d'une approche qui confine à la casuistique et qui l'amène à distinguer deux « secteurs » sur l'étendue à délimiter. La deuxième saisine mettant en cause un État africain concerne toujours la délimitation d'un plateau continental, elle a opposé la Libye et Malte et a donné lieu à une décision du 3 juin 1985. La Cour y récuse à nouveau la règle de l'équidistance et préfère dégager un certain nombre de « principes équitables » impliquant l'évitement de toute disproportion excessive entre le plateau continental d'un État et la longueur de son littoral. Dans l'arrêt suivant, celui du 22 décembre 1986 relatif au différend frontalier entre le Burkina Faso et le Mali, la Cour renoue avec l'équité, « équité *infra legem* » précise –t-elle, c'est-à-dire cette forme d'équité qui repose sur le droit et qui ne s'en éloigne pas vraiment. Sur cette base, elle divise un cours d'eau litigieux en deux, « de façon équitable » dit - elle. Équité encore, dans le litige frontalier entre le Burkina Faso et le Niger, où le juge préconise la recherche d'une solution « satisfaisante » pour les Parties, ce qui le conduit notamment à assurer à l'État du Niger l'accès à une rive. Pourtant, la Cour était saisie uniquement pour appliquer les dispositions d'un acte administratif ou traduire les données des cartes produites (arrêt du 16 avril 2016). Il est enfin question d'équité des années plus tard, dans l'affaire « Ahmadou Sadio Diallo » opposant la Guinée à la RDC, la CIJ fait explicitement appel à cette notion lorsqu'elle a envisagé la détermination de l'indemnité due à la Guinée (arrêt du 19 juin 2012).

L'autre volet de la promotion du droit souple est l'encouragement aux solutions extra-judiciaires, l'incitation à la négociation politique. S'agissant des litiges concernant des États africains, le rappel de la disponibilité des procédés politiques de règlement a eu lieu dans l'affaire de la délimitation maritime entre le Sénégal et la Guinée Bissau (arrêt du 12 novembre 1991). La

Cour y déclare qu'il est « éminemment souhaitable que les éléments non réglés par la sentence arbitrale du 31 juillet 1989 puissent l'être dans les meilleurs délais, ainsi que les deux Parties en ont exprimé le désir ». De fait, un accord bilatéral de gestion et de coopération sera conclu entre les deux États, qui sera suivi d'un désistement d'instance. Dans le différend sur l'île de Kasikili Sedudu entre le Botswana et la Namibie (arrêt du 13 décembre 1999), la Cour constate, pour s'en féliciter, qu'« aux termes d'un accord conclu en mai 1992 », les Parties se sont reconnu la liberté de navigation sur les chenaux autour de l'île (...) ». Ce qui est remarquable ici, c'est que le juge semble prendre acte d'une sorte de modification conventionnelle de la décision judiciaire. En effet, après avoir tranché la question du statut juridique de l'île et des deux chenaux qui l'entourent, la CIJ « note *toutefois* que le communiqué de Kasane du 24 mai 1992 prend acte du fait que les Présidents de la Namibie et du Bostwana » se sont entendus pour régler directement certains points du litige. Dans un autre différend frontalier, opposant le Burkina Faso et le Niger, la CIJ « prend note de la coopération sur une base régionale et bilatérale qui s'est déjà instaurée entre les Parties (...) et les encourage à la développer ultérieurement ». Lorsque la CIJ ne renvoie pas expressément à la négociation politique, elle se montre bienveillante à l'égard des acquis de celle-ci, au point de les intégrer dans la solution judiciaire. Ce fut le cas dans l'affaire du différend frontalier Burkina Faso- Mali, où le retrait des troupes avait été acquis par un accord politique légèrement antérieur à l'ordonnance relative aux mesures conservatoires sollicitée devant la Cour.

Cette bienveillance de la CIJ à l'égard du règlement politique des litiges doit être immédiatement reliée à l'amélioration de ses relations avec les États africains parce que ceux-ci se sont précisément illustrés, pendant longtemps, par leur dilection pour les procédés diplomatiques plutôt que juridictionnels. En accueillant les possibilités extra-judiciaires de règlement des conflits, l'organe judiciaire rassure en quelque sorte des justiciables suspicieux ou réticents. Non seulement les solutions judiciaires perdent de leur iniquité et de leur rigidité - par le biais d'un appel à l'équité -, mais elles ne se posent plus en rivales des modes alternatifs de solution.

Il serait sans doute abusif d'avancer que le recours aux principes équitables et l'ouverture aux modes de règlement extra-judiciaires constituent des manifestations d'une politique systématique et délibérée dont l'Afrique serait le destinataire exclusif. Si l'on prend le cas de l'évocation des principes équitables, l'on s'aperçoit vite qu'elle a d'abord eu lieu dans l'affaire du « plateau continental de la mer du Nord » notamment, qui a concerné l'Allemagne, le Danemark, les Pays Bas. La Cour y rejette la thèse du caractère obligatoire de la règle de l'équidistance et préconise le recours aux « principes équitables » et aux « circonstances pertinentes » (arrêt du 20 février 1969). L'affaire de la délimitation de la frontière maritime dans la région du golfe du Maine a été une autre occasion d'évoquer les « critères et méthodes aptes à assurer un résultat équitable » (arrêt du 12 octobre 1984). L'affaire ne concernait pas un État africain, il opposait le Canada aux États-Unis d'Amérique. Il serait dès lors erroné de rattacher cette « politique de l'équité » à une volonté de séduire le continent africain en particulier.

Le point de vue vaut d'ailleurs, tout autant, pour l'incitation au mode de règlement politique. C'est la devancière de la CIJ, la CPJI, qui a déclaré dès 1929 que « le règlement judiciaire des conflits internationaux (...) n'est qu'un succédané au règlement amiable et direct de ces conflits »[275]. Pour sa part, la CIJ a eu à exhorter les Parties, dans l'affaire du « Passage par le Grand Belt », à recourir

---

[275] CPJI, aff. des « Zones franches de la Haute Savoie et du Pays de Gex », ordonnance du 19 août 1929, série A, n°22, p.13.

à « toute négociation (...) en vue de parvenir à un règlement direct et amiable »[276]. Le litige opposait la Finlande au Danemark, États non africains. D'autre part, diverses résolutions adoptées par l'Assemblée générale de l'ONU ont affirmé cette sorte d'équivalence qualitative des modes de règlement[277]. Et récemment, c'est le président de la CIJ lui-même qui faisait valoir qu'« il est tout à fait incontestable que les négociations, lorsqu'elles débouchent sur un accord entre les États en litige, constituent le moyen le plus efficace et direct de régler les différends ». « Dans cette hypothèse », a-t-il poursuivi, « l'entremise judiciaire de la Cour peut se révéler tout à fait superflue, les relations entre les États en cause finissant par s'améliorer du fait de l'accord pacifique qui a été trouvé »[278]. Puis, devant un autre parterre, le président de la Cour a indiqué que « la négociation entre les États en litige demeure le moyen le plus efficace et le plus direct de régler les désaccords internationaux, dès lors qu'elle aboutit à un accord entre les parties »[279].

L'exaltation de la négociation politique - au détriment, éventuellement, de la solution judiciaire- se recommande donc d'une solide tradition, qui dépasse certainement la crise de confiance éprouvée par les États africains à l'égard de la CIJ. Il ne faut donc pas, il faut le redire, l'interpréter comme un signe dont seule l'Afrique serait le destinataire. Il n'en demeure pas moins qu'en réitérant la doctrine de l'équivalence ou de la complémentarité des voies de solution, dans le cadre de litiges frontaliers et dans une conjoncture historique donnée, l'organe judiciaire onusien a contribué à dissiper la défiance nourrie à son encontre. Les retrouvailles étaient d'autant plus prévisibles que la

---

[276] CIJ, ordonnance du 29 juillet 1991, Rec. 1991, p.20.

[277] Résolutions 3232 (XXIX), 3283 (XXIX), 37/10 (Déclaration de Manille).

[278] Allocution du président de la CIJ, Peter Tomka, le 25 septembre 2013.

[279] Allocution devant l'organisation juridique consultative pour les pays d'Asie et d'Afrique, le 30 octobre 2013.

pratique africaine elle-même était à l'avenant, mettant en évidence, on l'a vu, une nette inclination pour le mode de règlement politique. Ce sont là des facteurs qui ont certainement contribué à la réconciliation avec la justice internationale. Encore faut-il, pour étayer encore notre thèse, prendre l'exacte mesure de cette nouvelle attraction exercée par la CIJ sur les États africains.

## §2. Manifestations

Deux types de données peuvent être utilisés pour évaluer l'attractivité du prétoire de la Cour : des données d'ordre quantitatif (A) et des données d'ordre qualitatif (B).

### A. Données quantitatives :

La réconciliation avec la CIJ s'apprécie d'abord en termes statistiques. En 2018, le nombre d'États ayant participé à des affaires contentieuses devant la Cour était de quatre-vingt – dix - sept. C'est le continent africain qui vient en deuxième position (vingt - sept États) après l'Europe « et autres » (trente - cinq) et avant l'Asie (dix - neuf) et l'Amérique latine (seize). Dans l'absolu, et pour une région du monde longtemps restée en froid avec la Cour, un tel résultat a de quoi surprendre.

Il se trouve, par ailleurs, que le rythme des saisines « africaines » a connu une accélération remarquable à partir des années quatre-vingts. Alors qu'entre la décision « Sud- Ouest africain » (1966) et 1980 – soit une quinzaine d'années -, on ne relève aucun procès concernant un État africain, on note, à partir de cette dernière année, un accroissement des affaires « africaines » soumises à la Cour : six affaires entre 1980 et 1990 – soit dix ans -, cinq dans la décennie suivante (1990 – 2000) et six dans la suivante (2000 à 2010, avec un désistement d'instance). En d'autres termes, au cours des trois dernières décennies, on relève la régularité de cinq saisines tous les dix ans, soit une moyenne de d'une saisine tous les deux ans. Si l'on va au-delà de l'année 2010, la tendance se confirme et même se fortifie puisqu'on peut compter deux cas traités[280] et quatre affaires pendantes à la fin du mois de mars 2020[281].

Enfin, si l'on se penche sur les déclarations facultatives de juridiction obligatoire, qui sont des actes unilatéraux par lesquels les États peuvent à l'avance reconnaître la juridiction de la Cour, le bilan est tout aussi parlant. Le continent européen arrive en tête avec vingt - sept déclarations pour un total de près de quarante-sept États, suivi par l'Afrique (vingt – trois déclarations pour cinquante- quatre États), l'Amérique (quatorze sur trente - cinq), l'Asie (sept sur quarante - sept) et l'Océanie (deux sur quatorze).

L'attraction exercée par la Cour sur les États d'Afrique est donc devenue réelle. Les données brutes que voilà sont confirmées par une analyse plus fine, mettant l'accent sur la « qualité » de cette adhésion.

### B. Données qualitatives

A vrai dire, il existe plusieurs manières d'évaluer la qualité de l'« adhésion » à la juridiction de la Cour. Deux en seront choisis, sachant, bien entendu, qu'ils ne prétendent ni à l'infaillibilité ni, on l'a dit, à l'exhaustivité.

Le premier critère concerne l'exécution des décisions de la Cour par les États africains. Globalement, cette exécution s'est plutôt bien faite, les parties acceptant non seulement le verdict rendu, mais s'entendant sur les modalités de mise en œuvre de celui-ci à travers la conclusion d'accords spécifiques. Il existe en effet une

---

[280] Les deux cas sont « Certaines questions concernant l'entraide judiciaire » (Djibouti c. France, arrêt de 2008) et « Questions concernant l'obligation de poursuivre » (Belgique c Sénégal, arrêt de 2012).

[281] Les affaires pendantes sont : « Immunités et procédures pénales » (Guinée équatoriale c France), « Activités armées sur le territoire du Congo » (RDC c. Ouganda), « Délimitation maritime dans l'océan indien » (Somalie c Kenya), « Application de la convention pour la prévention et la répression du crime de génocide » (Gambie c Myanmar).

certaine spécificité africaine à cet égard[282]. Prolongeant en quelque sorte les solutions transactionnelles suscitées ou homologuées par la CIJ, l'exécution des arrêts rendus va donner lieu à un redéploiement de la politique, mettant en évidence un accompagnement diplomatique des sentences judiciaires. L'esprit de La Haye se prolonge en quelque sorte sur le terrain, un esprit conciliateur traverse alors aussi bien l'élaboration de la décision que sa mise en œuvre. Cette sorte de permanence de la diplomatie agrée aux États africains pour deux raisons. En qualité d'États tout court, cette réalité a pour eux l'avantage d'occulter la portée départitrice du jugement, d'escamoter l'attribution des torts, d'éviter à un plaideur l'avanie d'un désaveu cinglant. La diplomatie et la négociation arrondissent les angles, estompent les aspérités, enveloppent les positions dans un arrangement qui convient à tous. Le choix de la voie judiciaire cesse d'être périlleux parce que celle-ci se dénature en quelque sorte. A la dogmatique de la règle de droit, se substitue la casuistique de la paix sociale.

Comment ne pas songer, alors, aux trois modèles du juge décrits par François Ost [283]? Plutôt que Jupiter célébrant la religion de « la pyramide » et du « code », la CIJ serait plutôt Hercule, tout dévoué à « l'entonnoir » et au « dossier ». C'est alors « la décision et non la loi qui fait autorité », écrit Ost, qui poursuit : « Au code se substitue le dossier ; la singularité et le concret du casus prennent le pas sur la généralité et l'abstraction. Au glaive d'une justice inspirée par le commandement jupitérien se substitue la balance de nos computations et compensations quotidiennes. Alors que le droit jupitérien est caractérisé par la légalité (…), le droit herculéen est caractérisé par l'effectivité : le droit se ramène au fait, à la matérialité de la décision »[284]. La seconde raison de

---

[282] Nakoulima M.V., « L'application des décisions de la Cour internationale de justice dans les affaires de délimitation des frontières en Afrique, site de l'Université de Limoges,

[283] Ost F., « Jupiter, Hercule, Hermès : trois modèles de juge », *in* Bouretz P. (dir.), *La force du droit. Panorama des débats contemporains*, Ed. Esprit, Paris, 1991.

[284] Ibid. p. 241.

l'adhésion des États africains à une telle approche est précisément qu'ils ont eu, dans le cadre particulier de l'organisation panafricaine, à exprimer leur préférence pour le mode de règlement politique et volontiers informel plutôt que judiciaire, comme nous l'avons indiqué précédemment.

Presque systématiquement donc, la délivrance de la sentence de la CIJ sera suivie d'accords politiques pour l'exécution de celle-ci. Au reste, la Cour va souvent, là également, recommander ou encourager le recours à la négociation.

Dans l'affaire de la presqu'île de Bakassi ayant opposé le Cameroun au Nigéria, la CIJ constate, dans son arrêt du 10 octobre 2002, que « l'exécution du présent arrêt donnera aux Parties une occasion privilégiée de coopération dans l'intérêt des populations concernées afin notamment que celles-ci puissent continuer de bénéficier de services scolaires et de santé comparables à ceux dont elles jouissent actuellement. Une telle coopération sera particulièrement utile en vue du maintien de la sécurité lors du retrait de l'administration des forces armées et de police nigérianes »[285]. En réalité, c'est un mois avant le prononcé de l'arrêt que, sous l'égide du Secrétaire général des Nations Unies, une rencontre entre les deux chefs d'État a été organisée à Paris, au terme de laquelle les deux Parties ont convenu de « respecter et de mettre en œuvre la décision de la Cour internationale de justice »[286]. Le litige entre le Tchad et la Libye a pareillement donné lieu à la conclusion d'un accord après l'arrêt de la Cour. Dans une décision du 4 avril 1994, la CIJ relève que les deux parties vont conclure « un accord sur les modalités pratiques d'exécution de l'arrêt ». Il s'agira de déterminer les conditions du retrait des troupes libyennes de la bande d'Aouzou, sous la surveillance d'une mission d'observation de l'ONU ainsi que les modalités de

---

[285] §316 de l'arrêt.

[286] V. Salah M., « La Commission mixte Cameroun-Nigéria : un mécanisme original de règlement des différends inter étatiques », *Annuaire français de droit international*, 2005, pp.162 et s.

démarcation de la frontière fixée par la Cour. Des patrouilles mixtes seront également constituées pour veiller à la bonne exécution de l'accord. Il a aussi été question de négociations directes entre les Parties dans l'affaire relative à la sentence arbitrale du 31 juillet 1989 entre la Guinée Bissau et le Sénégal. C'est l'agent de la République du Sénégal qui a déclaré devant la Cour la disponibilité de son pays à entamer de telles négociations, ce à quoi la CIJ a fortement encouragé. Au vu de cette déclaration, la Cour estime qu' «  au terme d'une procédure arbitrale longue et difficile », « il serait éminemment souhaitable que les éléments du différend non réglés par la sentence arbitrale du 31 juillet 1989 puissent l'être dans les meilleurs délais »[287]. En d'autres termes, la CIJ encourage les États à recourir à une solution politique.

Le différend frontalier entre le Burkina Faso et le Mali a ceci de particulier que ce qui constituera la sentence avait commencé à être exécuté par les Parties, ce dont la Cour semble se féliciter. Là également, les vertus du dialogue direct sont célébrées, ainsi que l'engagement des deux États à exécuter l'arrêt de la CIJ : « La Chambre n'en tient pas moins à relever avec satisfaction que le communiqué final de la première conférence des chefs d'État et de gouvernement des pays membres de l'accord de non-agression et d'assistance en matière de défense (ANAD), diffusé le 18 janvier 1986, fait notamment état de ce que les chefs d'État du Burkina Faso et de la République du Mali ont accepté de « retirer toutes leurs forces armées de part et d'autre de la zone contestée et de leur faire regagner leurs territoires respectifs ». Par ailleurs, la Chambre constate que les Parties, qui ont conclu un compromis prévoyant le règlement de leur différend par une chambre de la Cour, ne se sont pas contentées de s'engager de s'engager de ce fait à se conformer aux décisions de la Cour en application de l'article 94, paragraphe 1, de la Charte des Nations Unies, mais ont en outre expressément déclaré dans ledit compromis qu'elles

---

[287] §68 de l'arrêt.

« acceptent, comme définitif et obligatoire pour elles-mêmes, l'arrêt de la Chambre, rendu en application du présent compromis ». Dès lors, « la Chambre se plaît à reconnaître l'attachement des deux Parties à la justice internationale et au règlement pacifique des différends »[288].

L'hommage rendu par la CIJ au comportement des États peut être réciproque. Les États africains ont eu, de leur côté également, à témoigner une confiance à la juridiction. Outre les exemples précédemment cités, on ajoutera à ce titre l'expression, explicite ou implicite, d'un satisfecit par les plaideurs. Dans litige frontalier entre le Bénin et le Niger (arrêt du 12 juillet 2005), le gouvernement béninois, dont certaines prétentions ont pourtant été battues en brèche par la Cour, a déclaré que le verdict était « globalement équilibré »[289] - preuve, s'il en est, que les solutions transactionnelles dont le recours à l'équité est une variante ne déplaisent pas aux États -. De la même manière, c'est à la CIJ que le Burkina Faso et le Niger s'en remettent pour leur désigner des experts chargés de procéder à la délimitation arrêtée par le juge, traduisant ainsi une sorte de perpétuation de la confiance placée dans la juridiction (arrêt du 16 avril 2013)[290].

Il faudrait bien entendu se garder d'une vision idyllique et ingénue des choses. La réconciliation des États africains avec la CIJ ne relève pas du miracle. Elle résulte, on l'a vu, de la dissipation des points de discorde grâce, notamment, à une prise de conscience des juges et une inflexion de la jurisprudence. Le réflexe atavique de résistance à la justice internationale n'a pas disparu comme par enchantement. Il est même advenu, au cours du traitement judiciaire des affaires présentées comme scellant la

---

[288] §178 de l'arrêt.

[289] Norodom A-T, « L'arrêt de la chambre de la Cour internationale de justice dans l'affaire du différend frontalier (Bénin/Niger), 12 juillet 2005, p.203.

[290] §§ 113 et 114 de l'arrêt.

nouvelle concorde, que les États se rebiffent en se livrant à des déclarations propres à jeter le discrédit sur la justice internationale[291]. Mais pour l'essentiel, il faut bien conclure que « l'Afrique est désormais le continent où l'on dénombre le plus d'affaires contentieuses réglées devant la CIJ ou un tribunal d'arbitrage en matière territoriale… »[292].

Pour mesurer la qualité de l'adhésion à la juridiction de la CIJ, les données relatives à l'exécution ne sont pas les seules. Un second critère qualitatif peut être recherché dans l'espérance que les États investissent dans la solution judiciaire. L'examen de cette donnée a également le mérite de faire réapparaître ce que nous avons appelé les logiques d'État, et de montrer qu'à l'instar de tous leurs semblables, ces États font de la justice internationale un usage stratégique, un usage éminemment intéressé, ce qui, bien entendu, ne saurait leur être reproché. En tout état de cause, le recours au juge dans certaines circonstances précises atteste que s'il arrive ou s'il est arrivé que ces justiciables expriment des récriminations à l'encontre de l'institution judiciaire, il appert également qu'ils en tirent profit, qu'ils en exploitent les ressources bénéfiques. Ce point a été entrevu plus haut[293], mais il convient de le réitérer parce qu'il constitue un élément de l'intégration des États d'Afrique dans le système judiciaire international, et en particulier dans celui de la CIJ. Non seulement cette juridiction s'est rapprochée de ces États à travers sa jurisprudence, mais La Haye reste la dernière instance où ces derniers peuvent espérer que justice sera rendue dans des configurations où leur faiblesse est patente, où, ayant perdu une bataille politique, ils escomptent une victoire judiciaire pour compenser le revers subi.

---

[291] Dans l'affaire de la « presqu'île de Bakassi », le Nigéria a non seulement fait des déclarations virulentes mais il a tardé à exécuter certains aspects de l'arrêt rendu (cf. Salah M, op. cit, p.164, note 17). De même, la Guinée Bissau a dans un premier temps protesté après le premier rendu par la CIJ dans son différend avec le Sénégal (arrêt du 12 novembre 1991).

[292] Labrecque G., *Les différends territoriaux en Afrique*, Paris, L'Harmattan, 2005, p.7.

[293] Cf supra, 1ère partie, chap.2, section 2.

Le cas de figure des saisines de la CIJ dans les hypothèses de mise en œuvre de la compétence universelle dans des États du Nord a été abordé. Il faut réaffirmer qu'en de telles occurrences, les États africains notamment compensent en quelque sorte leur faiblesse par un recours devant une instance chargée d'appliquer des règles de droit international public, c'est-à-dire un système normatif essentiellement caractérisé par la souveraineté et l'égalité des sujets. Au schéma unilatéraliste et quelque peu inégalitaire mis en évidence par une justice nationale exerçant un dédoublement fonctionnel – car cette justice *étatique* se prévaut alors de préoccupations et de normes *internationales* à travers la compétence universelle -, va se substituer une configuration horizontale et égalitaire, d'où toute prétention universaliste ou impérialiste est exclue. Match retour à La Haye, avons-nous écrit plus haut. La saisine de la CIJ est vécue comme une sorte de revanche ou à tout le moins comme un retour au juste équilibre des choses, c'est-à-dire à l'égalité réelle des armes entre États. En soi, ce recours est la revendication d'une dignité, une manière d'affirmation de soi. Saisir la Cour, c'est donc se dresser contre l'hégémonie des puissants, c'est refuser l'écrasement, c'est poser un acte de résistance. Cela est si vrai que dans les affaires faisant suite à l'exercice de la compétence universelle, les États saisissants, qui sont des États africains, entendent faire sanctionner la méconnaissance du principe de souveraineté et d'égalité des États.

Dans l'affaire du « mandat d'arrêt du 11 avril 2000 » (RDC c Belgique), l'État requérant explique que la Belgique a violé « le principe selon lequel un État ne peut exercer son pouvoir sur le territoire d'un autre État », le « principe de l'égalité souveraine entre tous Membres de l'Organisation des Nations Unies » ainsi que « l'immunité diplomatique du ministre des affaires étrangères d'un État souverain »[294].

De la même manière, la République du Congo a assigné la France pour « violation du principe selon lequel un État ne peut, au mépris de l'égalité souveraine entre tous les Membres de l'Organisation des Nations Unies, proclamé par l'article 2, paragraphe 1 de la Charte des Nations Unies, exercer son pouvoir sur le territoire d'un autre État »[295].

Dans l'affaire des « immunités et procédures pénales » (Guinée équatoriale c. France), l'État demandeur « prie la Cour ...de dire et juger que la République française a manqué à son obligation de respecter les principes de l'égalité souveraine des États et de la non-intervention dans les affaires intérieures d'autres États... »[296].

L'« affaire de Lockerbie », qui a opposé la Libye d'une part, le Royaume Uni et les États Unis d'autre part était également typique du cas de figure évoqué. La saisine de la CIJ par la Libye apparaît comme une sorte de dernier recours, dans un contexte où non seulement cet État faisait face à deux États puissants, mais où le Conseil de sécurité était pour ainsi dire acquis aux positions de ses adversaires, qui en sont des membres permanents. La Libye évoque bien dans son mémoire sur les exceptions préliminaires « l'acharnement » des deux États contre elle, et le fait qu'elle est, aux yeux de ceux-ci, « la bête noire de la région, le régime à abattre »[297].

L'on conçoit alors que les demandes exprimées par les requérants devant la Cour aient un caractère principiel marqué. Certes, il est question, pour ces demandeurs, de stopper des procédures notamment. Leur combat a donc une portée pratique

---

294 Arrêt du 14 février 2002 ,§1er .

295 « Certaines procédures pénales engagées en France », République du Congo c France, requête introductive d'instance, p.2.

296 §41 de la requête introductive d'instance.

297 Mémoire libyen sur les exceptions préliminaires, pp.22 et 23.

indéniable. Mais pour l'essentiel, ils sollicitent surtout du juge une déclaration d'illégalité des actes posés par leurs adversaires. Ce n'est pas un hasard si, dans la même affaire de « Lockerbie », où le Royaume Uni et les États Unis sollicitaient l'extradition de nationaux libyens qu'ils tenaient pour suspects, un débat a été soulevé autour du caractère simplement « déclaratoire » d'un éventuel jugement. Les États-Unis ont notamment soutenu qu'une décision de la Cour – au stade des mesures conservatoires – « ne peut être que d'un intérêt académique » eu égard au fait qu'elle n'aurait pas de force obligatoire pour le Conseil de sécurité[298]. Dans l'affaire du « mandat d'arrêt du 11 avril 2000 », la RDC estimait également « que la constatation solennelle par la Cour du caractère illicite de ce fait constitue une forme adéquate de satisfaction permettant de réparer le dommage moral » subi par elle[299].

En tout état de cause, le transport du débat devant l'organe judiciaire de l'ONU est presque toujours profitable aux États africains. L'on a vu précédemment qu'une telle action en justice était toujours, sinon couronnée de succès, du moins auréolée de victoires partielles, la CIJ ou ses membres dans leurs Opinions individuelles prenant toujours soin de « rappeler les principes » d'égalité et d'immunité des États. Il s'agit donc pour les demandeurs d'utiliser de façon stratégique la juridiction de La Haye, d'exploiter les ressources que celle-ci leur offre. Le constat qui a été fait pour la CPI, au sujet du maniement opportuniste du principe de complémentarité par les États africains, doit donc être réitéré. Se présentant parfois à raison comme les victimes d'une justice internationale qui reflète les rapports de puissance, ces États ne dédaignent pas, lorsque l'exercice de cette justice peut leur être bénéfique, de solliciter l'institution judiciaire. Un

---

298 Ibid. p. 69.

299 Arrêt précité du 14 février 2002, p.8.

principe d'opportunisme foncier gouverne tout entier la relation à la justice internationale.

Les États africains, à cet égard, sont comme tous les autres. Ils mènent une politique judiciaire extérieure indexée sur leurs intérêts, lesquels sont susceptibles d'évoluer, susceptibles de s'adapter aux conjonctures. Les logiques d'État ne sont jamais loin, elles finissent toujours par resurgir et cela n'est pas étonnant. Leur récurrence atteste simplement, dans l'ordre des politiques internationales des États, la permanence de la dialectique de la rupture et de la continuité, de l'altérité et de la similarité, de la rébellion et du conformisme. L'évolution des relations du continent avec la CIJ, en achevant de prouver que le pire n'est jamais sûr, démontre que dans l'analyse du rapport que l'Afrique entretient avec la justice internationale en général, il ne faut pas céder aux facilités des représentations monistes et unilatérales, sommaires et manichéennes. C'est au contraire à une célébration de la complexité que les choses invitent. Il est temps, pour finir, d'y procéder.

# CONCLUSION

# ÉLOGE DE LA COMPLEXITÉ

***L'émotion est nègre, comme la raison est hellène***

Léopold Sedar Senghor,
« Ce que l'homme noir apporte », *in L'homme de couleur,*
Paris, eds Cardinale Verdier, et al, 1939, p.295.

La première leçon qu'il convient de tirer des développements qui précèdent est d'abord une certaine équivocité des positions africaines elles-mêmes, face à la justice internationale. Il ne s'agit pas nécessairement de critiquer cette variabilité –tant elle est partagée par les États – mais de juste souligner l'inexactitude d'une représentation dichotomique des choses, concevant d'une part une justice invariablement sévère pour les faibles et d'autre part des États systématiquement cohérents dans leur posture de victimes d'un tel système.

L'on ne met ainsi pas assez en évidence le fait que la compétence universelle, ce point de cristallisation majeur du conflit avec la justice internationale, constitue une institution consacrée dans beaucoup de systèmes judiciaires nationaux sur le continent. Des États comme la RDC, le Congo, l'Éthiopie, le Ghana ou encore le Niger, le Rwanda ou le Mali l'ont reprise dans leurs droits internes, pour la simple raison qu'ils sont Parties à des conventions internationales comportant un tel engagement. Au moins vingt-deux systèmes judiciaires nationaux sont concernés, soit un peu moins de la moitié des États africains[300]. La compétence universelle n'est donc pas, en principe, une institution au service de l'unilatéralisme et de l'impérialisme judiciaires, elle est une règle largement partagée dans le monde et peut parfaitement se recommander de la nécessité de combattre collectivement certaines transgressions, à travers la dispersion organisée du pouvoir de sévir contre de tels agissements.

De la même manière, l'examen approfondi d'une autre question cruciale, celle de l'immunité des dirigeants politiques, pourrait bien bousculer certains préjugés. Ainsi, si l'on se penche sur les débats consécutifs à l'adoption de la résolution 1593 déférant la situation du Darfour à la CPI, deux curiosités peuvent être relevées. La première est la convergence afro-étatsunienne sur la question de l'immunité. Les États-Unis s'y montrent en effet favorables à l'application du principe d'immunité des gouvernants, et donc hostiles à l'extension de la juridiction de la Cour au président Béchir notamment[301]. Il s'agit donc d'une position plutôt proche de celle que les États membres de l'UA ont adoptée. Les américains s'abstiendront d'ailleurs au moment du vote. Cette convergence américano-africaine est inattendue, elle est contraire à l'image d'une CPI instrumentalisée par les États du Nord et systématiquement hostile aux pays du Sud. Ce n'est pas le seul paradoxe que les débats ont mis en évidence. Il est en effet apparu que les États africains non membres du Conseil de sécurité

---

300 V. le rapport précité du groupe d'experts UA-UE sur le principe de compétence universelle, pp.9 et 10.

301 S/PV 5158, séance du 31 mars 2005, p.3 : « Les États Unis continuent d'opposer une objection fondamentale à l'opinion selon laquelle la CPI devrait être en mesure d'exercer sa juridiction sur les ressortissants, y compris les représentants gouvernementaux d'États qui ne sont pas parties au Statut de Rome. Cela porte atteinte à l'essence même de la notion de souveraineté ».

ont été opposés à l'affirmation, par la résolution, d'une immunité de juridiction pour une certaine catégorie de personnes[302]. En d'autres termes, ces États ont adopté une position contraire, au moins dans son principe, à celle qu'ils afficheront quelque temps après dans le cadre de l'UA. Le traitement du dossier soudanais par le Conseil de sécurité aura donc mis en évidence autant des convergences inattendues (de l'Afrique et des États Unis) que des fractures déroutantes (au sein du camp africain).

Ironie de l'histoire et subversion des idées reçues, encore, lorsque l'on examine l'institution du Procureur de la CPI. L'on a amplement vu à quel point ce personnage a fini par symboliser, aux yeux des États membres de l'UA, les errements et les dérives de la justice internationale. Certaines résolutions de l'organisation panafricaine confinent, à cet égard, à la charge « ad hominem », brocardant nommément le titulaire du poste. Il apparaît pourtant qu'au cours des négociations préalables à l'adoption du Statut de Rome, nombre d'États du continent avaient défendu la thèse d'un procureur indépendant et libéré de toute entrave. Le statut et les pouvoirs du procureur constituaient en effet une composante importante des thèses des « États- pilotes » (Union européenne, Australie, Canada, Argentine, Croatie, Suisse…), lesquels ont très vite été rejoints par des États africains comme l'Afrique du Sud et les membres de la Communauté de Développement de l'Afrique

---

302 Représentant de la Tanzanie : « Nous sommes préoccupés par le fait que la résolution traite également d'autres questions qui sont, à notre avis, extérieures à l'impératif considéré. Par conséquent, nous ne pouvons accepter que la résolution soit de quelque façon que ce soit, interprétée comme cherchant à contourner la juridiction de la Cour ». Le représentant du Bénin regrette que la résolution « comporte une clause portant immunité de juridiction qui va à l'encontre de l'esprit du Statut de Rome », ibid., pp.10 et 11. La clause en question est le §6 de la résolution, aux termes duquel le Conseil « décide que les ressortissants, responsables ou personnels en activité ou anciens responsables ou personnels, d'un Etat contributeur qui n'est pas partie au Statut de Rome de la Cour pénale internationale sont soumis à la compétence exclusive dudit Etat pour toute allégation d'actes ou d'omissions découlant des opérations au Soudan établies ou autorisées par le Conseil ou l'Union africaine ou s'y rattachant, à moins d'une dérogation formelle de l'Etat contributeur ».

Australe (SADC)[303]. C'est donc bien plus tard que le procureur de la Cour a cristallisé la défiance africaine.

Brouillage des repères, également, lorsqu'on envisage le pouvoir du Conseil de sécurité de suspendre les poursuites devant la Cour (article 16 du Statut de Rome). Symbolique de la pénétration de considérations politiques dans l'exercice de la justice, révélatrice en soi d'une forme de mainmise des grandes puissances sur le fonctionnement de la CPI, cette disposition aurait pourtant reçu le soutien d'un certain nombre d'États africains au cours de la mise au point du traité créant la juridiction. Le « compromis de Singapour », qui scelle le rôle et les pouvoirs du Conseil dans la nouvelle architecture de justice, doit beaucoup aux États africains en général, et à ceux de la SADC en particulier[304]. Au demeurant, force est de constater qu'en dépit de l'évidence de son effet dissolvant su l'œuvre de justice, le pouvoir de suspension des poursuites n'a jamais été contesté *dans son principe* par les États africains. Ceux-ci en ont seulement demandé, soit le bénéfice (de façon réitérée et pour notamment les dossiers soudanais et kenyan), soit le changement de détenteur (transfert à l'Assemblée générale). L'un des symboles les plus éclatants de l'inégalité des États dans le fonctionnement de la Cour ne fait ainsi l'objet d'aucune contestation de la part des États africains.

Passons, enfin, sur la pratique très erratique du principe de complémentarité. Tantôt revendiqué pour se soustraire à la juridiction de la CPI (affaire kenyane notamment), ce principe est au contraire promptement écarté lorsque, pour des raisons évidentes de politique intérieure, les gouvernements invitent la Cour à s'intéresser à eux, c'est-à-dire... à leurs opposants (Ouganda, RDC, RCA, Mali). D'autres fois, dans un même pays et pour une même situation mais avec des justiciables différents, le

---

303 Dobelle J.F., « La convention de Rome portant Statut de la Cour pénale internationale », *Annuaire français de droit international*, 1998, p.357.

304 Ibid. p.364.

principe de complémentarité est soit invoqué soit « oublié » (Côte d'Ivoire, époux Gbagbo).

Il existe ainsi une certaine ambiguïté africaine devant la justice internationale. Il convient d'admettre ce fait-là, ne serait-ce que pour rompre avec toute vision simpliste des choses. Le débat aura incontestablement progressé si l'on s'accordait d'abord sur cette évidence.

Mais il faut aller plus loin que l'évidence. Et d'abord rappeler que les équivocités africaines sont le lot de tous les États. Les positions diplomatiques des États, leur politique juridique extérieure et même l'interprétation de leurs obligations internationales épousent les circonstances, se plient au principe d'opportunité et restent au service d'intérêts eux-mêmes fluctuants. Il n'existe, de ce point de vue, aucune exception africaine. Il convient surtout d'ajouter que l'illisibilité occasionnelle des positions africaines face à la justice pénale internationale en particulier ne remet nullement en cause la possibilité de porter une appréciation globale sur cette justice, la possibilité d'exprimer de sérieuses critiques contre celle-ci. Car à la vérité, le fonctionnement de la justice pénale internationale aujourd'hui est loin d'être satisfaisant. Les préventions africaines à l'égard de celle-ci restent amplement justifiées, et les réserves faites à plusieurs égards sur le comportement des États membres de l'UA n'excusent en rien les carences du système international. Techniquement parlant, ce système reste perfectible. Tout ce qui est relatif, par exemple, à la prise en compte de la dimension culturelle dans le jugement des atrocités de masse peut sans doute être amélioré. Il s'agit d'éviter l'exercice d'une justice à la hussarde, commodément auréolée d'universalisme. Mais le plus grave n'est pas là, il est dans la soumission des procédures judiciaires aux intérêts politiques des États puissants. Jusque-là, le fonctionnement de la CPI en particulier n'a que trop mis en évidence l'emprise que ces derniers exercent sur la juridiction, des membres permanents du Conseil de sécurité en particulier ayant quasiment revendiqué une sorte de droit de co-pilotage des procédures judiciaires. Les récriminations africaines gardent incontestablement une grande part de pertinence, il convient de ne pas l'oublier.

Mais la nécessité de l'autocritique s'impose aussi aux dénigreurs de la justice internationale. L'on rappellera d'abord que, conçue par les États qui en sont en quelque sorte les justiciables, cette justice ne peut que leur ressembler. Il n'existe pas, à l'échelle internationale, de corporation toute puissante de magistrats, exerçant un « gouvernement des juges » au-dessus de la tête des États ; il n'y a que des magistrats dépositaires d'un pouvoir de juger non seulement codifié dans son principe et dans son étendue, mais dont le déclenchement ponctuel relève encore de la volonté des États. Si le juge supra national peine à bien mener ses enquêtes, c'est aussi parce que les États ne lui facilitent pas la tâche. Toute critique de la justice internationale doit avoir le courage ou la lucidité de ne pas perdre de vue cet aspect des choses.

A cette prise de conscience, s'ajoutent, pour l'Afrique, deux défis à relever. Le premier est celui de la réalisation d'une justice endogène. Non pas tant comme alternative systématique à la justice universelle, mais comme projet traduisant une solidarité immédiate à l'instar d'autres constructions régionales dans le monde. Il existe, à l'heure actuelle, trop d'éléments pour douter de la volonté politique de mettre sur pied des institutions judiciaires continentales crédibles. Tantôt, des entreprises plus ou moins ambitieuses sont renvoyées aux calendes grecques – juridiction mixte pour le Sud Soudan, cour africaine de justice, des droits de l'homme et des peuples, volontiers présentée comme l'alternative à la CPI -, ce qui pose tout simplement la question de la réalité de la volonté politique de ces États. Tantôt c'est le traitement de l'existant qui incline au pessimisme. Il faut songer au sort qui a été réservé à des juridictions sous- régionales qui se sont aventurées sur le terrain si sensible de la protection des droits de l'homme : la Cour de justice de l'Afrique de l'Est a été promptement « suspendue »[305] et la juridiction homologue de la SADC très vite rappelée à l'ordre[306]. Et lorsque le principe d'une telle compétence est admis, les juridictions peinent à voir les États s'acquitter de bonne foi, par exemple, de leur obligation d'exécuter les décisions rendues, comme l'illustre l'expérience de la Cour de justice de la CEDEAO et celle de la Commission africaine des droits de l'homme et des peuples[307]. A vrai dire, la contestation de la justice internationale exprimée au sein de l'UA donne quelquefois l'impression de tenir de l'exorcisme et du « camouflage » : la protestation en chœur permet de se voiler la face, d'escamoter ses propres carences, d'éloigner le spectre de l'autocritique.

En tout état de cause – c'est l'autre défi -, il est crucial de prendre conscience que, dans le débat général sur la justice pénale internationale, l'isolement n'est pas concevable. Il ne l'est pas d'un point de vue objectif et général. Le projet de création d'une justice pénale endogène a parfois été envisagé comme le moyen pour les États membres de l'UA de s'isoler du reste du monde en quelque sorte, d'organiser un système non seulement propre, mais fermé sur lui-même. Or, dans son principe même, un tel enfermement serait mortifère, à supposer qu'il soit simplement possible. La remise en cause de la justice internationale ne doit pas mener à la tentation vénéneuse du repli identitaire. La légitime contestation de l'occidentalo-centrisme n'est nullement condamnée à se

[305] La Cour, se fondant sur une interprétation il est vrai très libérale de ses compétences, avait conclu à son aptitude à traiter de violations de droits de l'homme. En réaction, les organes politiques de l'organisation ont décidé de la « suspendre ».

[306] La Cour de la SADC a été « suspendue » en 2010, après que le gouvernement du Zimbabwe a refusé d'exécuter une décision rendue par la juridiction dans l'aff. « Mike Campbell (Pvt) Ltd and Others v. Republic of Zimbabwe SADC (T) (case n°2/2007, 28-11-2008. Il a fallu que le Sommet des chefs d'Etat "redéfinisse" les compétences de la Cour. En 2012, la Cour est « rétablie » avec une nouvelle composition.

[307] V. plus généralement un récent rapport d'Amnesty international intitulé *La situation des organes et mécanismes régionaux africains des droits de l'homme, 2018-2019.*

traduire en afro-centrisme ; à l'arrogance des puissants, il convient d'éviter de répondre par l'arrogance des faibles. Car la tentation d'une telle vanité existe, il faut le savoir : la reconnaissance expresse du statut de victimes – victimes d'un système - peut produire chez celles-ci un effet d'enivrement, de griserie égocentrique qui conduit à oublier que face aux drames de l'Histoire, toutes les sociétés sont conviées à l'humilité. L'exigence d'un dépaysement psychologique est fondamentale dans notre débat : sortir de soi pour comprendre les autres, sortir de soi pour bâtir, avec les autres, quelque chose de commun. Mais il est clair que l'impératif solidariste ne saurait abolir la pulsion particulariste, c'est-à-dire la nécessité de ne jamais être exproprié de sa propre histoire.

Ne serait-ce donc que parce qu'il existe certainement des valeurs universelles et même des incarnations institutionnelles de la solidarité du genre humain, la fermeture sur soi est inconcevable. On peut le redire autrement : l'Afrique a tout loisir de s'opposer à des institutions internationales, mais elle ne doit rien craindre de l'universalisme. Il en est ainsi parce que même dans le champ privilégié de la conflictualité avec la justice internationale – celui du droit pénal -, elle a certainement une expérience à raconter, des pratiques à partager, un apport à livrer. Les tribunaux « gacaca » du Rwanda, la Commission vérité réconciliation d'Afrique du Sud constituent des expériences inédites à l'échelle du monde, dont tous ont salué non seulement la démarche novatrice mais l'efficacité reconstructrice. Lieu de violations graves des droits de l'homme, lieu d'élaborations de stratégies ingénieuses de reconstruction du lien social aussi, le continent africain a certainement son mot à dire dans la quête de l'exorcisme d'un passé traumatique, comme d'autres régions du monde en connaissent ou en ont connu. Il s'agira d'être présent à ce « rendez-vous du donner et du recevoir », comme dirait Senghor, parce qu'il faudra à la fois y raconter une expérience et y exprimer une adhésion, adhésion positive à des exigences universelles.

L'isolement est aussi une impasse parce que les États africains restent à ce jour acteurs à part entière d'un système, c'est-à-dire Parties au Statut de Rome notamment et membres de la CPI. En dépit de la véhémence de leurs diatribes, ils demeurent toujours redevables des obligations stipulées dans ce traité international. Tant qu'ils ne s'en excluent pas, à travers des procédures codifiées, on ne voit pas comment ils pourraient concevoir une stratégie d'isolement ou même, tout simplement, une politique réellement alternative. Car la seule réalisation d'une juridiction continentale – perspective déjà incertaine - ne suffirait évidemment pas à mettre fin à leurs engagements d'États parties de la convention de la CPI. Dans ces conditions, il est sans doute plus réaliste de renoncer aux sirènes de l'isolationnisme, si tant est qu'elles n'aient jamais été prises au sérieux.

Le retour sur la relation que les États africains ont entretenue avec l'autre juridiction de La Haye, la CIJ, ne s'impose pas seulement parce qu'il atteste que les mésententes sont surmontables, il est également édifiant parce qu'il révèle une méthode, une manière de faire dont la justice pénale internationale gagnerait sans doute à s'inspirer. Tentons d'en repérer, en vrac, quelques lignes de force.

Pour apaiser sa relation avec les États, la CIJ a clairement renoncé à toute prétention à entraver la liberté des États dans la définition et le choix des moyens de règlement pacifique des différends. Jamais elle n'a prétendu se substituer à eux dans l'indication de la voie appropriée, jamais elle n'a objecté à une option faite par eux, dès lors que celle-ci s'inscrivait dans la perspective de la résolution du conflit. Sans compromettre l'intégrité de la fonction judiciaire, la Cour a toujours su faire preuve d'une forme de bienveillance, de courtoisie à l'égard des États engagés dans la quête de la résorption de leurs différends. Il est difficile d'en dire autant de la CPI lorsque sa jurisprudence trahit une forme de défiance à l'égard de systèmes judiciaires furieusement suspectés de complaisance ou lorsqu'elle accentue la pression sur des États injustement considérés comme n'« en faisant pas assez ».

De la même manière, la CIJ n'a jamais vraiment succombé à la tentation de séparer de façon étanche le procédé judiciaire du procédé politique. L'on aurait pu imaginer que, faisant suite à la Charte des Nations Unies qui établit une distinction entre différends politiques et différends juridiques – distinction qui appelle des instances de traitement différents, organes politiques et organes judiciaires -, la Cour mît un soin particulier à éplucher les conflits qui lui sont soumis, à les analyser – au sens médical du terme, c'est-à-dire à les disséquer – avant de se prononcer sur eux. Or, il n'en est rien, comme on l'a vu. De l'étude de la jurisprudence de la Cour, l'on aurait même tendance à sortir avec le sentiment que la dichotomie suggérée par l'article 36 de la Charte serait une sorte d'Arlésienne, tant il semble qu'elle n'ait jamais réellement impressionné le juge au point de l'amener à renoncer à exercer son office. Tout au plus celui-ci énonce – t-il une formule pénétrée d'éclectisme, aussi indéniable que dépourvue de portée pratique dans la mesure où elle n'abolit jamais son pouvoir de juger : les différends internationaux comportent nécessairement, concomitamment, des aspects juridiques et des aspects politiques[308]. Une telle approche ne met pas seulement en exergue le désir naturel de tout organe de se rendre compétent, d'exercer son emprise sur les situations qui lui sont déférées, elle témoigne d'une intention de simplifier son office, de ne pas entrer dans les affres de distinctions oiseuses et inutiles, en un mot, de se souvenir de la visée pragmatique de cet office.

---

[308] V. entre autres Aff. du « Personnel diplomatique et consulaire des États Unis à Téhéran » (arrêt du 24 mai 1980), aff. des « Activités militaires et para- militaires au Nicaragua et contre celui-ci » (arrêt du 27 juin 1986).

Ce faisant, la CIJ montre simplement qu'elle a en vue la finalité de sa mission, qui est de contribuer à l'ajustement des situations conflictuelles. La Cour n'est, dès lors, qu'un moyen parmi d'autres, de réaliser cette fin. En se souvenant précisément qu'il ne constitue, d'abord qu'un moyen et ensuite un moyen parmi d'autres, le juge prend conscience de ses limites et les accepte. Cette exigence mémorielle attachée à la saine appréhension de la fonction judiciaire dans un ordre dominé par la souveraineté des États a la vertu de préserver la Cour de tout fondamentalisme judiciaire, de toute conception autotélique de la fonction de juger. Le droit et les procédures judiciaires ne sont pas une fin de soi, ils devraient au contraire rester « exotéliques », c'est- à - dire assujetties à des fins qui leur sont extérieures, et qui sont éminemment sociales et pratiques. Dès lors qu'il existe d'autres voies pour parvenir à la finalité souhaitable, le juge doit laisser libre cours à ces processus extra-judiciaires, au besoin en renonçant à son office. Nous sommes loin, on le voit, du rigorisme affiché par la CPI lorsque dans certains dossiers, elle a péremptoirement disqualifié les procédures locales initiées pour sanctionner les crimes commis. Par moments acquise à une sorte d'intégrisme pénal, elle a paru ne prêter attention qu'aux approches punitives, à l'exclusion de tout autre mode de traitement de la criminalité de masse. Or, dans un contexte international dont presque tout rappelle sa fragilité, le juge gagnerait à se souvenir qu'il existe d'autres instances de solution des problèmes qui lui sont soumis, et que celles-ci doivent être vues non comme concurrentielles, mais complémentaires, non comme des adversaires, mais comme des partenaires.

Le débat sur la justice pénale et l'Afrique permet ainsi de méditer sur la place de cette justice dans l'ordre international et sur les remises en question auxquelles celle-ci devrait consentir pour répondre davantage à sa vocation et à l'espérance investie en elle. Il n'exonère pas non plus les contempteurs de cette justice. Les logiques bipolaires et simplificatrices trouvent alors leurs limites. Dans ce débat-là, les États ne sont ni momifiés dans un statut donné, ni figés dans une essence éternelle. Ils jouent des rôles successifs, adoptent des postures opportunistes, ajustent leurs attitudes à leurs intérêts circonstanciels. Tour à tour dominants et dominés, conservateurs et révolutionnaires, patriciens et plébéiens, victimes et rentiers, ils jouent sur divers registres et un syncrétisme foncier gouverne leur comportement : syncrétisme du pulsionnel et du rationnel, de l'intuitif et du discursif, de l'émotion et de la raison.

# TABLE DES MATIERES

## Structures éditoriales du groupe L'Harmattan

**L'Harmattan Italie**
Via degli Artisti, 15
10124 Torino
harmattan.italia@gmail.com

**L'Harmattan Hongrie**
Kossuth l. u. 14-16.
1053 Budapest
harmattan@harmattan.hu

---

**L'Harmattan Sénégal**
10 VDN en face Mermoz
BP 45034 Dakar-Fann
senharmattan@gmail.com

**L'Harmattan Cameroun**
TSINGA/FECAFOOT
BP 11486 Yaoundé
inkoukam@gmail.com

**L'Harmattan Burkina Faso**
Achille Somé – tengnule@hotmail.fr

**L'Harmattan Guinée**
Almamya, rue KA 028 OKB Agency
BP 3470 Conakry
harmattanguinee@yahoo.fr

**L'Harmattan RDC**
185, avenue Nyangwe
Commune de Lingwala – Kinshasa
matangilamusadila@yahoo.fr

**L'Harmattan Congo**
67, boulevard Denis-Sassou-N'Guesso
BP 2874 Brazzaville
harmattan.congo@yahoo.fr

**L'Harmattan Mali**
Sirakoro-Meguetana V31
Bamako
syllaka@yahoo.fr

**L'Harmattan Togo**
Djidjole – Lomé
Maison Amela
face EPP BATOME
ddamela@aol.com

**L'Harmattan Côte d'Ivoire**
Résidence Karl – Cité des Arts
Abidjan-Cocody
03 BP 1588 Abidjan
espace_harmattan.ci@hotmail.fr

**L'Harmattan Algérie**
22, rue Moulay-Mohamed
31000 Oran
info2@harmattan-algerie.com

**L'Harmattan Maroc**
5, rue Ferrane-Kouicha, Talaâ-Elkbira
Chrableyine, Fès-Médine
30000 Fès
harmattan.maroc@gmail.com

---

## Nos librairies en France

**Librairie internationale**
16, rue des Écoles – 75005 Paris
librairie.internationale@harmattan.fr
01 40 46 79 11
www.librairieharmattan.com

**Lib. sciences humaines & histoire**
21, rue des Écoles – 75005 paris
librairie.sh@harmattan.fr
01 46 34 13 71
www.librairieharmattansh.com

**Librairie l'Espace Harmattan**
21 bis, rue des Écoles – 75005 paris
librairie.espace@harmattan.fr
01 43 29 49 42

**Lib. Méditerranée & Moyen-Orient**
7, rue des Carmes – 75005 Paris
librairie.mediterranee@harmattan.fr
01 43 29 71 15

**Librairie Le Lucernaire**
53, rue Notre-Dame-des-Champs – 75006 Paris
librairie@lucernaire.fr
01 42 22 67 13

www.ingramcontent.com/pod-product-compliance
Lightning Source LLC
LaVergne TN
LVHW050643051026
849532LV00002B/509